Bernard F. Cleveland • Das Lernen lehren

Bernard F. Cleveland

Das Lernen lehren

Erfolgreiche NLP-Unterrichtstechniken

VAK Verlag für Angewandte Kinesiologie GmbH
Freiburg im Breisgau

Titel der amerikanischen Originalausgabe:
Master teaching techniques
© Bernard F. Cleveland, Ph. D., 1987
4. Auflage: Juni 1987
Erschienen bei:
The Connecting Link Press,
Lawrenceville/GA
ISBN 0-9608678-3-X

Die Deutsche Bibliothek – CIP-Einheitsaufnahme

Cleveland, Bernard F.:
Das Lernen lehren : erfolgreiche NLP-Unterrichtstechniken /
Bernard F. Cleveland. [Übers.: Klaus H. Schick]. – Freiburg im
Breisgau : VAK, Verl. für Angewandte Kinesiologie, 1992
Einheitssacht.: Master Teaching techniques <dt.>
ISBN 3-924077-33-9

© VAK Verlag für Angewandte Kinesiologie GmbH, Freiburg 1992
Übersetzung: Klaus H. Schick
Lektorat und Layout: Norbert Gehlen
Umschlag: Hugo Waschkowski
Druck: Rombach GmbH Druck- und Verlagshaus, Freiburg
Printed in Germany
ISBN 3-924077-33-9

Gewidmet in Liebe

meinem Sohn Bret

und

meiner Tochter Anne

sowie

dem Andenken meines Vater,

Fred B. Cleveland, Sr.

Vorwort des Übersetzers

Wir freuen uns, daß mit der Herausgabe dieser Übersetzung des Buches *Master Teaching Techniques* von Bernard F. Cleveland nun das gesamte NLP-Grundlagenwissen in einer für Pädagogen und Erzieher anwendbaren Form vorliegt.

Clint Van Nagel und seine Mitautoren *(Megateaching)* stellten als erste die Anwendung grundlegender NLP-Techniken in Schulsituationen vor. Michael Grinder *(NLP für Lehrer)* und Linda Lloyd *(Des Lehrers Wundertüte)* schufen eine jeweils eigenständige kreative Umsetzung des NLP auf die pädagogische Arbeit.

Die Besonderheit des Buches *Das Lernen lehren* liegt in der Fähigkeit Clevelands, das Basiswissen des NLP in Bezug zur Schule zu setzen und aus der Perspektive des Lehrers erfahrbar zu machen. Zahlreiche praktische Beispiele ("Szenarios") für alle in ihrem Aufbau genau erklärten Techniken verdeutlichen deren Anwendung im Unterricht oder im Beratungsgespräch. Für besonders wichtig halten wir die "Übungen auf sensorischer Basis", die sich an nahezu jedes Kapitel anschließen und die es ermöglichen, NLP selbst zu erlernen und seine Wirkung zu erfahren.

An dieser Stelle möchten wir auf das Institut für Neue Lehr- & Lern-Perspektiven (INLLP) hinweisen. Dort werden praxisbezogene Seminare und Workshops angeboten, die speziell für Lehrer, Pädagogen und Erzieher entwickelt wurden.

Um mögliche Irritationen bei den Lesern dieses Buches zu vermeiden, haben wir uns bei der Übersetzung, von wenigen Ausnahmen abgesehen, in der Terminologie an den Übersetzungen der Bücher von Richard Bandler, John Grinder und Michael Grinder orientiert. So haben wir beispielsweise mehrere Begriffe ohne Übersetzung aus dem Amerikanischen ins Deutsche übertragen und nur bei ihrer Einführung im jeweiligen Kapitel eine deutsche Übersetzung hinzugefügt (zum Beispiel "Switching = Über-Kreuz-Spiegeln"). Die Übersetzung wurde gegenüber dem Original um Verzeichnisse der Abbildungen, Aufgaben, Übersichten und Übungen erweitert. Das Stichwortverzeichnis wurde völlig neu bearbeitet. Wir hoffen, dieses Buch damit zu einem profunden Nachschlagewerk für die alltägliche Arbeit gemacht zu haben.

Ich bedanke mich besonders bei meiner Frau Gabriele Schick und bei meinen Freunden Corinna Jann-Grahovac und Svetozar Grahovac für ihre freundliche Unterstützung und kompetente Beratung.

Mein abschließender Dank als Übersetzer gilt dem Verlag für Angewandte Kinesiologie, der das Erscheinen sämtlicher für den pädagogischen Bereich relevanten NLP-Titel gleichsam unter einem Dach ermöglicht hat.

Klaus H. Schick,
INLLP Institut für Neue Lehr- & Lern-Perspektiven

Inhalt

Zu diesem Buch

In der heutigen Erziehung liegt die Betonung hauptsächlich auf dem Was und nicht auf dem Wie der Vermittlung von Lehrstoff. Ein Ziel des vorliegenden Buches *Das Lernen lehren* besteht darin, dieses Defizit auszugleichen und gleichzeitig zu zeigen, daß jeder Mensch über tief im Unbewußten verankerte Lernstrategien verfügt. Durch Entwicklung und Modifizierung dieser Lernstrategien können Lehrer ihre Schüler lehren, *wie* sie einen Stoff lernen können. Ein weiteres Ziel dieses Buches ist es, Ihnen als Lehrer die notwendigen Hilfsmittel für ein effektiveres Arbeiten zu geben. Hierzu enthält es viele praktische Techniken und interessante Informationen, die Ihnen bei Ihrer beruflichen und persönlichen Entwicklung helfen werden.

Das Lernen lehren **ermöglicht, fünf wichtige Ziele zu erreichen:**

1. zu lernen, wie das nonverbale Feedback der Schüler beobachtet und interpretiert wird, damit die angestrebten Unterrichtsziele erreicht werden;

2. zu lernen, eine emotional tragfähige Lehrer-Schüler-Beziehung (Rapport) aufzubauen;

3. Techniken zu lernen, die Schülern helfen, alternative Reaktionen für schwer zu bewältigende Situationen zu entwickeln;

4. zu lernen, Lernstrategien zu ermitteln und zu installieren;

5. den Lehr- und Lernprozeß produktiver und erfreulicher für Lehrer und Schüler zu gestalten.

Das Neurolinguistische Programmieren (NLP) ist ein faszinierendes neues Gebiet, welches das Studium von nonverbalem Feedback und Sprachmustern miteinander verbindet, um eine bessere Kommunikation und rasche Verhaltensänderungen zu erreichen. In den frühen siebziger Jahren untersuchten Richard Bandler und John Grinder die Arbeit einiger erfolgreicher Lehrer und Therapeuten, die rasche Verhaltensänderungen bei ihren Klienten bewirken konnten. Das daraus entwickelte Modell lehrt nonverbales Feedback und verbale Zugangshinweise zu benutzen, um bessere Kommunikationsmethoden zu entwickeln: wie man Rapport aufbaut, Informationen gewinnt, die bevorzugte Kommunikationsmethode eines Menschen entdeckt und sich ihr anpaßt. Außerdem lehrt es eine Anzahl wirksamer Techniken, die dazu bestimmt sind, rasche und nützliche interpersonale Veränderungen aufzubauen.

NLP ist deshalb so aufregend, weil sich das Modell fortwährend weiterentwickelt. NLP hat sich als eine wichtige Hilfe auf so verschiedenen Gebieten wie Erziehung, Sport, Verkaufen und Management erwiesen. *Das Lernen lehren* hilft Lehrern, den Unterricht so zu gestalten und darzubieten, daß eine erfolgreiche Kommunikation und ein besserer Unterricht zur Norm werden statt zum seltenen Glücksfall. Außerdem zeigt es Lehrern, wie sie "Verhaltensingenieure" werden und so den Schülern helfen können, leichter zu lernen.

Erfolgreich unterrichten

Erfahrene Lehrer wissen, daß ein erfolgreicher Unterricht Kenntnisse auf verschiedenen Gebieten erfordert, von der Einrichtung des Klassenraums, die einen positiven Einfluß auf den Lernprozeß hat, bis zur Beherrschung des Stoffes und der Lernpsychologie. Ein vorbildlich eingerichteter Klassenraum sieht zum Beispiel so aus:

Abb. 1: Der ideale Klassenraum

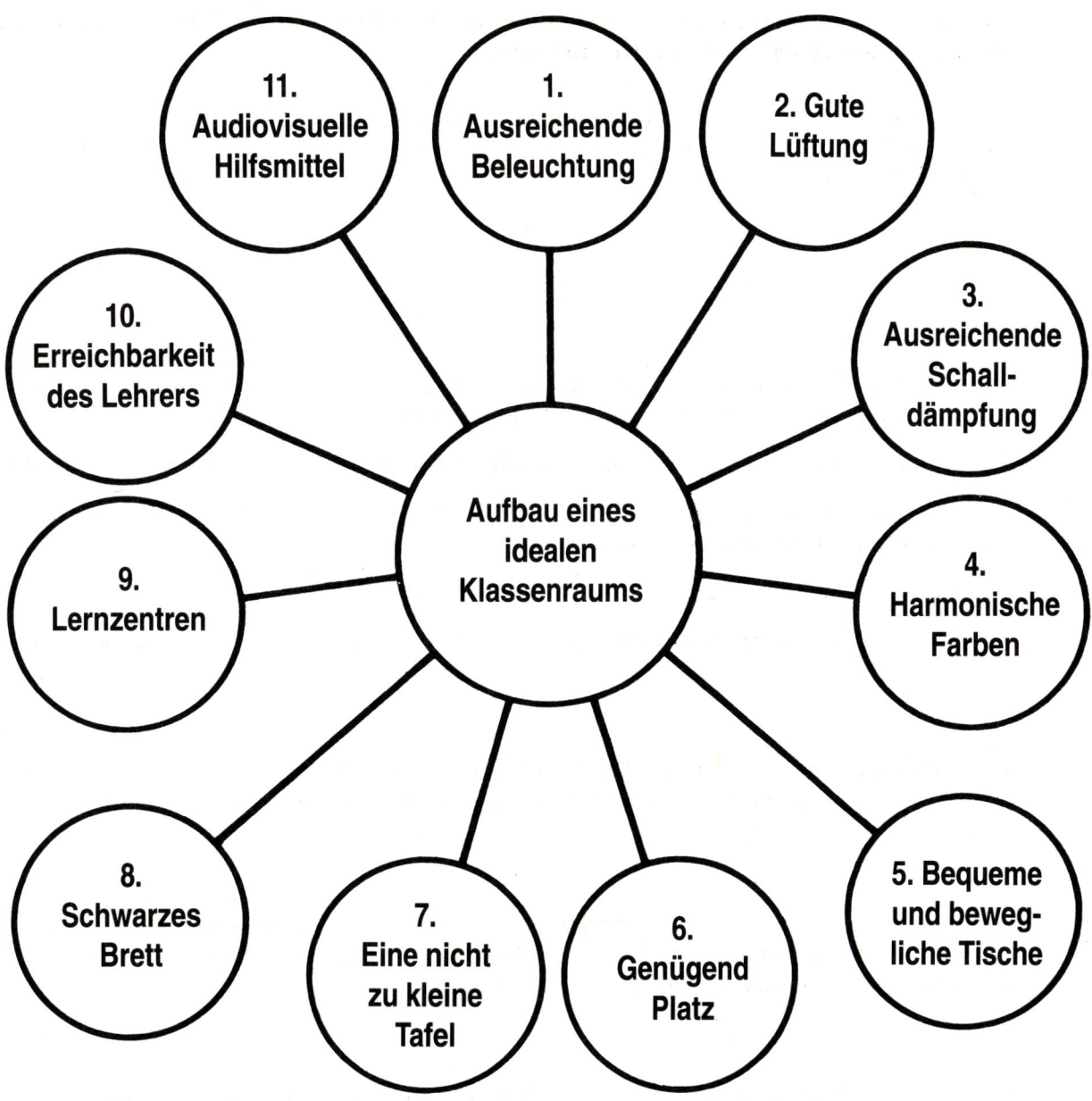

Diese Vorstellungen bedürfen wohl keiner weiteren Erläuterung. Sie können Ihnen als Checkliste dienen. Vielleicht fühlen Sie sich dadurch angeregt, die Einrichtung Ihres Klassenraumes zu verbessern.

Die Forschung hat in den letzten zehn Jahren zu einer erheblichen Wissenserweiterung über den Lernprozeß beigetragen. Lernen ist demnach eine wesentlich komplexere Fähigkeit, als die Erzieher bisher glaubten. Das folgende Diagramm zeigt die wesentlichen Faktoren, die für den Lernprozeß von Bedeutung sind.

Abb. 2: Der Lernprozeß

Optimales Lernen erfordert Kenntnisse, beträchtliche Fertigkeiten und harte Arbeit. (Die folgenden Bemerkungen kommentieren die "Speichen" oder Themen dieses "Lernrades". Unterstrichene Satzteile zeigen, daß ein neues Thema angeschnitten wird.)

Hohe Selbstachtung des Lernenden ist ein wichtiger Teil jeder guten Lernsituation. Die Selbstachtung der Schüler kann durch Schaffung einer positiven Umgebung, durch bestimmte Übungen (1) [siehe Anmerkung 1 im Anhang] und durch die in diesem Buch gezeigten Techniken gestärkt werden. Forschungen und individuelle Erfahrungen haben gezeigt, daß Schüler, die an der Unterrichtsplanung beteiligt werden, meist stärker motiviert sind als die, die keine solchen Auswahlmöglichkeiten haben. Rapport mit den Schülern herzustellen ist eine wichtige Voraussetzung, um ein erfolgreicher Lehrer zu werden.

Wie dieses Ziel zu erreichen ist, wird weiter unten im einzelnen beschrieben. Vorbilder (Modelle) menschlichen Verhaltens kennenzulernen ist ein Teil der persönlichen Entwicklung. Lehrer werden von den Schülern oft als Vorbilder oder Vergleichsmaßstab für ihre persönliche Entwicklung benutzt. Klar umrissene Unterrichtsziele sind durch nichts zu ersetzen. Mit den Zielen muß auch der Stoff selbst, falls möglich, in anwendbarer und interessanter Form dargeboten werden, so daß er in vielfältiger Weise die Welt des Schülers berührt. Ein Gefühl der Sicherheit und ein Vertrauensverhältnis zwischen Lehrer und Schüler herzustellen und dazu die Möglichkeit, manche eigene Erfahrung selbst zu bestimmen oder wenigstens an der Stoffauswahl beteiligt zu sein, kann die Aufnahmebereitschaft und die Freude am Lernen steigern. Außerdem müssen die Lerninhalte verallgemeinert werden und die Unterrichtstechniken beide Gehirnhemisphären ansprechen. Für die Beschleunigung des Lernprozesses ist es wichtig, Techniken zu erlernen, die die Sequenz und Anordnung der visuellen, auditiven, kinästhetischen oder olfaktorisch-gustatorischen Lernstrategien bestimmen. Wie diese Lernstrategien ermittelt und installiert werden, wird in diesem Buch im einzelnen dargestellt.

Allgemeine Kommunikationskonzepte

Eine gute Kommunikation ist die Essenz eines besseren Unterrichts. Zwei wichtige, für eine gute Kommunikation bedeutende Konzepte sind die folgenden:

1. **Unabhängig von Ihrer ursprünglichen Intention liegt der Sinn Ihrer Kommunikation in der Antwort, die Sie erhalten.**

    Es gibt keine Fehler in der Kommunikation, sondern nur Antworten und Ergebnisse. Wenn Sie nicht die gewünschten Antworten von Ihren Schülern erhalten, dann ändern Sie Ihre Kommunikationsstrategie.

2. **Der Zweck einer guten Kommunikation ist effektives Handeln.**

    "Gute Kommunikation" heißt in diesem Fall, daß der Lehrer den Zustand des Schülers so verändert, daß er aufnahmefähiger für den Lehr- und Lernprozeß wird. "Effektives Handeln" heißt, alles zu tun, um den Schüler in einen aufnahmefähigen Zustand zu versetzen. Lehrer neigen dazu, dafür altbewährte Techniken zu benutzen. Nach einer gewissen Zeit können aber diese einst brauchbaren Techniken an Effektivität verlieren. Ein Wechsel zu neuen Techniken wird zum "effektiven Handeln" des Lehrers führen. Eine nähere Erläuterung, was mit "aufnahmefähigem Zustand" gemeint ist, folgt im Abschnitt "Prinzipien des Lernens".

Die "Prinzipien des Lernens"

Folgende Prinzipien des Lernens sind mit den oben genannten Kommunikationskonzepten fest verbunden.

Prinzip 1: **Um eine gute Kommunikation zu erreichen, ist die Entwicklung eines physiologischen Zustandes erforderlich, der ein Höchstmaß an Kommunikation erlaubt.**

Damit Lernen stattfinden kann, müssen die Schüler in einem optimalen physiologischen Zustand sein. Die äußere Erscheinung des Schülers, einschließlich Haltung, Gesichtsausdruck, Augenbewegungen, Atemmuster, Klang und Tempo der Stimme, liefern Informationen, ob der Schüler in einem für das Lernen günstigen Zustand ist.

Der interne Zustand eines Schülers hängt eng mit seinem äußeren Zustand zusammen. Wird zum Beispiel der interne Zustand verändert, so ändert sich automatisch auch der physiologische Zustand. Es ist viel leichter, den physiologischen Zustand eines Schülers zu verändern, als seinen internen Zustand. Daher sollte ein Hauptziel aller Lehrer sein, die Schüler in einen für das Lernen günstigen physiologischen Zustand zu bringen.

Prinzip 2: **Jede Lehr- und Lernsituation wird von der Person mit der größten Flexibilität gesteuert.**

Flexibilität kann beinhalten, eine Situation von verschiedenen Gesichtspunkten aus zu betrachten, oder die Fähigkeit, auf wechselnde Situationen in verschiedener, aber doch angemessener Weise zu reagieren. Wenn etwas nicht funktioniert, ist Veränderung notwendig. Der erfahrene Lehrer wird sich hinsichtlich eines Wechsels der Unterrichtsmethoden und/oder -techniken sicherer fühlen als der weniger erfahrene Lehrer. Wenn auch die bestangelegten Unterrichtspläne nicht funktionieren, ist es nicht nur notwendig, sondern unerläßlich, sich um größere Kreativität und Spontaneität zu bemühen.

Eine Erweiterung dieses Prinzips ist die Behauptung: Widerstand eines Schülers gegen die Kommunikation bedeutet mangelnde Flexibilität des Lehrers. Anders ausgedrückt: Flexible und geschickte Kommunikation kann den Widerstand des Schülers überwinden.

Prinzip 3: **Die aussagekräftigste Antwort eines Schülers ist stets sein Verhalten.**

Die Fähigkeit, zu sehen, zu hören und zu fühlen, was während der Interaktion im Schüler vor sich geht (Sinnesschärfe), ist für den Lehrer unerläßlich, denn die Einstimmung auf das sensorische Feedback des Schülers gibt Aufschluß über dessen Zustand und darüber, ob er einen physiologischen Zustand erreicht hat, der ihm das Lernen ermöglicht. Sensorisches Feedback ist die beste Methode, um festzustellen, ob die Schüler den vom Lehrer gewünschten Zustand erreicht haben.

Kommunikation im ursprünglichen Sinne bemüht sich, Einfluß auf die Erfahrungen des anderen zu gewinnen. "Klare" sensorische Kanäle entwickeln zu lernen ermöglicht eine größere "Beeinflussung" und führt so zu effektiverem Lernen.

Prinzip 4: **Ungeachtet dessen, wie Sie oder jemand anders es empfinden, stellt das Verhalten eines Schülers stets die beste Wahl dar, die ihm in dieser Situation oder zu diesem Zeitpunkt möglich ist.**

Das Verhalten des Schülers ist eine Aussage über seine Flexibilität und die Alternativen, die ihm in einer bestimmten Situation und zu einer bestimmten Zeit zur Verfügung stehen. Mit den Techniken in diesem Buch kann der Lehrer helfen, bisher ungenutzte Ressourcen zu erschließen, um weitere positive, alternative Antworten auf einen bestimmten Reiz oder eine bestimmte Situation zu finden.

Gebrauchsanweisung für dieses Buch

Das Lernen lehren präsentiert Informationen und Konzepte in einer bisher einzigartigen Form. Der Leser dieses Buches, der sich in der herkömmlichen kognitiven Art informiert, erhält gleichzeitig die Möglichkeit, diese Techniken durch eine Reihe von Übungen auf sensorischer Basis zu erlernen. Trainer unterschiedlicher Fertigkeiten versichern heute, daß das Erlernen von Techniken auf sensorischer Basis dem traditionellen kognitiven Lernen überlegen ist. Diese Ansicht wird gestützt durch die Tatsache, daß kognitives Lernen, wenn überhaupt, meist nur zu geringen Verhaltensänderungen führt. Eine Reorganisation des Verhaltens, die durch Lernen auf sensorischer Basis erreicht wird, führt auch zu einer kognitiven Reorganisation.

Die meisten Kapitel dieses Buches sind bewußt kurz gefaßt, damit die darin gegebenen Informationen leichter erlernbar sind. Vielen Kapiteln sind praktische Übungen auf sensorischer Basis angefügt. Wenn Sie also beim Lesen dieses Buches das Ziel verfolgen, diese Kenntnisse und Techniken in Ihre eigene Lehrmethode zu integrieren, dann führen Sie mit zwei anderen Erwachsenen die Übungen auf sensorischer Basis und auch die Ergänzungsübungen durch, sobald Sie ein Kapitel gelesen haben.

Ich habe in diesem Buch Schüler durchweg mit "er" bezeichnet, da der ständige Gebrauch von "er oder sie" zu schwerfällig ist. Die Ausdrücke "Schüler", "Individuum" und "Person" sind austauschbar; denn obwohl sich dieses Buch auf die Anwendung dieser Techniken in der Schule bezieht, können sie ebensogut auch außerschulisch angewandt werden. Außerdem habe ich, wo ich es für nötig hielt, Abschnitte eingeschoben, in denen besprochen wird, wie sich die Techniken bei *Grundschülern* anwenden lassen.

Danksagung

Ich möchte mich bei folgenden Personen für ihre Unterstützung bedanken: Pam Coleman, Jeanne Dugdale, Leona Armstrong, Kathy Ericson, Dr. Kelly Conrad, Dr. Rick Bauman und Dr. Robert Pavlik.

Mein besonderer Dank gilt auch den Ratschlägen der Lehrer, die die erste Ausgabe dieses Buches gelesen und zahlreiche Verbesserungsvorschläge eingebracht haben.

Erster Teil:
Die Struktur des Lernens

Kapitel 1

Überblick

Es waren einmal zwei Städte, die lagen einander am Fluß gegenüber und waren durch eine alte Brücke miteinander verbunden. Die Leute mußten oft von einer Stadt in die andere, um ihrem Vergnügen nachzugehen, etwas einzukaufen, ihre Freunde zu besuchen oder einfach zur Arbeit zu gehen. Jahrelang hatten sie die alte Brücke benutzt und waren sehr zufrieden mit ihr gewesen. Doch da die Zeiten sich verändert hatten und der Autoverkehr stärker geworden war, riefen manche Leute nach einer neuen Brücke. Sie sagten, die alte sei zu schmal, sie müsse erneuert werden, der Unterhalt sei zu teuer und sie sei ein Schandfleck. Nach langen Diskussionen und Überlegungen beschlossen die Stadträte, eine neue Brücke zu bauen. Viele Pläne wurden geschmiedet, und der Brückenbau dauerte mehrere Jahre. Die Leute waren gezwungen, sich neue Wege zu suchen und sich auf die damit verbundenen Veränderungen einzustellen. Diejenigen, die weiterhin die alten Wege benutzen wollten, fühlten sich frustriert und oftmals verwirrt und wußten nicht, welche Straße sie nehmen sollten, um zur Brücke zu kommen. Diejenigen, die schon immer gegen die neue Brücke gewesen waren, wiesen auf die Verwirrung und Frustration hin und sagten: "Wir wären alle besser dran, wenn wir die alte Brücke behalten hätten." Endlich war die neue Brücke fertig. Viele freundliche Worte hörte man über das Aussehen der Brücke und darüber, wie gut sie ihre Aufgabe erfüllte. Mehr und mehr Leute entdeckten, daß es wichtige Gründe gab, über die Brücke zu gehen, um in die andere Stadt zu kommen, und daß es jetzt viel leichter geworden war. Der Verkehr zwischen den beiden Städten nahm zu, und in beiden mehrte sich der Wohlstand. Die Bewohner beider Städte waren stolz darauf, so fortschrittlich in ihren Ideen und Handlungen zu sein. Die alte Brücke hatte ausgedient und wurde abgerissen. Trotzdem versuchten einige Leute immer noch, den Fluß da zu überqueren, wo die alte Brücke gewesen war.

Worum geht es?

Worum geht es im ersten Teil? Was ist Lernen? Was ist "Chunking", und wie wird es im Unterricht verwendet? Was bedeutet der Satz: "Jeder hat sein eigenes Modell von der Welt"? Warum sind die sensorischen Zugangshinweise des Schülers wichtig? Welche Möglichkeiten gibt es, Zustandsänderungen zu erreichen?

Der erste Teil des Buches informiert darüber, wie Schüler lernen und wie sie Informationen verarbeiten. Er gibt spezielle Informationen mit folgenden vier Zielsetzungen:

1. Verstehen, daß die Schüler Informationen visuell, auditiv und kinästhetisch verarbeiten.

2. Die Aussagemuster der Schüler zu ihren sensorischen Systemen in Beziehung setzen.

3. Erkennen, daß die sensorischen Zugangshinweise der Schüler (Augenbewegungen, Körperhaltung, Gesten, Atem, Klang und Tempo der Stimme) Informationen über ihre Lernstrategien liefern.

4. Erkennen, daß die Wirkungsweise der beiden Gehirnhemisphären mit den Lernstrategien der Schüler zusammenhängt und daß dies die Unterrichtsbemühungen beeinflußt.

Lernen

Im erzieherischen Kontext wird das Wort Lernen definiert als "die Tätigkeit, Kenntnisse und Fertigkeiten zu erwerben" oder als "Kenntnisse oder Fertigkeiten, die durch Beobachtung, Studium oder Belehrung erlangt werden". Lehrer geben sich große Mühe, ihren Unterricht effektiv zu gestalten. Die Erfolge unterschiedlichen Grades und die Versuche, ein stetiges und vorhersehbares Verhalten bei den Schülern zu erreichen, bleiben oft sporadisch – Glückssache, eine Angelegenheit von Treffen und Verfehlen [englisch: *hit and miss*]. *Das Lernen lehren* gibt Lehrern die Möglichkeit, ihren Unterricht zu einer dauerhaften, positiven und hochqualifizierten Erfahrung zu machen. Lernen wird zur Norm statt zur Ausnahme.

"Chunking"

Ein bestimmtes Problem macht es schwierig, den Unterricht folgerichtig aufzubauen: Wieviel Information soll der Lehrer dem Schüler auf einmal darbieten? Wie man sich hier entscheiden soll, war Gegenstand einer bereits klassisch gewordenen Schrift von George Miller aus dem Jahre 1956 mit dem Titel *The Magical Number Seven, Plus or Minus Two*. Nach Miller kann der Mensch bewußt nur sieben – plus oder minus zwei – Informationseinheiten [englisch: *chunks*] ohne Schwierigkeiten verarbeiten. Mehr als neun Chunks [im NLP-Sprachgebrauch so eingedeutscht] können zu Verwirrung und Überbeanspruchung führen. Weniger als fünf Chunks unterfordern unseren Geist und können zu Langeweile führen. Aber in seinen theoretischen Ausführungen stellt Miller fest, daß es bei sachgerechter Unterrichtsplanung möglich wird, den Wissensstoff in geeignete Teilstücke zu zerlegen, damit er vom Schüler leicht aufgenommen werden kann. Er spricht von *Chunking down*, wenn eine komplexe Menge von Informationen oder Fertigkeiten in kleinere Teilstücke zerlegt wird, die leichter gelernt werden können. Umgekehrt spricht er von *Chunking up*, wenn der Schüler eine Reihe von Informationen, Fertigkeiten und Verallgemeinerungen mit einem größeren Rahmen oder Kontext verknüpft.

Wenn jemand mit einer Aufgabe überfordert ist, zerlegt er sie [Chunking down] in "kaubare Brocken" oder leichter zu bearbeitende Teile, so daß er nicht mehr alle seine kognitiven Fähigkeiten auf die ganze Aufgabe konzentrieren muß, sondern nur auf diese Teilstücke, die er gut bewältigen kann. Chunking up findet statt, nachdem er die kleineren Teilstücke gelernt hat. Er beherrscht dann alle Teilstücke und kann beginnen, sie auf verschiedene Arten zu verknüpfen, um sie in verschiedene Kontexte einzubringen. Der Unterschied zwischen Chunking up und Chunking down kann am Beispiel eines Fahrschülers erläutert werden. Der zukünftige Fahrer wird sich vieler kleiner Teilstücke oder Chunks bewußt, die er beherrschen muß, bevor er fahren kann. Diese Chunks umfassen die Beherrschung einer Anzahl mechanischer Fertigkeiten, die Beobachtung des Tachometers und der übrigen Instrumente am Armaturenbrett sowie die Beobachtung des Verkehrsflusses und der Verkehrszeichen. Viel Anstrengung und Übung muß vorangehen, ehe man alles miteinander verknüpfen kann. Das Identifizieren und Beherrschenlernen dieser Teilstücke ist der Prozeß des Chunking down. Der Verknüpfungsprozeß, der ihn befähigt, ein Auto zu fahren, ist ein Beispiel für Chunking up. In diesem Beispiel stellt das Chunking down den notwendigen "Übertragungskanal" dar, der Chunking up ermöglicht.

Andere Beispiele, in denen Chunking down und Chunking up stattfinden, sind: Maschinenschreiben lernen, ein Musikinstrument spielen oder mathematische Probleme lösen. Beim Tippenlernen oder beim Spielen eines Instrumentes erarbeitet man die erforderlichen Fertigkeiten oder die Teilstücke, die in den Gesamtprozeß eingehen. Man macht sich in einem allgemeinen Sinne klar, was man wissen und können muß, und beschäftigt sich mit diesen Teilstücken, bevor man sie wieder zu einem Ganzen zusammensetzt. Der Mathematikstudent, der sich eine Reihe von Methoden zur Lösung mathematischer

Probleme angeeignet hat, hat seinen Intellekt damit auf die Lösung zukünftiger Probleme vorbereitet. Er hat diese Methoden durch Chunking down erlernt. Wenn er vor einem neuen, aber ähnlichen Problem steht, wählt er automatisch und unbewußt aus dem, was er gelernt hat, die beste Möglichkeit aus, um das Problem zu lösen; das wird mit Chunking up bezeichnet.

Ein letztes Beispiel von Chunking ist verknüpft mit dem Ziel, das ein Mensch hat, der ein bestimmtes Verhalten verändern will. Ein Lehrer, der mit den Ergebnissen eines Tests unzufrieden ist, könnte seine Unterrichts- oder seine Testtechniken überprüfen, um festzustellen, ob sie für diesen Zweck geeignet sind. Beispielsweise könnte er einen objektiven Test verwendet haben, der auf ein Chunking down hinauslief, um zu prüfen, wieviel seine Schüler über die Ursachen des Ersten Weltkrieges wissen. Es hätte sein können, daß der Test lediglich bestimmte Einzelkenntnisse, die die Schüler auswendig gelernt hatten, erbrachte. In dieser Situation könnte es, je nach den Absichten des Lehrers, eine bessere Wahl sein, einen Aufsatz schreiben zu lassen, der die Schüler ermutigen würde, durch Chunking up bestimmte Teile ihrer Kenntnisse zu integrieren, um zu zeigen, daß sie den Stoff vollständig verstanden haben.

Chunking kommt ganz von selbst ins Spiel, wenn wissenschaftliche Fächer wie Mathematik oder Geschichte verstanden und beherrscht werden sollen. Immer wenn ein Schüler versucht, sich eine große Menge von Kenntnissen anzueignen, und sich überfordert fühlt, kann er durch Chunking down den Stoff auf einfache Weise bewältigen. Wenn er dann die Teilstücke beherrscht, kann er sie durch Chunking up verknüpfen und erweitern, bis das Unterrichtsziel erreicht ist. Wenn Lehrer von ihren Schülern gefragt werden, welchen Wert es hat oder warum es notwendig ist, einen Stoff zu lernen, tun sie gut daran, den Stoff durch Chunking up mit dem Leben der Schüler in Verbindung zu bringen.

Erfolgreiche Schüler beschäftigen sich immer mit Teilstücken eines Stoffes, in dem Bemühen, ihn aufzunehmen, zu speichern und zu lernen. Was wir von unseren gesamten Lernbemühungen wahrnehmen, läßt sich mit der Wahrnehmung jenes kleinen Teils (zehn Prozent) eines Eisberges vergleichen, der über die Meeresoberfläche emporragt. Die meisten Schüler nehmen nur die bewußten Bemühungen wahr, die Chunks eines Stoffes zu verarbeiten. Der größte Teil des Eisbergs liegt aber unter Wasser, und ein großer Teil unseres Lernens findet im Unbewußten statt. Erfolgreiche Schüler sind solche, die sich des Chunking-Vorgangs, der normalerweise unbewußt abläuft, mehr und mehr bewußt werden.

Unsere Erfahrungen helfen uns, Lernstrategien für die Verarbeitung von Informationen zu entwickeln. Dabei ergeben sich Verhaltensmuster, die diese Strategien und Erfahrungen optimieren. Diese Strategien werden dann unbewußt gespeichert, während wir uns mit einem anderen Stoff beschäftigen. Die Anerkennung der Millerschen Gedanken über die Zerlegung des Stoffs in jeweils fünf bis neun Chunks und die Entwicklung eines Problembewußtseins für das Chunking up und Chunking down kann zu einem besser angepaßten Lehren und Lernen führen.

Jeder hat sein eigenes Modell von der Welt

Unsere einzigartigen Erfahrungen liefern jedem von uns seine eigene, private Vorstellung, unser individuelles Modell von der realen Welt. Zum Beispiel kann Sallys Vorstellung oder Modell ein halb mit Wasser gefülltes Glas als "halb voll" betrachten, während Bills Vorstellung oder Modell dasselbe Glas als "halb leer" betrachtet. Das "Modell der Welt" eines unerfahrenen Lehrers kann die Schwierigkeit eines Schülers, neuen Stoff zu lernen, als das Problem dieses Kindes betrachten. Das "Modell der Welt" eines erfolgreichen Lehrers hingegen würde die Schwierigkeit dieses Kindes als ein Problem des Unterrichtens, nicht des Lernens betrachten.

Um zu verstehen, wie die Menschen ihre eigenen Modelle von der Welt schaffen, denken Sie an Ihre Kollegen. Manche sind eher stofforientiert als schülerorientiert, andere umgekehrt. Strikt stofforientierte Lehrer betrachten ihre Schüler als Gefäße, die mit Wissen und Informationen zu füllen sind. Wenn ein strikt schülerorientierter Lehrer vor der Wahl stünde, einem bestimmten Schüler entweder bei der Lösung einer persönlichen Krise zu helfen oder ihm einen bestimmten Stoff beizubringen, würde er sich für die Bewältigung der Krise entscheiden. Das sind Beispiele von Erziehern, die verschiedene Modelle von der Welt haben.

Ebenso haben Schüler verschiedene Modelle von der Welt. Manche betrachten die Schule vorwiegend als "gesellige Veranstaltung", andere betrachten sie als Vorbereitung auf die Universität. Manche betrachten sie als Kombination von beidem, und andere Schüler sehen sie als Vorbereitung auf das Berufsleben.

Ein anderes Beispiel für verschiedene Modelle von der Welt wäre ein Trainer, der das Ausüben einer Sportart als eine beglückende, charakterbildende Erfahrung betrachtet; ein anderer Trainer der gleichen Sportart hingegen sieht das Ausüben seines Sports als Ausdruck eines Bedürfnisses, zu gewinnen und sich zu bewähren. Unsere Vorstellungen der realen Welt unterscheiden sich also von der Vorstellung anderer. Daher der Satz: "Jeder hat sein eigenes Modell von der Welt."

Zustände von Schülern verändern

Lehrer müssen oft die körperlichen und/oder seelischen Zustände ihrer Schüler verändern, um sie lernbereit zu machen. Forscher haben in den letzten drei Jahrzehnten entdeckt, daß interne und physiologische Zustände eines Schülers einander beeinflussen. Will man Schüler lernbereit machen, so ist es leichter, ihre physiologischen Zustände zu verändern, als ihre internen. Es folgen hier vierzehn von vielen Möglichkeiten, interne Zustände von Schülern zu verändern:

1. **Das Thema wechseln:** Der Lehrer unterbricht das Gespräch oder wartet, bis von selbst eine Pause eintritt. Dann geht er zu einem anderen Thema über.

2. **Einen Scherz machen:** Einzeiler, humoristische Geschichten oder Ereignisse können rasche Zustandsänderungen herbeiführen. Der Lehrer kann auf das Thema oder den Anstoß des Einzeilers bauen oder einen Scherz machen, um einen Zustand zu verändern, und dann mit der geplanten Lektion fortfahren.

3. **Direkter Kontakt:** Die meisten Lehrer und Schüler fühlen sich bei einem Kontakt oder einer Berührung wohl, falls dies im richtigen "Kontext" geschieht. Lehrer sollten wissen, welche Schüler sich gern berühren lassen und welche Art der Berührung angebracht ist: eine Hand auf der Schulter, eine Berührung am Arm oder am Ellbogen.

4. **Die Rollen vertauschen:** Der Lehrer sagt: "Mir scheint, ich bin nicht imstande, euch zu erreichen. Zeigt mir doch, was ich tun soll, um euch zu erreichen." Oder: "Wenn ihr an meiner Stelle wäret, was würdet ihr anders machen?" Oder: "Ich bin gespannt, ob ihr mir, wenn wir die Rollen tauschen, zeigen könnt, wie ich euch diese Lektion beibringen soll. Versuchen wir's mal. Ich übernehme eure Rolle und ihr übernehmt meine. Zeigt mir, wie ich es euch am besten beibringen kann."

5. **"Mein Freund John" einführen:** Diese Technik kann dann angewandt werden, wenn eine besondere Zustandsänderung gewünscht wird, der Lehrer aber nicht selbst die Verantwortung für die Veränderung übernehmen will. Der Lehrer sagt: "Ich habe

dieses Experiment vorher noch nie gemacht, aber mein Freund John würde es so machen ...” Der Lehrer tut, was ihm geeignet scheint, um die gewünschte Veränderung zu erzeugen. In einer Situation, in der der größte Teil der Klasse auf die Darbietung der Lektion nicht anspricht, sagt der Lehrer beispielsweise: “Diese Lektion scheint euch zu Tode zu langweilen. Ich werde jetzt tun, was mein Freund John, der ein ausgezeichneter Lehrer ist, tun würde. Er würde euch um Vorschläge bitten, wie wir diese Lektion interessanter machen können. Welche Vorschläge würdet ihr machen?” Als Resultat der Interaktion kommt es zu einer Zustandsveränderung, und die Schüler gelangen in einen physiologischen Zustand, der für das Lernen günstiger ist.

6. Vorgeben, jemand anderen zu zitieren: Ein Lehrer kann ein vermeintliches Zitat benutzen, um einem Schüler eine Botschaft zukommen zu lassen, die einen negativen physiologischen Zustand verändern soll. Diese Technik gestattet dem Lehrer, die Aussage jemand anderem zuzuschreiben. Zum Beispiel möchte er den Zustand eines Schülers verändern, der offensichtlich am Einschlafen ist. Der Lehrer sagt zu dem Schüler: “Heute morgen ist mir ein tolles Ding passiert. Ich war noch ganz verschlafen und wäre beinahe gegen einen anderen Lehrer gelaufen. Der hat zu mir gesagt: ‘Warum wachen Sie nicht auf!’ (mit lauter Stimme). Ich wußte nicht, wie ich reagieren sollte. Wie hättest du reagiert?” Die Wirkung einer Botschaft mit einem vorgeblichen Zitat wird verstärkt, wenn sie dem Schüler aus nächster Nähe zugerufen wird. Wenn der Lehrer dem Schüler die beabsichtigte Botschaft übermittelt hat, sollte der Schüler Anzeichen einer raschen Zustandsänderung geben, ohne daß ein ernsthafter Konflikt entsteht.

7. Schüler um Hilfe bitten: Viele Schüler würden dem Lehrer bei der Entwicklung einer Lektion gerne helfen. Daher kann eine Bitte um Hilfe zu einer positiven Zustandsveränderung führen: “Bill, ich möchte gern einige Möglichkeiten durchprobieren, wie ich Euch diese Lektion so darbieten kann, daß Ihr sie interessant findet. Willst du mir dabei helfen?”

8. Den Unfähigen spielen: Eine andere Taktik, die sich für manche Situation und für manche Schüler eignet, ist, als Lehrer den Unwissenden zu spielen. “Ich bin wirklich nicht ganz sicher, wie man das macht ...” usw. Diese Zustandsänderung nutzt die Tatsache aus, daß manche Schüler sich freuen, wenn sie zeigen können, daß sie fähig sind, etwas zur Lernerfahrung beizutragen. Dies kann zu stärkerer Beteiligung und damit zu einer Zustandsänderung führen.

9. Aufgeben: Diese Zustandsänderung darf nur in bestimmten, ausgewählten Fällen angewandt werden. In manchen Situationen kann der Lehrer so tun, als ob er aufgeben wollte. “Ich bin anscheinend unfähig, euch zu unterrichten. Ich glaube, ich bin ein Versager” oder ähnliches. Diese Zustandsänderung beruht auf der Idee, daß der Mensch im allgemeinen nicht gerne mit ansieht, wie andere versagen. Daher kann es zu einer positiven Verhaltensänderung kommen, wenn diese Taktik bei bestimmten, ausgewählten Schülern und in bestimmten, ausgewählten Situationen angewandt wird.

10. Eine Änderung der Körperhaltung veranlassen: Wenn man die Schüler ihre Körperhaltung verändern läßt, kann man ihren Zustand erfolgreich verändern. Die Schüler können zum Beispiel aufstehen, sich strecken, tief atmen, hin und her gehen oder zu anderen Tätigkeiten übergehen.

11. Einen Auftrag erteilen: Beispiele für Aufträge sind etwa, Schüler zu bitten, etwas an die Tafel zu schreiben oder etwas im Lexikon nachzusehen oder einen Gegenstand bei einem anderen Lehrer auszuleihen oder die Bücherregale neu zu ordnen.

12. **Rhythmus und Tempo verändern:** Leiser oder mit veränderter Stimme oder langsamer sprechen kann den Zustand des Lernenden verändern. Lautes, schnelles Sprechen kann mit leiserem, langsamem Sprechen abwechseln. Ein Schüler kann besser "hören", wenn der Lehrer langsamer und gleichmäßiger spricht. Die meisten Lehrer wechseln mit Erfolg Rhythmus, Tempo und Lautstärke beim Sprechen, um die Aufmerksamkeit ihrer Schüler zu gewinnen und wachzuhalten.

13. **Eingebettete Befehle benutzen:** Der Lehrer hat einen Befehl in einen scheinbar harmlosen Satz eingebettet. "Ein interessierter Schüler weiß, wie man <u>aufmerksam zuhört, Bob</u>." Oder: "Jane, wenn du dir vorstellst, wie du deine Aufgabe beendest und wie erleichtert du dich dann fühlst, wirst du dir wünschen, <u>die Aufgabe fertigzumachen</u>." Die unterstrichenen Stellen werden mit veränderter Stimme gesprochen und machen den Satz zu einem Befehl. Diese Technik regt das Unbewußte des Schülers an, und die gewünschte Wirkung wird eintreten.

14. **Aufrichtig sein:** Der Lehrer sagt etwa: "Es ist verdammt schwer für mich, euch das beizubringen." Oder: "Wie kann ich euch dieses Problem so deutlich machen, daß ihr es versteht?" Oder: "Wie kann ich diese Definition so formulieren, daß ihr sie versteht?" Diese Technik bietet die Möglichkeit, die problematische Situation durch eine Diskussion zu lösen.

Sensorische Zugangshinweise

Schüler geben uns Hinweise darauf, wie sie einen Stoff verarbeiten: visuell, auditiv oder kinästhetisch. Solche Hinweise sind in den Aussagemustern der Schüler enthalten. Manche Schüler sind eher visuell orientiert:

"Ich *sehe*, worauf Sie hinaus wollen."

"Ich kann mir ein *Bild* davon machen."

Andere sind auditiv orientiert:

"Ich *höre*, was du sagst."

"Wir sind im *Einklang*."

Manche sind kinästhetisch orientiert:

"Das habe ich *fest im Griff*."

"Ich liebe *handfeste* Beispiele."

Andere hilfreiche Hinweise sind unwillkürliche Augenbewegungen, Veränderungen der Haltung und des Muskeltonus, Veränderung von Stimmklang und Tempo, Veränderungen der Gesichtsfarbe und des Atemmusters.

Bewußtes Wahrnehmen ist der Schlüssel dafür, ein erfolgreicher Lehrer zu werden. Erfolg oder Mißerfolg eines jeden Versuchs, den Schüler zu einem Unterrichtsziel, zu einem bestimmten Zustand oder zu einem persönlichen Erfolg zu führen, messen sich an den sensorischen Zugangshinweisen, die der Schüler gibt. Dieser Punkt kann gar nicht genug betont werden! Der Unterschied zwischen geschickter und ungeschickter Anwendung der formalisierten Veränderungsverfahren in diesem Buch und auch der Erfolg zeigt sich in der Fähigkeit, das sensorische Feedback des Schülers zu beobachten und zu deuten.

Sensorische Übungen

Am Ende der meisten Kapitel sind eine Anzahl Übungen angefügt, um Ihnen zu helfen, Ihre Sinnesschärfe zu entwickeln, und um Sie zu ermutigen, sich Ihrer Kommunikationsstrategien stärker bewußt zu werden. Die Übungen sollen außerdem zu **Flexibilität** ermutigen, einer wichtigen Eigenschaft erfolgreicher Lehrer. Falls nichts anderes vermerkt ist, werden für die Übungen drei Personen gebraucht. Wählen Sie sich zwei Erwachsene, die für eine gewisse Zeit zur Mitarbeit bereit sind. Jede Übung erfordert ungefähr 15 Minuten. Um sie voll zu integrieren, sollte sich jeder Teilnehmer aber soviel Zeit nehmen, wie er braucht, um die Übung vollständig durchzuführen. Nach jeder Übung diskutieren Sie die Erfahrungen und Entdeckungen, die Sie gemacht haben. Die Übungen sollen in der angegebenen Reihenfolge durchgeführt werden.

Die Ergänzungsübungen dienen als Brücke zwischen den Übungen auf sensorischer Basis und der Anwendung dieser Kenntnisse in der Klasse.

Übung 1:
Auditive und tonale Identifizierung

Ziel: Seine auditive Wahrnehmung schärfen.

Legen Sie fest, wer A, B und C sein soll.

A schließt die Augen.

B und C wählen einen Laut aus (zum Beispiel: Zungenschnalzen, Fingerschnippen oder Händeklatschen)

Jeder erzeugt abwechselnd den Laut und nennt dabei seinen Namen. (Beispiel: Klick, "Susan"; Klick, "Amy")

Wenn A die Menschen mit den Stimmen in Beziehung gebracht hat, erzeugen B und C den Laut in unregelmäßigem Wechsel, ohne ihren Namen zu nennen, und A muß sagen, wer den Laut erzeugt hat.

Wenn A dies vier- oder fünfmal hintereinander richtig erkannt hat, werden die Rollen getauscht.

(Wenn Sie die Übung noch etwas erschweren wollen, wiederholen Sie sie nach dem ersten Durchgang und versuchen dabei, einander so genau wie möglich nachzuahmen.)

Ergänzungsübung 1

Ziel: Seine auditive Wahrnehmungsfähigkeit in der Klasse anwenden.

Der Lehrer wählt fünf Schüler der Klasse aus. Er vergleicht den Klang ihrer Stimmen, die Tonqualität, das Tempo ihrer Sprechmuster, ihr Stimmvolumen und ihr Lachen. Welche Unterschiede sind zu bemerken?

(Es kann leichter sein, diese Übung mit geschlossenen Augen durchzuführen.)

Übung 2:
Kinästhetische Identifizierung

Ziel: Seine kinästhetische Wahrnehmung schärfen.

A schließt die Augen.

B und C berühren A und nennen jedesmal, wenn sie ihn berühren, ihren Namen. -(Beispiel: Mit einem Finger den Arm, die Hand oder das Knie berühren und dann seinen Namen nennen: "Amy".)

Wenn A die Berührungen zusammen mit den Stimmen innerlich gespeichert hat, berühren B und C ihn, ohne ihren Namen zu nennen. A muß zwischen den beiden Berührungen unterscheiden (mit Hilfe des Drucks oder der Temperatur) und sagen, wer ihn berührt hat.

Wenn A dies vier- oder fünfmal hintereinander richtig erkannt hat, werden die Rollen getauscht.

(Die Übung wird noch etwas schwerer, wenn B und C die gleiche Stelle berühren und den Druck möglichst gleich stark machen.)

Ergänzungsübung 2

Ziel: Seine kinästhetische Wahrnehmungsfähigkeit in der Klasse anwenden.

Der Lehrer wählt fünf Schüler aus. Diese wählen jeder einen Gegenstand, der für sie charakteristisch ist (das heißt: als Symbol stehen kann), und legen diese Gegenstände auf den Tisch. Der Lehrer hat die Augen verbunden. Er identifiziert jeweils den Schüler, indem er den Gegenstand benennt und ihn mit dem vergleicht, was er über den Schüler weiß.

Übung 3:
Visuelle Identifizierung

Ziel: Seine visuelle Wahrnehmung schärfen.

A nimmt eine bestimmte Haltung ein.

B sieht sich die Haltung an und schließt dann die Augen.

A verändert die Haltung (anfangs augenfällig, im weiteren Verlauf dann immer subtiler).

B öffnet die Augen und beschreibt, welche Veränderungen stattgefunden haben.

C beobachtet und bestätigt die Veränderungen oder gibt an, welche Veränderungen er beobachtet, B aber nicht gesehen hat.

Nach jedem Durchgang die Rollen tauschen.

Ergänzungsübung 3

Ziel: Seine visuelle Wahrnehmungsfähigkeit in der Klasse anwenden.

Der Lehrer wählt mehrere Schüler aus und merkt sich ihre Haltung zu Beginn der Stunde und zu einem späteren Zeitpunkt während der Stunde.

Welche Unterschiede gibt es?

(Es ist hilfreich, im Geiste eine Momentaufnahme ("Schnappschuß") der Schüler jeweils vor- und nachher zu machen. Die Aufnahmen können dann verglichen und die Unterschiede festgestellt werden.)

Übung 4:
Zustände verändern

Ziel: *Seine Flexibilität vergrößern und Wege finden, um Schüler in einen für das Lernen günstigen physiologischen Zustand zu bringen.*

A identifiziert den Zustand eines Schülers, mit dem er schwer fertig wird.

A beschreibt B diesen Zustand.

B macht sich zum Modell dieses Zustandes. (Notfalls hilft A dabei.)

A versucht fünf Minuten lang, den Zustand von B auf möglichst viele Arten zu verändern. (Diese Übung zeigt, wie wichtig Flexibilität ist.)

C dient als Beobachter und sagt A, wenn B seinen Zustand verändert hat.

Die Rollen tauschen.

Ergänzungsübung 4

Ziel: *Seine Fähigkeit, die Zustände von Schülern zu verändern, in der Klasse anwenden.*

Der Lehrer wartet, bis der Zustand eines für ihn schwierigen Schülers in der Klasse auftaucht. Wenn dieser auftritt, wendet der Lehrer eine oder mehrere Zustandsänderungen an und verändert den unerwünschten Zustand mit Erfolg. Dann fährt er mit dem Unterricht fort.

Zusammenfassung

Die Verbindung von Lehren und Lernen wird wesentlich erleichtert durch unsere Fähigkeit, wahrzunehmen und zu verstehen, was mit uns und mit unseren Schülern geschieht, wenn wir in Interaktion treten.

Das Verfahren des Chunking down und Chunking up erlaubt uns, Lehr- und Lern-erfahrungen zu schaffen, die den Bedürfnissen sowohl von Schülern wie von Lehrern besser gerecht werden. Das Wissen, daß jeder Mensch seine eigene Auffassung von der Welt und damit auch von den Dingen, die wir lehren, hat, sollte uns ermutigen, flexibler in unseren inner- und außerunterrichtlichen Beziehungen zu den Schülern zu sein.

Nachdem uns der Zusammenhang zwischen physiologischen und internen Zuständen bewußt geworden ist, können wir auch erkennen, ob Schüler in einem für das Lernen günstigen Zustand sind oder nicht, und um so leichter alles Nötige tun, um sie in diesem günstigen Zustand zu halten.

Indem wir uns bewußt auf das sensorische Feedback der Schüler einstimmen, bekommen wir ein besseres Verständnis dafür, wie sie Informationen verarbeiten. Wenn wir uns die Notwendigkeit klarmachen, Unterrichtsformen zu entwickeln und anzuwenden, die beide Gehirnhemisphären ansprechen, kann das Lernen für viele Schüler zu einer unbeschwerten Erfahrung werden, und wir werden finden, daß das Lehren eine lohnendere Aufgabe ist, als wir uns je vorgestellt haben.

Kapitel 2

Sensorische Systeme (Repräsentationssysteme)

Der Meister betrachtete das Puzzle mit Interesse. Er suchte sogleich die Randstücke heraus und fügte sie zusammen. Dann teilte er das Puzzle in Farbgebiete auf und ordnete die Teile nach den entsprechenden Farben. Er sah sich die Einzelteile jedes Farbgebietes genau an und setzte es rasch zusammen. Dann vereinigte er die Gebiete und vollendete das Puzzle in kürzester Zeit.

Der Meister schaute auf seine Klasse. Er hatte seine Unterrichtsziele bestimmt und die von ihm für seine Schüler erwünschten physiologischen Zustände erreicht. Er bekam Informationen über die Zustände seiner Schüler, indem er beobachtete, zuhörte und die Gefühle, die das Feedback in ihm auslöste, verarbeitete. Ihm fiel auf, daß seine Schüler während des Lernprozesses alle ihre Sinne gebrauchten. Bei der Informationsverarbeitung und im Verhaltensfeedback gegenüber anderen Schülern nutzten sie zumeist nur einen ihrer Sinne. Der Meister berücksichtigte diese Information und gestaltete seinen Unterricht, indem er in jede Lektion visuelle, auditive und kinästhetische Abschnitte einbaute und so die Lektion abrundete, um das Erreichen seiner Unterrichtsziele ebenso wie die erwünschten physiologischen Zustände seiner Schüler sicherzustellen. Sein Titel "Meister" war wohlverdient.

Worum geht es?

Welche Bedeutung haben die Sinne für unsere Fähigkeit, die Welt auf verschiedene Art wahrzunehmen? Welchen Einfluß haben die sensorischen Systeme auf den Lernprozeß?

Unser Gehirn verarbeitet und repräsentiert ständig Informationen mit Hilfe unserer fünf sensorischen Systeme. Unsere Fähigkeiten zu sehen, zu hören, zu fühlen, zu riechen und zu schmecken ermöglichen diese Verarbeitung von Informationen, sowohl auf bewußten wie auch auf unbewußten Wegen. Übersicht 1 [S. 28] beschreibt die Repräsentationssysteme und deren Kodierungen, die in diesem Buch verwendet werden.

Unsere sensorischen Systeme sind die Kanäle, durch die wir wahrnehmen, lernen, Verhaltensweisen initiieren und ausbilden. Das Modell unserer Erfahrungen ist ein unmittelbares Ergebnis der Prozesse, die in unseren sensorischen Systemen stattfinden.

All diese Repräsentationssysteme zusammen (V, A, K, O) werden als "sensorisches Ensemble" *[sensory set]* bezeichnet. Unser Gehirn verarbeitet die Informationen aus jedem Kanal unserer sensorischen Erfahrung in jedem einzelnen Moment. Wenn wir zum Beispiel unterrichten, sehen wir den Klassenraum und die Schüler extern vor uns (V^e), während wir gleichzeitig die Lektion, die wir unterrichten, visualisieren oder erinnern (V^{er}). Auditiv können wir dem Vortrag eines Schülers zuhören (A^e), intern aber über die nächsten Schritte in der Lektion nachdenken (A^i_d) oder, was der Schüler jetzt sagt (A^e), mit dem vergleichen, was er früher gesagt hat (A^{er}). Kinästhetisch können wir extern spüren, wie unsere Füße den Boden berühren, wie unsere Finger die Kreide anfassen, wenn wir etwas an die Wandtafel schreiben, oder wie unsere Kleider den Körper berühren (K^e), aber intern können wir Hunger verspüren oder fühlen, daß mit einem bestimmten Schüler nicht alles in Ordnung ist (K^i). Olfaktorisch können wir den Duft einer Blume, die im Klassenzimmer steht, riechen (O^e) und intern uns erinnern, wie das Gericht riecht, das auf der heutigen Speisekarte der Mensa steht (O^{er}). Übersicht 2 [S. 29] faßt diese externen und internen Informationen zusammen.

Übersicht 1: Repräsentationssysteme und ihre Kodes

Sensorisches System	Kodierung
Visuell (Sehen; V)	V^i: bezieht sich auf *interne* visuelle Quellen oder allgemeine Bilder, die wir konstruieren oder erinnern
	V^e: bezeichnet *externe* visuelle Quellen oder was wir extern sehen
	* V^k: stellt visuelle Bilder dar, die wir selbst *konstruieren* (*)
	* V^{er}: bezeichnet ein *erinnertes* Bild
Auditiv (Hören; A)	A^i: bezieht sich auf allgemeine Klänge, die wir *intern* konstruieren oder erinnern
	A^e: bezeichnet *externe* Klänge, die wir hören
	* A^k: stellt interne oder externe Klänge dar, die wir *konstruieren*
	* A^{er}: bezeichnet einen *erinnerten* Klang
	* A^i_d: bezeichnet einen *inneren Dialog*
Kinästhetisch (Gefühl; K)	* K^i: bezieht sich auf *interne* Gefühle, die wir konstruieren oder erinnern
	* K^e: bezeichnet *externe* Gefühle, die wir erfahren
	K^k: stellt interne oder externe Gefühle dar, die wir *konstruieren*
	K^{er}: bezeichnet ein *erinnertes* internes oder externes Gefühl
Olfaktorisch/Gustatorisch (Geruch/Geschmack; O)	O^i: bezieht sich auf Gerüche oder Geschmacksempfindungen, die wir *(intern)* konstruieren oder erinnern
	O^e: bezeichnet *externe* Gerüche oder Geschmacksempfindungen, die wir erfahren
	O^k: bezeichnet einen *konstruierten* internen oder externen Geruch und/oder Geschmack
	O^{er}: bezeichnet einen *erinnerten* internen oder externen Geruch und/oder Geschmack
(Mit * sind die gebräuchlichsten Kodes gekennzeichnet.)	

Übersicht 2: Identifikation von Repräsentationssystemen in einer bestimmten Unterrichtssituation		
	Extern	**Intern**
Visuell	den Klassenraum und die Schüler vor sich sehen (V^e)	die Lektion visualisieren (V^i)
Auditiv	die Schüler hören (A^e)	sich die nächsten Schritte der Lektion überlegen (A^i_d) oder sich an die Stimme eines Schülers bei einem früheren Vortrag erinnern (A^{er})
Kinästhetisch	fühlen, wie die Füße den Boden berühren (K^e)	Hunger verspüren (K^i)
Olfaktorisch/ Gustatorisch	den Duft einer Blume riechen (O^e)	sich an den Duft eines Essens erinnern (O^{er})

Übersicht 2 zeigt, daß wir durchweg dazu neigen, "vermischte Zustände" zu erfahren. Ein Teil unserer Erfahrung ist extern, während wir gleichzeitig einen erinnerten oder Phantasievorgang erleben. Wenn wir wissen, wieviele "vermischte Zustände" jeder von uns bei einer Lernerfahrung durchmachen kann, so läßt uns das verstehen, warum das Weltmodell eines jeden Menschen einzigartig ist.

Dominante sensorische Systeme

Wenn auch durch alle unsere sensorischen Systeme Informationen gesammelt werden, hat jeder von uns eine – meist unbewußte – Tendenz, für die Verarbeitung der Informationen und sein Verhaltensfeedback ein oder mehrere ausgewählte Systeme zu benutzen. Diese sensorischen Systeme werden als "dominante" sensorische Systeme bezeichnet. Ein zuverlässiger Weg, das dominante sensorische System bzw. die dominanten Systeme eines Menschen zu bestimmen, ist es, auf seine Aussagemuster zu achten. Mit Hilfe der sensorischen Übungen am Ende der meisten Kapitel kann jeder Leser sein dominantes System / seine dominanten Systeme "entdecken". Es ist möglich, daß das dominante sensorische System von Kontext zu Kontext wechselt.

Das Wissen, daß jeder Mensch sein eigenes dominantes sensorisches System hat, kann uns helfen zu verstehen, wieso jeder die reale Welt anders wahrnimmt. Dieses Wissen kann auch erklären helfen, warum manche Schüler das Erlernen eines bestimmten Stoffes leichter finden als andere. Der visuell veranlagte Schüler wird wahrscheinlich weniger Schwierigkeiten haben, Mathematik zu lernen, als der Schüler, dessen dominantes System das kinästhetische ist. Als ein Beispiel, das diese Aussage stützt, führt Dilts den Fall eines Schülers mit dominantem kinästhetischen System an, der Schwierigkeiten hatte, algebraische Probleme zu bewältigen. Ein blinder Schüler in derselben Klasse löste das gleiche mathematische Problem unter Verwendung algebraischer Materialien in Braille-Schrift. Der Lehrer riet dem kinästhetisch orientierten Schüler, die Braille-Schrift zu erlernen. Dieser war danach fähig, mit Hilfe der Braille-Schrift (die an seine kinästhetische Veranlagung appellierte) algebraische Probleme viel schneller als vorher zu bewältigen. (2) Ein guter Musiker muß fähig sein, die Noten zu hören. Ein Tänzer muß fähig sein, kinästhetisch zu kodieren.

Diese Erkenntnis hilft auch zu erklären, warum manche Schüler besonders für das Schauspiel, für Musik oder Sport begabt sind. Das dominante sensorische System eines Menschen steht dabei im Einklang mit dem Erlernen einer bestimmten Fertigkeit, und zwar als Ergebnis einer bestimmten physiologischen Entwicklung (Vererbung usw.) und günstiger Umweltbedingungen. Beispielsweise kann jemand erblich bedingt über das absolute Gehör verfügen. Diese Fähigkeit kann durch günstige Gelegenheiten und Umweltbedingungen entwickelt werden, so daß ein begabter Musiker aus ihm wird. Naturgemäß beginnt eine Begabung sich zu entfalten, wenn die dazu nötigen Erfahrungen ein Programm bilden, das dem Menschen erlaubt, sein dominantes sensorisches System mit der zu erlernenden Fertigkeit zu kombinieren. Wenn dieser Schüler vorwiegend nichtauditiven Lernerfahrungen ausgesetzt wäre, würde er wahrscheinlich nicht seinen besten Möglichkeiten entsprechend lernen können. Manche Störungen des Unterrichts werden wahrscheinlich dadurch verursacht, daß der Lehrer seine Lektion in einem sensorischen System darbietet, das sich unterscheidet von dem System, das der Schüler zur Verarbeitung des Stoffes benutzt.

Die folgende Tabelle enthält eine Liste der wichtigsten Merkmale jedes dominanten sensorischen Systems bei Schülern. (3)

Übersicht 3: Verhaltensmerkmale zum Identifizieren der dominanten Repräsentationssysteme der Schüler

	Visuell	Auditiv	Kinästhetisch
Lernstil	lernt durch Sehen; bevorzugt anschauliche Darstellungen	lernt durch verbale Belehrung von seiten anderer oder seiner selbst	lernt durch Tun; unmittelbare Beteiligung
Lesen	liebt Beschreibungen; unterbricht das Lesen manchmal, um ins Leere zu starren und sich die Szene vorzustellen; intensive Konzentration	erfreut sich an Dialogen, Theaterstücken; meidet langatmige Beschreibungen; übersieht Illustrationen, bewegt die Lippen oder spricht vor sich hin	bevorzugt Geschichten, in denen gleich zu Anfang etwas passiert; zappelt beim Lesen; faßt Bücher gerne an; kein leidenschaftlicher Leser
Rechtschreibung	erkennt Wörter optisch wieder; ist auf die Konfiguration (das Wortbild) angewiesen	verwendet lautliche Annäherungen; ist zu auditiven Wortattacken fähig	ist oft schlecht in Orthographie; schreibt Wörter hin, um festzustellen, ob sie sich richtig "anfühlen"
Handschrift	im allgemeinen gut, besonders in der Jugend; Raumeinteilung und Schriftgröße sind gut; Aussehen wichtig	hat anfängliche Lernschwierigkeiten; schreibt mit leichter Hand; spricht mit beim Schreiben	zu Anfang gut, wird schlechter, wenn der Raum enger wird; drückt stärker auf beim Schreiben
Gedächtnis	erinnert sich an Gesichter, vergißt Namen; schreibt Dinge auf, macht sich Notizen	erinnert sich an Namen, vergißt Gesichter; erinnert sich bei auditivem Wiederholen	erinnert sich am besten an das, was getan wurde, nicht an das, was gesehen oder worüber gesprochen wurde

Vorstellungskraft	lebhafte Vorstellungskraft; denkt in Bildern, visualisiert Einzelheiten	spricht vor sich hin, denkt in Klängen; Einzelheiten weniger wichtig	Vorstellungskraft gering; auftauchende Bilder werden von Bewegungen begleitet
Ablenkbarkeit	achtet im allgemeinen nicht auf Klänge; abgelenkt durch visuelle Unordnung und Bewegung	leicht abgelenkt durch Klänge	achtet weder auf visuelle noch auf auditive Darbietungen; scheint daher ablenkbar
Problemlösungsverhalten	umsichtig; planvoll im Vorgehen; ordnet seine Gedanken, indem er sie aufschreibt; listet die Probleme auf	spricht die Probleme aus, sucht Lösungen verbal, vor sich hinsprechend; subvokalisiert	geht die Probleme handgreiflich an; impulsiv; wählt oft die Lösung, die die größte Aktivität mit sich bringt
Reaktion auf Zeiten der Untätigkeit	starrt vor sich hin; malt Männchen; findet etwas zu beobachten	murmelt, spricht mit sich selbst oder mit anderen	zappelt; findet Anlässe, sich zu bewegen; hält die Hand hoch
Reaktion auf neue Situationen	betrachtet sie von allen Seiten; prüft die Struktur	spricht über die Situation, das Für und Wider und was zu tun ist	probiert die Dinge aus; berührt, fühlt, manipuliert
Erregbarkeit	etwas verhalten; starrt vor sich hin, wenn er sich ärgert; weint schnell; strahlt, wenn er glücklich ist; der Gesichtsausdruck ist ein gutes Zeichen seiner Gemütslage	ruft vor Freude oder Ärger; geht verbal in die Luft, beruhigt sich aber bald; drückt seine Erregung verbal und durch Veränderungen in Klang, Stärke und Höhe der Stimme aus	hüpft vor Freude; umarmt, stößt und zerrt einen, wenn er glücklich ist; stampft, fährt hoch und trommelt, wenn ärgerlich; die allgemeine Körperhaltung ist Zeichen seiner Gemütslage
Kommunikation	still; spricht nicht ausführlich; wird ungeduldig, wenn längeres Zuhören gefordert; tut sich schwer im Gebrauch der Wörter; beschreibt ohne Ausschmückungen; benutzt Wörter wie sehen, gucken usw.	hört gern zu, kann es aber nicht abwarten, selbst zu reden; Beschreibungen sind langatmig und wiederholen sich; hört sich selbst und andere gern sprechen; benutzt Wörter wie zuhören, horchen	gestikuliert beim Schreiben; hört nicht gut zu; tritt beim Sprechen oder Zuhören nahe an einen heran; verliert schnell Interesse an Diskussionen; benutzt Wörter wie bekommen, nehmen
Allgemeines Aussehen	sauber, übergenau, liebt Ordnung; zieht es vor, sein Aussehen nicht zu verändern	passende Kleidung nicht so wichtig; kann die Wahl seiner Kleidung erklären	sauber, wird aber durch Aktivität schnell unansehnlich
Ansprechen auf Kunst	spricht nicht besonders auf Musik an; bevorzugt die visuellen Künste; neigt nicht dazu, irgendein Kunstwerk ausdrücklich zu würdigen, kann aber von visuellen Darstellungen tief beeindruckt sein; konzentriert sich eher auf Einzelheiten als auf das Werk im ganzen.	spricht weniger an auf visuelle Künste, kann aber gut über sie diskutieren; überhört wichtige Einzelheiten, würdigt das Werk als ganzes; bevorzugt Musik; kann verbale Assoziationen zu allen Kunstformen entwickeln; verwendet mehr Zeit darauf, über Stücke zu reden, als sie anzuschauen.	reagiert auf Musik mit körperlicher Bewegung; bevorzugt Skulpturen; berührt Plastiken und Bilder; bei Ausstellungsstücken bleibt er nur stehen, wenn er sich körperlich in sie einfühlen kann; sagt wenig zu jeder Art von Kunst.

Jeder von uns hat Klassen beobachtet, die das dominante sensorische System (V, A, K) des Lehrers reflektieren. Benutzen Sie die folgende Aufgabe, um ihre Wahrnehmungsfähigkeit für die Aktivitäten und/oder Eigentümlichkeiten, die für visuell, auditiv und kinästhetisch orientierte Lehrer typisch sind, zu verbessern.

Aufgabe A:
Lehreraktivitäten und Repräsentationssysteme

Benutzen Sie die Buchstaben V, A oder K, um die Aktivitäten zu bezeichnen, die am besten für die Klasse eines visuell, auditiv oder kinästhetisch orientierten Lehrers geeignet sind. (Die Lösungen finden Sie im Anhang auf S. 209.)

Beispiel: <u>A</u> *Lektüre benutzt*   __ *lautes Lesen verlangt*

__ *Rollenspiel betont*   __ *Schülerprojekte und -modelle angeregt*

__ *Schüler zum Sprechen ermutigt*   __ *Poster und Schilder ausgestellt*

__ *das Schwarze Brett geschmückt*   __ *häufig die Tafel benutzt*

__ *Filme gezeigt*   __ *mathematische Illustrationen sowie Beispiele und Antworten laut vorgelesen*

__ *Tonbänder abgespielt*

__ *Aktivitäten angeregt, die Manipulation erfordern*   __ *den täglichen Arbeitsplan an die Tafel geschrieben*

__ *Materialien sauber geordnet*   __ *dreidimensionale Lernhilfen eingesetzt*

__ *schriftliche Arbeiten betont*

Da jeder Mensch dazu neigt, sich auf *ein* dominantes sensorisches System zu verlassen, können wir annehmen, daß die meisten Lehrer dazu neigen, im Unterricht ihr dominantes sensorisches System zu bevorzugen. Diese Praxis kann offensichtlich solche Schüler benachteiligen, die ein anderes dominantes Repräsentationssystem haben, da diese Schüler größere Schwierigkeiten beim Erlernen des Stoffes haben. Um ein optimales Lehren und Lernen zu ermöglichen, muß der Lehrer Materialien aussuchen oder Aktivitäten entwikkeln, die den dominanten Systemen der Schüler entgegenkommen. Ein Lehrer, der die dominanten Systeme seiner Schüler kennt, kann die Kräfte der Schüler besser nutzen und schwächere sensorische Systeme stärken. Beispielsweise wird ein Schüler mit einem dominanten visuellen System weniger abgelenkt werden, wenn er an einem Platz sitzt, um den herum es wenig Bewegung gibt. Der gleiche Schüler wird von jeder Art visueller Lernaktivität profitieren. Unter anderem braucht der visuell orientierte Schüler Übungen, die ihm helfen, besser zuzuhören und sich besser auszudrücken. Eine abgerundete Unterrichtsplanung müßte Demonstrationen, Zeichnungen, Diagramme, zusätzliche visuelle Hilfen (V), Lektüre und Diskussionen (A) sowie Aktivitäten, die die Beteiligung der Klasse erfordern (K), umfassen. Eine solche Planung, verbunden mit der wohlüberlegten Verwendung von Metaphern und Aussagemustern [vgl. Kap. 3], wird dazu führen, daß der Schüler die Lernerfahrungen über alle seine sensorischen Systeme integriert, und so den Erfolg der Unterrichtsbemühungen sichern.

Übung 5: Visuelle und kinästhetische Identifizierung

Ziel: *Seine visuelle und kinästhetische Wahrnehmung schärfen.*

A durchlebt visuell drei Erfahrungen, die er tatsächlich einmal gemacht hat. (Beispielsweise: mit jemandem sprechen, an einer Sportveranstaltung teilnehmen, spazierengehen usw.)

B steht A, der ebenfalls steht, gegenüber und hält seine Hände.

Jedesmal, wenn A eine Erfahrung durchlebt, drückt er die Hände von B, um ihm zu signalisieren, daß er zur nächsten Erfahrung übergegangen ist.

A wiederholt dieselben drei Erfahrungen.

Dann stellt A die Erfahrungen um, und B muß die neue Anordnung der Erfahrungen erraten, nachdem sie alle drei wieder durchlebt worden sind.

C beobachtet und bestätigt B, ob er richtig geraten hat.

A wiederholt die Erfahrungen noch einmal in der ursprünglichen Anordnung, und B muß versuchen, den Inhalt jeder Erfahrung zu erraten.

Übung 6: Visuelle, auditive und kinästhetische Identifizierung

Ziel: *Seine visuelle, auditive und kinästhetische Wahrnehmung durch die Überprüfung der Authentizität einer Erfahrung schärfen.*

A wählt drei Erfahrungen aus und spricht über sie: zwei, die er tatsächlich erlebt hat, und eine, die er gerne erlebt hätte, aber nicht machen konnte (sie sollte potentiell realistisch sein, keine Reise zum Mars oder zum Mond).

B versucht festzustellen, welche Erfahrung nicht stattgefunden hat.

C kann gleichfalls herauszufinden versuchen, welche Erfahrung nicht stattgefunden hat. [Forts.]

Ergänzungsübung 5:

Ziel: *Seine visuelle und kinästhetische Wahrnehmungsfähigkeit in der Klasse anwenden.*

Der Lehrer zeichnet eine Skizze seines allerersten Klassenraumes, von oben gesehen, und markiert die Stelle, an der sein Tisch stand, durch ein X. Er vergegenwärtigt sich eine Erfahrung, die er in seinem ersten Berufsjahr gemacht hat. Er visualisiert sich während dieser Erfahrung und geht in die Erfahrung hinein. Er vergegenwärtigt sich die internen und externen Gefühle, die er damals hatte. Er vergegenwärtigt sich seine damalige Körperhaltung und -stellung.

Der Lehrer zeichnet eine Skizze seines gegenwärtigen Klassenraumes, von oben gesehen, und markiert die Stelle, an der sein Tisch steht, durch ein X. Er wählt eine ähnliche Erfahrung wie vorher aus und vergegenwärtigt sich die internen und externen Gefühle, die er zu der Zeit hatte, wie seine Körperhaltung war, sowie alle Unterschiede in der Klasseneinrichtung. Er vergegenwärtigt sich, welche Gefühle dies in ihm auslöst. Alle Unterschiede in der Art, wie er jetzt seinen Körper hält, werden aufgezeichnet. Alle Unterschiede in seinen internen und externen Gefühlen gegenüber der ersten Erfahrung werden vergegenwärtigt.

Ergänzungsübung 6:

Ziel: *Seine visuelle, auditive und kinästhetische Wahrnehmungsfähigkeit in der Klasse anwenden.*

Der Lehrer wählt zwei oder mehrere Schüler aus. Sie zeichnen einer nach dem anderen die Skizze eines früheren Klassenraumes, von oben gesehen. Sie markieren eine Stelle, an der sie eine positive Erfahrung gemacht haben, durch ein X. Sie denken an diese Erfahrung, ohne sie zu beschreiben. Der Lehrer beobachtet ihr sensorisches Feedback. Danach markieren die Schüler eine Stelle, an der sie eine negative Erfahrung gemacht haben. Der Lehrer beobachtet ihr sensorisches Feedback. [Fortsetzung nächste Seite]

Diskutieren Sie, welche Unterscheidungsmerkmale sie benutzt haben, um die wahren Geschichten herauszufinden.

Die Rollen tauschen.

Die Schüler wählen eine andere, positive oder negative Erfahrung und markieren den Ort, an dem sie stattgefunden hat. Der Lehrer identifiziert, welche Erfahrung – positiv oder negativ – der Schüler ausgewählt hatte. Der Schüler bestätigt die Antwort – oder auch nicht.

Um die Übung zu erschweren, kann der Lehrer die Schüler bitten, Erfahrungen auszuwählen, die emotional nahe beieinander liegen.

Übung 7: Auditiv-kinästhetische Identifizierung

Ziel: *Seine auditive und kinästhetische Wahrnehmung schärfen.*

A schließt die Augen.

B erzeugt einen Laut, berührt dann A und nennt seinen Namen.

C tut das Gleiche.

Wenn A die Laute und die Berührungen mit jeder Person verbunden hat, erzeugen B und C den Laut und berühren A, ohne ihren Namen zu nennen. A muß dann raten, ob B oder C der Urheber des Lautes und der Berührung war. B und C sollen anfangs deutliche Laute und Berührungen erzeugen, die im weiteren Verlauf der Übung dann immer subtiler werden.

Wenn A die Kombinationen vier- oder fünfmal hintereinander richtig identifiziert hat, können B und C Laute und Berührungen vermischen, und A muß dann identifizieren, wer den Laut und wer die Berührung erzeugt hat.

Die Rollen tauschen, wenn vier oder fünf aufeinanderfolgende Kombinationen richtig identifiziert worden sind.

Ergänzungsübung 7

Ziel: *Seine auditive und kinästhetische Wahrnehmungsfähigkeit in der Klasse anwenden.*

Der Lehrer wählt einige Schüler aus, die sich jeder einen Gegenstand wählen, der für sie kennzeichnend ist. Der Lehrer hat die Augen geschlossen oder verbunden. Die Schüler verabreden ein Wort oder einen Ton miteinander. Der Reihe nach erzeugt jeder Schüler den Ton oder sagt das Wort, gibt dem Lehrer seinen Gegenstand in die Hand und nennt seinen Namen.

Der Lehrer verinnerlicht diese Vorgänge und identifiziert die Schüler vier- oder fünfmal hintereinander.

Um die Übung etwas schwerer zu machen, können die Schüler Laute und Gegenstände vermischen, und der Lehrer identifiziert den Schüler, der den Laut erzeugt hat, und den, der ihm den Gegenstand gegeben hat.

Beschreibung des Klassenraums mit Hilfe sensorischer Systeme

Während Sie in Ihrem Klassenraum sitzen, beschreiben Sie ihn mit Hilfe sensorischer Systeme, indem Sie die folgenden Fragen beantworten. Fühlen Sie sich ganz frei, auch Fragen hinzuzufügen, die durch Ihre besonderen Verhältnisse nahegelegt sind.

1. Welche Farbe(n) hat Ihr Klassenraum?

2. Wie wirkt/wirken diese Farbe(n) auf Ihr Gefühl?

3. Welche Sinne werden durch die Bilder und/oder Poster in Ihrem Klassenraum angeregt?

4. Welche Sinne werden durch die Materialien an Ihrem Schwarzen Brett angeregt?

5. Welche Teile Ihres Klassenraums eignen sich am besten für

   – visuelle Zentren?

   – auditive Zentren?

   – kinästhetische Zentren?

   Nach welchen Gesichtspunkten haben Sie diese Entscheidung getroffen?

6. Führen Sie die visuellen Hilfen auf, die Sie normalerweise bei der Darbietung Ihres Stoffes verwenden.

7. Führen Sie die auditiven Hilfen auf, die Sie normalerweise bei der Darbietung Ihres Stofffes verwenden.

8. Führen Sie die kinästhetischen Hilfen auf, die Sie normalerweise bei der Darbietung Ihres Stoffes verwenden.

9. Wie beeinflußt die Erdumdrehung die Sonnenreflexe auf Ihrer Tafel? Welchen Einfluß hat das auf den nötigen Schatten im Klassenraum? Wirkt die Sonne noch auf andere Weise störend in Ihrem Klassenraum?

10. Wie laut oder leise müssen die Schüler sprechen, um gehört oder nicht gehört zu werden, wenn sie an verschiedenen Stellen des Klassenraums sitzen? Gibt es "tote" Stellen in Ihrem Klassenraum?

11. Wo überall können Sie stehen, wenn bei normalem Sprechen jeder Sie hören soll?

12. Welcher Teil des Raumes eignet sich am besten für kleine Gruppen? Warum?

13. Gehen Sie in Ihrem Klassenraum hin und her, wenn er leer ist. Haben einige Teile des Raumes einen besonderen Geruch?

14. Gehen Sie in Ihrem Klassenraum hin und her und stellen Sie fest, ob die Temperatur variiert.

15. Welche visuellen, auditiven oder kinästhetischen Wörter oder Folgerungen kommen in Ihrer Klassenordnung vor? Welche in Ihren Lehrplänen?

16. Welche Art von visuellen, auditiven und kinästhetischen Aktivitäten regen Sie bei Ihren Schülern an?

Zusammenfassung

Gegenstand dieses Kapitels war die Bedeutung der Repräsentationssysteme für den Erziehungsprozeß. Die in unserer Kultur am meisten benutzten sensorischen Systeme sind das visuelle, das auditive und das kinästhetische (V, A, K). Während Schüler im allgemeinen nur eine dunkle Ahnung davon haben, daß sie Informationen in verschiedenen sensorischen Kanälen verarbeiten, haben die meisten ein dominantes sensorisches System, mit dem sie den Informationsfluß, der auf sie einströmt, verarbeiten. Dieses dominante sensorische System kann durch sensorisches Feedback von seiten der Schüler – das auch die Verwendung von Aussagen einschließt – identifiziert werden. Als Resultat der Anwendung verschiedener sensorischer Systeme nimmt jeder von uns die Welt auf eine ganz bestimmte Art wahr und entwickelt sein eigenes Modell von der Welt. Das "sensorische Ensemble" (V, A, K, O) – ein Ausdruck, mit dem wir alle sensorischen Systeme zusammen bezeichnen – kann als Grundlage dienen, auf der man beginnt, die sensorischen Systeme der Schüler zu studieren.

Kapitel 3

Aussagemuster und Repräsentationssysteme

Eine Lehrerin kam zum Meister und suchte seinen Rat, wie sie einen Schüler, der sie "buchstäblich zum Wahnsinn trieb", erreichen könne. Der Meister bat sie, ihm genau zu beschreiben, was sie bei ihrer Arbeit mit dem Schüler so frustrierend fand. Sie sagte: "Es scheint, als wenn er auf einer anderen Wellenlänge operierte. Ich spreche mit ihm über sein Verhalten oder über eine von ihm zu erledigende Aufgabe, und es ist, als ob er mich nicht gehört hätte, obgleich ich weiß, daß er zuhört. Ich werde noch mehr frustriert und fange an, lauter zu reden. Ich bin so weit, daß ich nicht mehr mit ihm arbeiten kann." Der Meister erwiderte: "Ich verstehe, was Sie sagen. Was antwortet er Ihnen?" – "Er sagt, er habe Schwierigkeiten, sich ein Bild von dem zu machen, was ich sage; ihm sei nicht klar, wovon ich spreche, und er könne nicht sehen, worauf ich hinauswolle." Dem Meister war klar, daß die Schwierigkeiten der Lehrerin zumindest teilweise darauf beruhten, daß sie und ihr Schüler Informationen auf verschiedene Weise verarbeiteten: sie auditiv und er visuell. Er konnte das sagen aufgrund ihrer beider Aussagemuster. Nachdem der Meister ihr dies erklärt und gezeigt hatte, wie sie die Kommunikation und ihr Verständnis für den Schüler durch Nachahmung seiner Aussagemuster verbessern könne, berichtete sie später, daß dieses eine Stückchen Wissen ihr neue, breite Wege der Kommunikation eröffnet habe, nicht nur mit diesem, sondern auch mit verschiedenen anderen Schülern. "Dieser Schüler ist auf dem besten Wege, einer meiner Lieblingsschüler zu werden", erklärte sie begeistert.

Worum geht es?

Was sind "Aussagemuster"? Wie kann das dominante sensorische System identifiziert werden? Warum sollen Lehrer lernen, die "Aussagemuster" ihrer Schüler nachzuahmen?

Obgleich man sich dessen nicht bewußt ist, sind *alle* Teile des sensorischen Ensembles (V, A, K, O) gegenwärtig beim Verarbeiten von Informationen. In vielen Fällen wird allerdings *ein* sensorisches System die anderen dominieren. Das dominante sensorische System kann durch die Aussagemuster, die eine Person verwendet, bestimmt werden. Dieses Kapitel erläutert die Aussagemuster und führt die gebräuchlichsten Muster auf, die für bestimmte sensorische Systeme bezeichnend sind. Außerdem enthält es spezielle Vorschläge, die Ihnen helfen sollen, eine gewisse Sicherheit beim Identifizieren, Erlernen und Anwenden der Muster zu entwickeln. Der Begriff "Aussagemuster" oder kurz "Aussagen" [in der NLP-Literatur sonst auch als "Prädikate" bezeichnet] umfaßt hier Adjektive, Verben, Adverbien und andere beschreibende Wörter.

Wenn ein Schüler Aussagen verwenden muß, um eine visuelle Vorstellung (V) anzudeuten, kann er etwa sagen: "Jetzt *sehe* ich, wie Sie zu dieser Antwort gekommen sind." Oder: "Ich kann mir ein *Bild* davon machen."

Auditive Vorstellungen können angezeigt werden durch Aussagen wie: "Das *pfeifen* die Spatzen von den Dächern." Oder: "Das ist *Musik* in meinen Ohren."

Kinästhetische Aussagen können etwa so lauten: "Ich habe die Dinge wirklich in den *Griff* bekommen." Oder: "Was für eine *glatte* Leistung!"

Bei olfaktorisch-gustatorischen Vorstellungen würden etwa solche Aussagen verwendet werden: "Das gibt mir einen angenehmen *Nachgeschmack*." Oder: "Das ist ein *erfrischender* Gedanke."

Hier folgen nun einige Beispiele von Aussagen, die für bestimmte sensorische Systeme kennzeichnend sind.

Übersicht 4: Aussagen und Repräsentationssysteme (V, A, K, O)

Visuell	Auditiv	Kinästhetisch	Olfaktorisch/ Gustatorisch
sehen	hören	warm	schmecken
zielen	zuhören	weich	salzig
visualisieren	lärmend	rauh	würzig
Perspektive	sprechen	glatt	bitter
beobachten	Einklang	heiß	süß
Blick	Laut	kalt	sauer
Augapfel	Musik	schwer	erfrischend
Brennpunkt	still	kühl	fad
zeigen	verstärken	schlüpfrig	duftend
gucken	rufen	Griff	Geschmack
Anblick	schreien	dicht	stechend
Horizont	kreischen	lose	Geruch
Bild	klatschen	fest	riechen
ausschauen	gellend	hämmern	verräuchert

Viele Aussagen sind aber auch unspezifisch, weil sie kein bestimmtes sensorisches System identifizieren oder weil sie für mehrere sensorische Systeme verwendet werden können. Solche Wörter sind:

Übersicht 5: Unspezifische Aussagen (U)

verstehen	wahrnehmen	erinnern	zutraulich
wissen	Feuer (V/K)	erwägen	
glauben	deutlich (V/A)	verändern	
denken	lernen	sich bewußt werden	
Sinn	nett	höflich	

Um die sensorischen Systeme von Schülern, die unspezifische Aussagen verwenden, zu bestimmen, bitten Sie sie einfach um weitere Informationen, bis eine sensorische Beschreibung erscheint. Wenn ein Schüler zum Beispiel sagt: "Ich verstehe nicht, wie dieses Problem zu lösen ist", kann der Lehrer um nähere Information bitten: "Was genau verstehst du nicht?" Eine andere Lehrerantwort könnte Aussagemuster in Sätzen verwenden und dann das Feedback des Schülers auswerten. "Wie kann ich dir die Lösung des Problems sichtbar machen?" Oder: "Wie kann ich das so erklären, daß es für dich gut klingt?" Die Kenntnis des dominanten Repräsentationssystems eines Schülers kann dem Lehrer Hinweise darauf geben, wie er einem Schüler, der unspezifische Aussagen verwendet, am besten antwortet.

Die folgenden Aufgaben sollen Ihnen helfen zu bestimmen, welche sensorischen Systeme Ihre Schüler benutzen. (Die Lösungen zu den Aufgaben B und D finden Sie im Anhang auf S. 209 und 210.)

Aufgabe B:
Aussagen nach Repräsentationssystemen (V, A, K, O, U) kennzeichnen

Kennzeichnen Sie jede der folgenden Wendungen als visuell (V), kinästhetisch (K), auditiv (A), olfaktorisch/gustatorisch (O) oder unspezifisch (U).

Beispiele:

K	darüber gestolpert	___	stille Person
O	das ist bitter	___	scharf nachdenken
V	glänzende Aussicht	___	schnell lernen
A	heiser geschrien	___	darin übereinstimmen
		___	wurde unter Druck gesetzt
___	Blick in die Zukunft	___	richtig gestimmt
___	fester Glaube	___	eine saubere Lösung
___	das duftet nach	___	im Brennpunkt
___	pack es an	___	fade Neuigkeiten
___	lauthals	___	modulierte Stimme
___	sich anders fühlen	___	schmieriges Zeug
___	bunte Ideen	___	kitzlige Situation
		___	richtige Perspektive

Aufgabe C:
Aussagen nach Repräsentationssystemen kennzeichnen

Halten Sie fest, welche Aussagemuster Sie oder ein Freund, ein Schüler oder irgend jemand im Radio oder Fernsehen zu einem bestimmten Zeitpunkt verwenden. Welche Aussagen überwiegen? Welches sensorische System wird benutzt?

Aufgabe D:
Aussagen nachahmen und in andere Repräsentationssysteme übersetzen

Identifizieren Sie das sensorische System, das in jedem Satz zum Ausdruck kommt. Dann formulieren Sie den Satz anders, aber in dem gleichen sensorischen System. Schließlich konstruieren Sie zwei Sätze, von denen jeder die erste Nachahmung in ein anderes sensorisches System übersetzt.

Beispiel: *"Jetzt erwärme ich mich für meine Aufgabe."*
Sensorisches System: K
Nachahmung: "Ich habe den Job tatsächlich in den Griff bekommen."
Übersetzungen: "Ich habe ein klares Bild von meiner Aufgabe bekommen." (V)
"Ich bin im Einklang mit meiner Arbeit." (A)

1. "Man sieht mich im allgemeinen so, wie ich mich selbst sehe."

Sensorisches System:

Nachahmung:

Übersetzungen:

2. "Ich muß mit meiner Freude in Berührung kommen."

Sensorisches System:

Nachahmung:

Übersetzungen:

3. "Dazu fallen mir allerhand erfrischende Gedanken ein."

Sensorisches System:

Nachahmung:

Übersetzungen:

4. "Der Groschen beginnt zu fallen."

Sensorisches System:

Nachahmung:

Übersetzungen:

5. "Das ist ein wahrer Glanzpunkt in meinem Leben."

Sensorisches System:

Nachahmung:

Übersetzungen:

6. "Ich fühle mich meiner Familie eng verbunden."

Sensorisches System:

Nachahmung:

Übersetzungen:

Ist sich ein Lehrer der Bedeutung der verschiedenen Aussagemuster bewußt, kann er für einen oder mehrere Schüler Lernaktivitäten entwerfen, in deren Mittelpunkt das sensorische System steht, das durch die besonderen Aussagemuster dieser Schüler bestimmt ist. Wenn ein Schüler beispielsweise vorwiegend kinästhetische Aussagen verwendet hat, kann der Lehrer andere Schüler identifizieren, die ebenfalls kinästhetische Aussagen verwenden, und eine kinästhetische Aktivität, etwa ein Rollenspiel, anregen, um den Bedürfnissen dieser Schüler entgegenzukommen. (Es kann aber auch manchmal sein, daß ein Schüler Informationen in einem anderen sensorischen System verarbeitet, als er durch sein Aussagemuster erkennen läßt. Der beste Weg, den Erfolg der Aktivität und überhaupt jedes Unterrichts zu sichern, ist die Beobachtung des sensorischen Feedbacks der Schüler.)

Die Fähigkeit, verschiedene Aussagen zu identifizieren und nachzuahmen, ist hilfreich für die Herstellung einer klaren und unmittelbaren Kommunikation. Diese Kommunikation findet statt, weil beide, Lehrer und Schüler, die gleiche Sprache sprechen. Obgleich der Aufbau von Rapport erst Gegenstand von Kapitel 9 ist, können wir hier schon sagen, daß ein Weg, Rapport zu schaffen, die Nachahmung der Aussagen des Schülers ist. In Fällen, wo der Schüler Aussagen aus mehr als einem sensorischen System verwendet, wird der optimale Rapport aufgebaut, wenn man die Aussagen in der gleichen Reihenfolge, wie sie ursprünglich verwendet wurden, nachahmt.

Beispiel:

Schüler: "Ich kann jetzt sehen, wie das Problem anzugehen ist. Ich habe ein gutes Gefühl, wenn ich die richtige Antwort höre und sie mit der in meinem Heft vergleiche."

Lehrer: "Zu sehen, wie du das Problem richtig angehst, gibt mir ein gutes Gefühl, und dich so sprechen zu hören, ist eine reine Freude."

**Übung 8:
Aussagen nachahmen**

Ziel: Lernen, Aussagen in der vorgegebenen Reihenfolge nachzuahmen.

A sagt einen Satz mit einer visuellen Aussage. (Beispiel: "Ich sehe das Schneetreiben im Winter.")

B fügt eine auditive Aussage hinzu. (Beispiel: "Ebenso wie Sie das Schneetreiben im Winter sehen, können Sie auch den Wind heulen hören.")

C fügt eine kinästhetische Aussage hinzu. (Beispiel: "Ebenso wie Sie das Schneetreiben im Winter sehen, können Sie auch den Wind heulen hören und die Kälte spüren.")

Die Übung unter Verwendung desselben Satzes wiederholen.

Dann die Rollen tauschen.

Ergänzungsübung 8

Ziel: Das Wahrnehmen von Aussagemustern in der Klasse anwenden.

Der Lehrer wählt 5 Schüler aus und achtet fünf Tage lang auf ihre Aussagemuster. Verwenden sie durchweg Aussagen eines einzigen sensorischen Systems? Wechselt ihr Aussagemuster mit der Aktivität, die sie gerade betreiben?

Übung 9:
Visuelle und auditive Identifizierung

Ziel: *Seine visuelle und auditive Wahrnehmung schärfen und seine Flexibilität erweitern.*

Phase I

B und C stehen einander gegenüber und nehmen eine bestimmte Stellung ein.

A sieht B und C an und macht im Geiste eine visuelle Momentaufnahme ihrer Stellungen. Dann schließt er die Augen.

B und C nehmen wieder ihre normale Haltung ein.

A stellt die ursprüngliche Stellung eines jeden nach.

B und C geben A Feedback.

Die Rollen tauschen.

Phase II

B und C stehen einander gegenüber und nehmen eine bestimmte Stellung ein.

A registriert die Stellungen visuell und schließt dann die Augen.

B und C nehmen eine andere Stellung ein.

A stellt die erste Stellung sowohl von B als auch von C nach und dann auch die zweite.

B und C geben Feedback.

Die Rollen tauschen.

Phase III

(Diese Phase kann als schwer empfunden werden, weil viele Informationen aufgenommen werden. Wenn Sie sie aber mehrmals wiederholen, wird sie leichter.)

B und C stehen einander gegenüber, nehmen eine bestimmte Stellung ein und fügen eine kurze Aussage hinzu.

A registriert die Stellung und die Aussage, einschließlich Stimmklang und -stärke. Dann schließt er die Augen.

Ergänzungsübung 9

Ziel: *Die gesteigerte visuelle und auditive Wahrnehmungfähigkeit und Flexibilität in der Klasse anwenden.*

Der Lehrer entwickelt verschiedene Situationen, die ein Rollenspiel zweier Schüler erfordern. Der Lehrer nimmt die Rollenspielübungen auf Band auf. Er macht im Geiste eine Momentaufnahme von zwei Stellungen der Schüler und merkt sich jeweils eine kurze Aussage, die jeder Schüler gemacht hat, als er in dieser Stellung war.

Später benutzt der Lehrer das Tonband, um seine Erinnerung aufzufrischen; er stellt die Stellungen jedes Schülers nach und wiederholt, was sie dabei gesagt haben.

B und C nehmen eine andere Stellung ein und fügen eine andere kurze Aussage hinzu.

A registriert das neue Szenario, stellt dann die erste Stellung sowohl von B als auch von C nach und wiederholt ihre Aussagen. Anschließend das gleiche mit der zweiten Stellung und der zweiten Aussage.

B und C geben Feedback.

Die Rollen tauschen.

Übung 10: Den gewünschten physiologischen Zustand modellieren

Ziel: Seine Flexibilität verbessern und seine sensorische Wahrnehmung weiterentwickeln.

B nennt einen bestimmten physiologischen Zustand, den A realisieren soll (zum Beispiel sich glücklich fühlen, Freude, Ruhe, Ärger usw.); B aber realisiert diesen Zustand nicht, sondern bleibt in seinem gegenwärtigen Zustand.

B leitet A in den gewünschten Zustand, indem er Anweisungen gibt, A den Zustand visualisieren läßt, Fragen stellt usw. Haltung, Gesichtsausdruck und, wenn dazugehörig, Klang und Ausdruck der Stimme sollen Bs Vorstellung von dem genannten Zustand widerspiegeln.

C beobachtet und gibt Feedback.

Das sensorische Feedback soll B und C die Möglichkeit geben zu erkennen, wann A in dem gewünschten Zustand ist.

Die Rollen tauschen.

Ergänzungsübung 10

Ziel: Die Fähigkeit entwickeln, Schüler in einen das Lernen begünstigenden Zustand zu bringen.

Der Lehrer wählt fünf Schüler aus und bildet eine Gruppe. Er legt fest, welchen visuellen und auditiven Eindruck die Gruppe machen würde, wenn sie in einem optimalen Lernzustand wäre. Er tut alles Notwendige, um die Schüler dahin zu bringen und in dem gewünschten physiologischen Zustand zu halten.

Verwendung von Aussagemustern im Unterricht

Hier ein weiterer Vorschlag für die Verwendung von Aussagemustern in der Klasse.

Zum kreativen Schreiben ermutigen:

a) Nehmen Sie jede Woche eine wahllose Zusammenstellung von Magazinbildern. Bitten Sie die Schüler, eins auszusuchen, auszuschneiden, auf Papier zu kleben und dann ein paar Sätze über das Bild zu schreiben.

b) Lassen Sie die Schüler in der einen Woche beim Schreiben vorwiegend visuelle Aussagen verwenden, in der nächsten vorwiegend auditive und in der dritten Woche kinästhetische Aussagen.

c) Stellen Sie einen Gegenstand vor die Klasse (zum Beispiel eine Melone). Lassen Sie die Schüler Wörter unter den Rubriken "Aussehen", "Klang", "Anfühlen", "Geruch" und "Geschmack" zusammenstellen. Die Schüler können individuelle Geschichten erfinden und dabei die Wörter verwenden, oder der Lehrer kann mit Hilfe eines Overheadprojektors eine Gruppengeschichte entwickeln.

d) Der Lehrer kann Wörter, die ein Schüler in seiner Arbeit falsch geschrieben hat, richtig in die linke obere Ecke des Blattes schreiben. (Der Grund dafür wird in Kapitel 4 erklärt.)

Zusammenfassung

Bevor ein Schüler in nennenswertem Maße beeinflußt werden kann, muß zuerst der Weg, auf dem er die Welt wahrnimmt, identifiziert werden. Eine Möglichkeit der Identifizierung ist das Verfahren, Rapport aufzubauen, indem man Aussagen nachahmt und Lernaktivitäten entwirft, die den Weg, auf dem der Schüler Informationen verarbeitet, nachahmen. Aussagen nachahmen zu lernen ist ein Schritt zu dem Ziel, eine klare und unmittelbare Kommunikation zu erreichen.

Kapitel 4

Zugangshinweise

Der Lehrer war verwirrt. Einer seiner gewissenhaftesten Schüler, der den Stoff verstanden zu haben schien, häufig intelligente Bemerkungen zum Unterrichtsgespräch beitrug und stets seine Hausarbeiten pünktlich erledigte, hatte in einem Test schlecht abgeschnitten. Die Noten des Schülers sagten also nichts über seine Befähigung aus. Der Lehrer dachte daran, daß Prüfungsangst die Ursache des schlechten Abschneidens sein könne, und war deshalb überrascht zu hören, daß der Schüler kaum Angst verspürte, wenn er einen Test schrieb. Statt dessen fühlte er sich frustriert, weil er seine Augen während der Arbeit nicht vom Heft erheben durfte. Der Schüler erklärte, es sei leichter für ihn, die Antworten zu finden, wenn er aufblicken dürfe. Etwas skeptisch beschloß der Lehrer, einen Versuch zu wagen. Während der nächsten Prüfung ließ er diesen Schüler in der vordersten Reihe sitzen und sagte ihm, er könne aufblicken, falls er das Bedürfnis danach habe. Der Schüler machte von der Erlaubnis Gebrauch. Zum Erstaunen des Lehrers erreichte er bei dieser und bei den folgenden Prüfungen hervorragende Zensuren. Durch sorgfältige Beobachtung der anderen Schüler erkannte der Lehrer, daß jemand, der sich eine Information ins Gedächtnis zurückruft, meist die Augen nach oben wendet. Er begriff, daß er die Schüler lähmte, wenn er sie zwang, beim Test die Augen nur auf das Heft zu richten. Er hob diese Anordnung auf und wurde damit belohnt, daß seine Schüler insgesamt bessere Noten erhielten.

Worum geht es?

Was sind "Zugangshinweise"? Warum sind sie wichtig für die Bestimmung der Lernstrategien der Schüler?

Dieses Kapitel untersucht die Zugangshinweise: unwillkürliche Augenbewegungen, Atem, Veränderung des Muskeltonus und der Körperhaltung, Veränderung von Tonhöhe und Sprechtempo, Gesichtsfarbe und Gesten. Alle diese Hinweise sind Indikatoren für die (unterschiedlichen) sensorischen Systeme, in die die Schüler jeweils eintreten, um Informationen intern zu verarbeiten. Ihre Kenntnis kann sich beim Ermitteln und Installieren von Lernstrategien als nützlich erweisen, worauf wir in Kapitel 17 ausführlich eingehen werden.

Augenbewegungsmuster

Bevor Sie weiterlesen, nehmen Sie sich bitte etwas Zeit für die folgende Aufgabe. (S. 48 f.)

Aufgabe E:
Augenbewegungsmuster bestimmen

Die folgenden Fragen sollen den Zuhörer veranlassen, spezifische Augenbewegungen zu aktivieren. Stellen Sie Ihren Freunden oder Familienmitgliedern einige der Fragen und achten Sie darauf, in welche Richtung sie ihre Augen bewegen. Stellen Sie fest, ob es eine Ähnlichkeit zwischen den Augenbewegungen verschiedener Personen gibt, wenn Sie ihnen die gleiche Frage stellen. (Sie müssen die Augenbewegungen aufmerksam beobachten, weil manche Menschen ihre Augen sehr schnell und kaum merklich bewegen.)

(1)   Wann haben Sie den Bundespräsidenten zuletzt im Fernsehen gesehen?

oder:

Wohin sind Sie in Ihrem letzten Urlaub gereist?

(2)   Nehmen Sie an, Sie sollten die Vorderseite des Hauses, in dem Sie wohnen, zeichnen. Wie sähe es aus? (Die letzte Augenbewegung, bevor man Sie wieder ansieht, ist meist die wichtigste.)

oder:

Wie sehen Sie aus, wenn Sie Ski fahren?

(3)   Welche Art Musik ist Ihnen die liebste?

oder:

Welches Musikinstrument lieben Sie am meisten?

(4)   Ihr Direktor hat Sie gebeten, einige Worte zu den Abiturienten zu sagen. Entwerfen Sie eine kleine Ansprache.

oder:

Wie wäre das, wenn Ihr Chef spräche, plötzlich aber die Stimme von Micky Maus anstelle seiner Stimme erklänge?

(5)   Hören Sie sich selbst einem Freund die aufregendste Zeit Ihres Lebens beschreiben.

oder:

Hören Sie sich selbst einem Freund die Zutaten zu Ihrem Lieblingsrezept angeben.

(6)   Wie fühlt sich ein Pelzmantel an?

oder:

Wie fühlt sich der Sand am Strand an?

**Aufgabe E
(Fortsetzung)**

Geben Sie alle Ähnlichkeiten und Unterschiede an, die Sie bei verschiedenen Menschen bemerkt haben, denen Sie die gleiche(n) Frage(n) gestellt haben.

(1)

(2)

(3)

(4)

(5)

(6)

Das Ziel dieser Aufgabe war, Sie damit vertraut zu machen, daß der Mensch Hinweise gibt, welches sensorische System er im Augenblick benutzt. Unbewußte Augenbewegungen sind ein solcher Hinweis. Abbildung 3 (S. 50) zeigt die visuellen Zugangshinweise eines normalen Rechtshänders. V^{er} zeigt visuelle Erinnerung an. Wenn man sich visuell an etwas erinnert, gehen die Augen nach oben links (vom Beobachter aus gesehen nach oben rechts). V^k bedeutet visuelle Konstruktion oder den Aufbau eines Bildes. Wenn man ein Bild konstruiert, gehen die Augen nach oben rechts (vom Beobachter aus gesehen nach oben links).

A^{er} bezeichnet auditive Erinnerung. Wenn man sich auditiv an etwas erinnert, gehen die Augen auf der Horizontalen nach links (vom Beobachter aus gesehen nach rechts). A^k weist auf auditive Konstruktion hin. Wenn man etwas konstruiert, das man sagen will, gehen die Augen auf der Horizontalen nach rechts (vom Beobachter aus gesehen nach links). A^i_d kennzeichnet den auditiven internen Dialog. Ein internes Gespräch wird angezeigt durch eine Augenbewegung nach unten links (vom Beobachter aus gesehen nach unten rechts).

K bedeutet kinästhetische oder körperliche Gefühle. Wenn man etwas fühlt, gehen die Augen nach unten rechts (vom Beobachter aus gesehen nach unten links). Erweiterung der Pupillen und Defokussieren der Augen sind ein Zeichen dafür, daß man intern etwas verarbeitet, und zwar wahrscheinlich visuell. Es ist darauf hinzuweisen, daß insbesondere die auditiven Augenbewegungen manchmal so schnell vor sich gehen, daß sie fast nicht wahrzunehmen sind. Die Entwicklung einer immer schärferen Beobachtungsgabe wird diese Schwierigkeit überwinden helfen.

Bei Linkshändern sind die Augenbewegungen oft, aber nicht immer, seitenverkehrt. Außerdem ist es nicht sicher, daß diese Muster für alle Rechtshänder gelten. Ganz sicher aber ist, daß Schüler, die von diesen Mustern abweichen, ein eigenes Muster befolgen. Dieses Muster kann durch Befragung und Beobachtung ermittelt werden. Da die beste Antwort stets durch das Verhalten gegeben wird, ist es **eine gute Faustregel, sich stets auf die sensorische Beobachtung zu verlassen.** Wenn es irgendwelche Ausnahmen von den Mustern gibt, werden Sie durch genaue Beobachtung in der Lage sein, sie zu entdecken, und anschließend kann das von dem jeweiligen Schüler benutzte Muster konstruiert werden.

Abb. 3: Augenbewegungen als Zugangshinweise

(Anmerkung: Die Bilder zeigen die Augenbewegungen eines normalen Rechtshänders.)

Visuell konstruierte Bilder
(ein Bild aufbauen)

Visuell erinnerte Bilder
(ein Bild erinnern)

Auditiv konstruierte Wörter
(einen Dialog aufbauen)

Auditiv erinnerte Wörter
(einen Dialog erinnern)

Kinästhetisch
(interne und externe Gefühle)

auditiver interner Dialog
(ein inneres Gespräch führen)

Aufgabe F: Augenbewegungen und Aussagen den Repräsentationssystemen zuordnen

Diese Aufgabe wird Ihnen Praxis zur Bestimmung von Augenbewegungen vermitteln. Soweit nichts anderes vermerkt ist, nehmen Sie an, daß es sich um normale Rechtshänder handelt.
(Die Lösungen finden Sie im Anhang auf S. 211.)

1. Benennen Sie die Augenbewegungen, indem Sie unter jedes Bild V^k, V^{er}, A^k, A^{er}, A^i_d oder K schreiben.

_____   _____   _____   _____   _____

2. Vergleichen Sie die Augenbewegungen mit den verbalen Aussagen in den Sprechblasen und setzen Sie den richtigen Identifizierungscode unter jedes Gesicht.

_____   _____   _____   _____   _____

3. Zeichnen Sie in jedes Gesicht die Augenbewegung ein, die am besten zu den verbalen Aussagen in den Sprechblasen paßt. Dann schreiben Sie unter jedes Bild den richtigen Code.

4. Nehmen Sie an, der Mensch, der durch die folgenden Bilder dargestellt ist, sei Linkshänder. Schreiben Sie unter jedes Gesicht den Code, der zu den Augenbewegungen paßt.

Veränderungen des Atems

Der Atem ist das wichtigste einzelne Kennzeichen für einen bestimmten Zustand.
Denn der Atem steht mit unserem internen Zustand in einer Wechselbeziehung, sowohl
hinsichtlich unserer Gefühle als auch hinsichtlich des sensorischen Systems, in dem der
Schüler sich gerade befindet. Während die Augenbewegungen mancher Schüler dem Diagramm der Abb. 3 nicht immer entsprechen, bleibt die Veränderung des Atems stets die
gleiche. Übersicht 6 zeigt diese Zusammenhänge.

Übersicht 6: Atem und Repräsentationssysteme

Atem	Repräsentationssystem
im oberen Brustkorb, nicht sehr tief	visuell (V)
gleichmäßig, in der Mitte des Brustkorbs	auditiv (A)
voller Atem im Unterbauch	kinästhetisch (K)

Lehrer, die Schwierigkeiten haben festzustellen, in welches sensorische System ein
Schüler eingetreten ist, tun gut daran, seinen Atem zu beobachten. Das ist die zuverlässig-
ste und genaueste Methode, diese Information zu bekommen.

Veränderungen der Körperhaltung und des Muskeltonus

Ebenso wie der Atem der Schüler sich beim Eintritt in ein bestimmtes sensorisches System
verändert, werden Körperhaltung und Muskeltonus verändert, um den Eintritt in jenes
System zu unterstützen. Übersicht 7 beschreibt die Veränderungen und gibt das zugehö-
rige sensorische System an.

Übersicht 7: Körperhaltung, Muskeltonus und Repräsentationssysteme

Körperhaltung und Muskeltonus	Repräsentationssystem
Spannung in Schultern und Nacken, manchmal auch im Bauch; Schultern oft zusammengezogen	visuell (V)
Spannung gleichmäßig verteilt; Schultern zurückgenommen; Kopf auf eine Seite geneigt	auditiv (A)
Muskeln entspannt, Schultern hängend; Kopf gerade über den Schultern	kinästhetisch intern (K^i)
Kopf und Schultern wie oben; Körper in Bewegung, Schulter straffer gehalten	kinästhetisch extern (K^e)

Die Veränderungen von Körperhaltung und Muskeltonus zu beobachten ist eine weitere
Methode, um die sensorischen Systeme zu bestimmen, die ein Schüler in einem bestimmten Augenblick aktiviert. Diese Information wird am besten in Verbindung mit der Information über den Atem benutzt.

Veränderungen von Tonhöhe und Sprechtempo

Die Veränderungen von Tonhöhe und Sprechtempo hängen eng mit den Veränderungen von Atem, Körperhaltung und Muskeltonus zusammen, da sie durch Veränderungen des Atems und der Muskelspannung im Gesicht und im Nacken verursacht werden. Übersicht 8 illustriert die entsprechenden Merkmale.

Übersicht 8: Tonhöhe, Sprechtempo und Repräsentationssysteme

Tonhöhe und Sprechtempo	Repräsentationssystem
schnelles Sprechtempo mit hoher nasaler oder gespannter Stimme	visuell (V)
gleichmäßiges Tempo, mittlere Tonhöhe; deutliche Aussprache	auditiv (A)
langsameres Tempo; längere Pausen; tiefere Stimmlage	kinästhetisch (K)

Die Veränderungen von Tonhöhe und Sprechtempo sind wertvolle Hilfen beim Identifizieren des sensorischen Systems, das ein Schüler gerade benutzt. Je eindeutiger die verschiedenen Ermittlungsmethoden auf das gleiche dominante Repräsentationssystem hinweisen, desto sicherer wird die Identifikation sein. Die besten Resultate werden Sie also dann erzielen, wenn Sie die Information über Tonhöhe und Sprechtempo mit den anderen Identifikationsmethoden kombinieren.

Gesichtsfarbe

Bei manchen hellhäutigen Menschen verändert sich die Gesichtsfarbe, wenn sie ein sensorisches System aktivieren. Übersicht 9 identifiziert diese Veränderungen.

Übersicht 9: Gesichtsfarbe und Repräsentationssysteme

Gesichtsfarbe	Repräsentationssystem
leicht gerötet	visuell (V)
etwas stärker gerötet	auditiv (A)
tiefer gerötet	kinästhetisch (K)

Die Beobachtung der Gesichtsfarbe sollte nur in Verbindung mit den übrigen Methoden zur Bestimmung sensorischer Systeme benutzt werden. Bei manchen Menschen zeigen sich zwar Farbveränderungen, wenn sie ihre sensorischen Systeme aktivieren, bei vielen anderen aber nicht.

Gesten

Oft zeigt ein Mensch durch Gesten an, welches sensorische System er gerade aktiviert. Häufig berührt er den Körperteil oder das Organ, das dem sensorischen System entspricht. Ein Schüler, der sich die Augen reibt, wenn Sie mit ihm sprechen, ist vielleicht nicht fähig zu "sehen", welches Ihre Gesichtspunkte sind. Ein Schüler, der den Kopf auf die linke Hand oder Faust stützt, ist wahrscheinlich in einen internen Dialog verwickelt. Der Schüler, der sich nach einer besonders guten Mahlzeit den Bauch reibt, ist dabei, sein kinästhetisches sensorisches System zu aktivieren. Gesten müssen nicht unbedingt von verbalen Äußerungen begleitet sein.

In Übersicht 10 sind sämtliche Zugangshinweise noch einmal zusammengestellt.

Übersicht 10: Zusammenstellung der Zugangshinweise

Visuell	Auditiv	Kinästhetisch
Augenbewegungen (vom Beobachter aus gesehen)		
oben links / visuelle Konstruktion (V^k)	horizontal links / auditive Konstruktion (A^k)	unten links (K)
oben rechts / visuelle Erinnerung (V^{er})	horizontal rechts / auditive Erinnerung (A^{er})	
	unten rechts / auditiver interner Dialog (A^{id})	
Atem		
im oberen Brustkorb, nicht sehr tief	gleichmäßiger Atem in der Mitte des Brustkorbs	voller Atem im Unterbauch
Muskeltonus und Körperhaltung		
Spannung in Schulter und Nacken; Schultern oft zusammengezogen	Spannung gleichmäßig verteilt; eventuell leichte rhythmische Bewegungen; Schultern zurückgenommen; Kopf auf eine Seite geneigt	K^i: Muskeln entspannt; Kopf gerade über den Schultern; Schultern entspannt, fast hängend
		bei intensiven Gefühlen sehr tiefe, volle Bauchatmung
		K^e: tiefer, voller Atem bei intensiven Gefühlen und bei Anstrengung; Körper in Bewegung, Schultern straff
Tonhöhe und Sprechtempo		
schnelles Sprechtempo; hohe Stimme; oft nasal oder angestrengt	gleichmäßiges Tempo; mittlere Tonhöhe; deutliche Aussprache	langsameres Tempo; längere Pausen; tiefere Stimmlage
Gesichtsfarbe (falls beobachtbar)		
leicht gerötet	etwas stärker gerötet	tiefer gerötet
Andere Indikatoren		
defokussieren der Augen;	Fingerschnippen oder Trommeln; Zungenschnalzen; Summen oder Pfeifen	
Erweiterung der Pupillen		

Die Tätigkeit eines erfolgreichen Lehrers läßt sich mit der eines guten Dirigenten vergleichen. Der Dirigent hat eine musikalische Vorstellung. Aber er muß noch alle einzelnen Musiker mit ihren verschiedenen Voraussetzungen und musikalischen Begabungen zusammenführen und, wenn nötig, seine Vorstellung interpretieren, um schließlich eine harmonische Klangwirkung zu erreichen. Er will die Leistungen des Orchesters bis zur Höhe seiner künstlerischen Interpretation steigern, um dem Werk gerecht zu werden.

Der erfolgreiche Lehrer verläßt sich auf die Beobachtung des sensorischen Feedbacks seiner Schüler, um das Interesse an der Lektion wachzuhalten. Er gestaltet seinen Unterricht um, wenn das Feedback ihm eine Umgestaltung nahelegt. Er will die Leistungen seiner Schüler auf seine Ziele hin steigern, um dem Lehrplan gerecht zu werden.

Übung 11:
Wiederholung von Übung 7

Ziel: Seine auditive und kinästhetische Wahrnehmung schärfen.

Die meisten Menschen finden, daß diese Übung leichter wird, wenn sie sie ein zweites Mal wiederholen, weil ihre auditive und kinästhetische Wahrnehmung sich inzwischen verbessert hat und sie Strategien entwickelt haben, die sie zu richtigen Identifikationen befähigen. Wenn sie noch Schwierigkeiten mit dieser Übung haben und Ihre Kollegen die Kombination schon besser identifizieren können, fragen Sie sie, wie sie zu ihren richtigen Antworten kommen. Dann probieren Sie diese Strategien aus oder modifizieren Sie Ihre eigenen, um zu sehen, ob Sie Ihre Erfolgsrate steigern können.

A schließt die Augen.

B erzeugt einen Laut, berührt dann A und nennt seinen Namen. C tut das gleiche.

A kalibriert die Laute und Berührungen mit jeder Person und muß dann raten, ob B oder C der Urheber des Lautes und der Berührung war. B und C sollen anfangs deutliche Laute und Berührungen erzeugen, die im weiteren Verlauf der Übung dann immer subtiler werden.

Wenn A die Kombinationen vier- oder fünfmal richtig identifiziert hat, können B und C Laute und Berührungen vermischen, und A muß dann identifizieren, wer den Laut und wer die Berührung erzeugt hat.

Die Rollen tauschen, wenn vier oder fünf aufeinanderfolgende Kombinationen richtig identifiziert worden sind.

Ergänzungsübung 11:
Wiederholung von 7

Ziel: Seine auditive und kinästhetische Wahrnehmungsfähigkeit in der Klasse anwenden.

Der Lehrer wählt einige Schüler aus, von denen jeder einen Gegenstand wählt, der für ihn kennzeichnend ist. Der Lehrer hat die Augen geschlossen oder verbunden. Die Schüler verabreden ein Wort oder einen Ton miteinander. Der Reihe nach erzeugt jeder Schüler den Ton oder sagt das Wort, gibt dem Lehrer seinen Gegenstand in die Hand und nennt seinen Namen.

Wenn der Lehrer die Schüler kalibriert hat, tun die Schüler das Gleiche noch einmal, ohne ihren Namen zu nennen, und der Lehrer identifiziert die Schüler, vier- oder fünfmal hintereinander.

Um die Übung etwas schwerer zu machen, können die Schüler Laute und Gegenstände vermischen, und der Lehrer identifiziert den Schüler, der den Laut erzeugt hat, und den, der ihm den Gegenstand gegeben hat.

Übung 12:
Auditive Identifizierung

Ziel: Die Flexibilität der auditiven Wahrnehmung und Nachahmung verbessern.

A sagt einen Satz.

B wiederholt den Satz und ahmt dabei Ton, Tempo, Klangfarbe und Intonation von A so gut wie möglich nach.

C beobachtet und meldet, wenn B den Satz von A erfolgreich reproduziert hat. Wenn nötig, hilft er.

A sagt im ganzen drei Sätze, aber immer nur einen auf einmal. B ahmt jeden Satz nach.

Die Rollen tauschen.

Ergänzungsübung 12

Ziel: Auditive Wahrnehmungsfähigkeit und Nachahmung in der Klasse anwenden.

Der Lehrer ahmt Ton, Tempo, Klangfarbe und Intonation verschiedener Schüler so gut wie möglich nach.

Der Lehrer kann eine Bandaufnahme machen und später diese Aufnahme analysieren, um zu hören, wie genau er Ton, Tempo, Klangfarbe und Intonation der Schüler nachgeahmt hat.

Übung 13: Visuelle, auditive und kinästhetische Identifizierung

Ziel: Seine sensorische Wahrnehmung und die Fähigkeit des Spiegelns schulen.

A wählt etwas aus, von dem er fest überzeugt ist, und spricht 20 Sekunden lang über diese Ansicht.

B beobachtet das sensorische Erscheinungsbild von A, spiegelt seine Bewegungen und Gesten (einschließlich des Gesichtsausdrucks) und wiederholt die von A benutzten Schlüsselwörter.

C beobachtet, gibt B Rückmeldung und hilft notfalls.

Die Rollen tauschen.

Ergänzungsübung 13

Ziel: Die Fähigkeit des Spiegelns in der Klasse anwenden.

Der Lehrer wählt eine Gruppe von fünf Schülern aus. Jeder Schüler spricht einige Minuten über eine Idee, die ihm am Herzen liegt.

Der Lehrer antwortet jedem Schüler unmittelbar, nachdem er geendet hat, indem er verschiedene seiner Gesten spiegelt und seine Schlüsselwörter wiederholt.

Der Lehrer beobachtet sorgfältig die Reaktionen der Schüler auf seine Rückmeldungen.

Verwendung von Augenbewegungsmustern im Unterricht

Hier einige praktische Beispiele für die Benutzung von Augenbewegungsmustern in der Klasse.

1. Wenn Sie die Namen der Schüler lernen, legen Sie das Namensschild in die obere linke Ecke Ihres Tisches (vorausgesetzt, daß Sie ein normal organisierter Rechtshänder sind). Dadurch liegt der Name in Ihrem V^{er}-Bereich.

2. Legen Sie eine Akte mit Informationsbogen für jeden Schüler an. Informationen wie der Name des Schülers und sein bevorzugtes sensorisches System, zusammen mit seinen wichtigsten Lernstrategien und anderen sachdienlichen Informationen könnten in die

obere linke Ecke des Bogens (V^er) gesetzt werden. Die Hauptbewegungsrichtungen seiner Augen könnten ebenfalls auf dem Bogen vermerkt werden. Diese Modalitäten könnten zum Beispiel durch ein Interview bei Schulbeginn bestimmt werden.

3. Das Schwarze Brett könnte auf die Zugangshinweise der Augen eingehen, indem Material, an das man sich erinnern soll, in die obere linke Ecke gehängt wird, entsprechend imaginäre oder konstruierte Anweisungen oder Materialien in die obere rechte Ecke, kinästhetisch orientiertes Material in die untere rechte Ecke (das könnte auch Projekte einschließen) usw.

4. Verwenden Sie Farben, um die Unterschiede zwischen Anfangskonsonanten, um Vokale oder Kurzwörter (zum Beispiel: *smog*, aus *smoke* +*fog*) zu kennzeichnen.

5. Wenn möglich, entwerfen Sie Arbeitsblätter so, daß sie auf die Augenbewegungsmuster Rücksicht nehmen.

6. Die neu gelernten Wörter jeder Woche, deren Rechtschreibung einzuprägen ist, in die obere linke Ecke (der Vorderseite) des Klassenraumes hängen.

7. Benutzen Sie Illustrationstafeln. Halten Sie diese mit der rechten Hand hoch; fordern Sie den Schüler auf, die Karte anzuschauen, das Bild in sich aufzunehmen und dann wegzusehen. Dann bitten Sie den Schüler, Ihnen die Information mitzuteilen. Bitten Sie ihn, die Information mit dem Finger in die Luft zu schreiben. Anschließend lassen Sie ihn entweder in ein Heft oder an die Tafel schreiben.

Zusammenfassung

Die sensorischen Systeme der Schüler können bestimmt werden, indem man die Zugangshinweise beobachtet (Augenbewegungen, Atem, Veränderungen der Körperhaltung und des Muskeltonus, Veränderungen von Stimmklang und Sprechtempo, Gesten). Vielleicht am leichtesten zu beobachten und zu lernen sind die Muster der Augenbewegungen und des Atems. Von diesen beiden ist der Atem der beste Indikator für das sensorische System, in das der Schüler gerade eintritt. Das Wissen, wie man die Repräsentationssysteme bestimmt, eröffnet den Weg zum Wissen, wie Lernstrategien ermittelt und installiert werden.

Kapitel 5

Das Gehirn

Der Meister dachte darüber nach, wie weit er es in seiner Kunst zu unterrichten gebracht hatte. Er dachte an seine früheren Unterrichtserfahrungen, bei denen alle Schüler nach bestimmten Kategorien, die angeblich ihren Lernfähigkeiten entsprachen, eingeteilt wurden. Er entsann sich, wie er zufällig entdeckt hatte, daß eine Gruppe "langsamer" Schüler äußerst geschickt beim Bau des Modells eines indianischen Dorfes war. Diese Schüler waren ganz hervorragend bei kinästhetischen Aktivitäten. Er entsann sich seiner eigenen Unerfahrenheit und Unflexibilität und wie unfähig er war, ähnliche Lernaktivitäten zu entwerfen, die diese Schüler zu erfolgreichen Schülern machen könnten.

Der Meister dachte an die vielen verschiedenen Lernstile, die er bei seinen Schülern beobachtet hatte, und daran, wie nutzlos und inkompetent ihm jetzt im Rückblick seine früheren Unterrichtsmethoden erschienen, die er damals nach besten Kräften eingesetzt hatte. Er entsann sich seiner Bemühungen um jene hervorragenden Schüler, die nicht fähig waren, ihre Fesseln zu sprengen und ihre Leistungsfähigkeit voll auszuschöpfen. Er erinnerte sich, wie frustriert er gewesen war, wenn seine Anstrengungen, ihnen zu helfen, zu nichts geführt hatten. Diese frühen Erfahrungen waren wertvoll gewesen, weil sie ihn gelehrt hatten, sich unablässig nach neuen Unterrichtsmethoden und Trainingsprogrammen umzusehen, die ihm helfen konnten, den Bedürfnissen der Schüler besser gerecht zu werden. Er war erstaunt über die Menge neuer Informationen über das Gehirn und die verschiedenen Lernstile und darüber, wie sehr diese Informationen ihm bestätigt hatten, was er bereits intuitiv gewußt und in seiner Tätigkeit als Lehrer zu verwirklichen versucht hatte.

Der Meister blickte mit einer gewissen Genugtuung auf die Fortschritte zurück, die er seither gemacht hatte. Obwohl er den Titel "Meister" erworben und wohlverdient hatte, war ihm doch bewußt, daß Lernen ein lebenslanger Prozeß ist und daß ein wahrer "Meister" immer noch wirksamere Methoden sucht, um seine Erfahrungen und seine Fähigkeiten an seine Schüler weiterzugeben. Es war noch nicht an der Zeit, sich zufrieden zu geben; es war vielmehr an der Zeit, aufs neue ein "Suchender" zu werden.

Worum geht es?

Welches sind die spezifischen Funktionen jeder Gehirnhemisphäre? Welche Bedeutung haben diese Funktionen für den Lehrer? Wie klassifiziert McCarthy die verschiedenen Lernstile? Wie können diese Erkenntnisse mit den in diesem Buch genannten Unterrichtstechniken kombiniert werden?

In den sechziger Jahren begann Dr. Roger Sperry mit einer Operationstechnik, die das Gehirn "spaltete", um schwere epileptische Anfälle bei ausgewählten Patienten zu mildern. Bei diesem Verfahren wird das *Corpus callosum*, das die rechte und die linke Gehirnhemisphäre durch 200 Millionen Nervenfasern miteinander verbindet, durchgetrennt. Dadurch werden die epileptischen Anfälle auf eine Gehirnhemisphäre beschränkt, während die Funktionen der anderen Hemisphäre unberührt bleiben und der Patient somit "normaler funktioniert". Als Ergebnis der Operation hören die normalen Transmissionen, die die beiden Hemisphären integrieren, auf. Die fehlende Kommunikation zwischen den Hemisphären beeinträchtigt jedoch nicht die normalen täglichen Erfahrungen des Patienten, weil beide Hemisphären die gleichen Informationen empfangen. Zum ersten Mal wurde es nun möglich, eine Information in eine einzelne Gehirnhemisphäre einzuspeisen und festzustellen, ob es irgendeinen Unterschied in der Funktionsweise der beiden Hemisphären gab.

Aus einer kleinen Anzahl solcher Versuche schloß man verallgemeinernd, daß die linke Hemisphäre eher linear, folgernd, strukturgebend und verbal arbeite und daß sie die Sprache steuere, mathematische Probleme bearbeite, organisiere und kategorisiere. Ebenso schloß man verallgemeinernd, daß die rechte Hemisphäre die nonverbalen Fähigkeiten steuere, daß sie das Leben in einem visuellen und räumlichen Kontext erfahre, daß sie spontaner sei und intuitiv zu Entscheidungen komme und eher musikalisch, sexuell, emotional und ganzheitlich tätig werde (mit der Begabung, vollständige Muster zu visualisieren). Bei manchen Menschen, insbesondere Linkshändern, seien die Funktionen vertauscht. So nahm man an, daß beide Hemisphären ihre speziellen Fähigkeiten und unterschiedlichen kognitiven Arbeitsweisen hätten.

Mittlerweile gibt es erhebliche Kontroversen über die Genauigkeit dieser Verallgemeinerungen. Zwei mit der Untersuchung von "Split-Brain"-Patienten beschäftigte Forscher, Dr. Jerre Levy und Dr. Michael Gazzaniga, hatten beträchtliche Meinungsverschiedenheiten über die Schlußfolgerungen dieser Untersuchungen. Levy und Sperry glauben, daß die rechte Gehirnhemisphäre auf ganzheitliche Prozesse spezialisiert sei und daß die linke Hemisphäre für analytische Zwecke benötigt werde. Gazzaniga behauptet in seinem Buch *The Social Brain* (dt.: *Das erkennende Gehirn*; 4), daß die Daten für solche Verallgemeinerungen nicht ausreichten und es nicht so sehr von Bedeutung sei, wo die Prozesse lokalisiert sind, als vielmehr daß bestimmte Aufgaben von bestimmten Gehirnsystemen übernommen werden. Er vertritt eine Modul-Theorie des Gehirns, die besagt, daß das Gehirn eine riesige Konföderation von Hunderten oder Tausenden unabhängiger Module sei. Diese Module verarbeiteten Informationen aus dem internen und externen Lebensbereich des Menschen, und jedes Modul aktiviere seine eigenen Denk- und Handlungsabläufe. Die Module äußerten sich, indem sie uns zu einem bestimmten Verhalten veranlaßten oder indem sie sich mit dem Modul in Verbindung setzten, das für unser Sprechvermögen verantwortlich ist, wodurch die Information dann verbal zum Ausdruck komme. Ferner behauptet er, daß das Gehirn außer dem Sprachmodul noch ein Modul besitze, das wahrscheinlich in der linken Hemisphäre lokalisiert sei und sich als "Interpret" betätige: Es konstruiere Theorien, etwa darüber, warum wir gewisse Dinge tun.

Gazzaniga behauptet ferner, daß die visuelle Vorstellung von unserem visuellen System getrennt sei; die inneren Bilder würden in einem Modul erzeugt, das in der linken Hemisphäre lokalisiert sei. Dies widerspricht der landläufigen Theorie, daß das Visualisieren ein Prozeß in der rechten Hemisphäre sei.

Was wir unser "Unbewußtes" nennen, besteht nach seiner Theorie aus Modulen, die bewußt, aber nonverbal sind. Ihre Unfähigkeit, direkt mit dem Sprachmodul in Verbindung zu treten, bedeutet nicht, daß diese Module "unbewußt" sind. Dieses Modell könnte unsere intuitiven Fähigkeiten erklären.

Gazzanigas Ideen helfen auch zu erklären, warum das in Kapitel 17 beschriebene Verfahren des Reframing funktioniert. Wenn sich Gazzanigas Theorie als richtig erweist, hat es nicht mehr viel Sinn, von rechts- oder linkshirnorientierten Menschen zu sprechen. Es kann sein, daß die Gehirnstruktur mancher Menschen dazu führt, daß sie sich mehr auf ihr nonverbales Modul verlassen. (Wir haben diese Menschen früher als "rechtshirnorientiert" bezeichnet) Da die meisten Schulen traditionell solche Unterrichtstechniken, zum Beispiel Lektüre, benutzt haben, die sich an die Schüler wenden, deren Gehirnstruktur ihnen einen leichten Zugang zu dem Sprachmodul erlaubt (früher als "linkshirnorientiert" bezeichnet), wurden die Bedürfnisse der Schüler ignoriert, die mit ihrem nonverbalen Modul arbeiten. Für den Lehrer ist es aber von größter Bedeutung, so zu unterrichten, daß er beiden Schülertypen gerecht wird. Die Lernerfahrungen werden dadurch vollständiger integriert, gelernt und behalten. (Zum leichteren Verständnis verwenden wir in diesem Kapitel auch weiterhin die Ausdrücke "linkshirnorientiert" und "rechtshirnorientiert".)

Um diesen Gedanken fortzuführen, erforschen jetzt immer mehr Lehrer die unterschied-lichen Lernstile. Manche Schüler ziehen es vor, mit visuellen Hilfsmitteln zu lernen (durch Bilder, visuelle Demonstrationen, durch Erzeugung und Nutzung interner Bilder), andere lernen vorwiegend mit auditiven Hilfsmitteln (indem sie auf Wörter und Klänge hören oder einen internen Dialog führen), während noch andere vorwiegend mit kinästhetischen Hilfs-mitteln lernen (durch Fühlen oder körperliche Bewegung). Manche Schüler lernen besser in Gruppen; andere lernen besser allein. Manche lernen besser am Morgen, andere besser am Nachmittag. Lehrer müssen fähig sein, ihren Unterrichtsstil zu variieren, weil es keine einzelne Methode gibt, die für alle Lernstile zugleich die beste wäre.

Die verschiedenen Lernstile und ihre Merkmale werden von Bernice McCarthy in ihrem ausgezeichneten Buch *The 4Mat System* (5) diskutiert. "Typ 1" klassifiziert McCarthy als "innovativen" Schüler. Innovative Schüler sind an einer persönlichen Sinngebung inter-essiert. Sie lernen durch Beobachten, Begreifen und Fühlen. Sie sind häufig Schüler "mit Ideen" und haben eine Fülle von Innovations- und Phantasiekräften. Schüler vom Typ 1 wollen die Gründe kennen, warum sie einen bestimmten Stoff oder eine bestimmte Tätig-keit lernen sollen.

"Typ 2" klassifiziert McCarthy als "analytisch". Analytische Schüler lieben Tatsachen und haben Freude am Entwickeln von Modellen und Begriffen. Analytische Schüler tun sich schwer beim Lernen durch Nachdenken über Ideen. Im Gegensatz zu den Schülern des Typs 1 suchen analytische Schüler eher den tatsächlichen Sachverhalt einer Situation als die Gründe für das Erlernen eines Stoffes.

"Typ 3" kategorisiert McCarthy als Schüler "mit gesundem Menschenverstand". Ihre Art zu lernen macht Gebrauch von konkreten Erfahrungen, wobei es ihnen besonders darauf ankommt, wie etwas funktioniert. Abstrakte Ideen sind für diese Schülergruppe von gerin-gem Interesse. Ihr größtes Interesse besteht darin zu erfahren, wie die Schule ihnen helfen wird, das "reale Leben" zu meistern.

"Typ 4" bezeichnet McCarthy als "dynamische" Schüler. Dynamische Schüler lernen durch den Prozeß des Selbstentdeckens. Sie versuchen herauszufinden, was aus Begriffen und Ideen entwickelt werden kann. Sie stellen sich leicht auf Veränderungen ein, suchen diese geradezu und sind meist flexibel in ihren Beziehungen zu anderen. Dynamische Schüler lernen am konkreten Fall und suchen ihren Lernprozeß aktiv zu gestalten.

Drei Hauptpunkte hebt McCarthy hinsichtlich der verschiedenen Lernstile hervor:

1. Alle Lernstile sind von gleicher Bedeutung.

2. Da alles, was die beiden Gehirnhemisphären zu bieten haben, brauchbar und nützlich ist, sollten Lehrer versuchen, die beiden Hemisphären durch ihre Unterrichtsmethoden ganzheitlich zu integrieren.

3. Durch Erfahrung und Forschung hat McCarthy herausgefunden, daß bei dem weitaus größten Teil der Schüler die rechte Gehirnhemisphäre dominiert. Die Lehrer wenden sich aber mit ihrer Betonung der kognitiven Aspekte in ihrem Unterricht in erster Linie an die linke Hemisphäre. McCarthy glaubt, Lehrer müßten ihren Unterricht so gestal-ten, daß er allen vier Lernstilen gerecht wird. Sie glaubt, dies werde am wirksamsten durch die Anwendung von "Rechts-" und "Linkstechniken" im Unterricht erreicht.

Drei der von McCarthy identifizierten Schülertypen sind rechtshirnorientiert. Typ 1, der "innovative" Schüler, ist phantasievoll und sucht einen persönlichen Sinn bei seiner Arbeit. Typ 3, der Schüler "mit gesundem Menschenverstand", sucht konkrete Erfahrungen, die ihm im wirklichen Leben helfen. Typ 4, der "dynamische" Schüler, lernt am liebsten durch selbstentdeckendes Lernen in konkreten Erfahrungen. Obgleich es zur Zeit noch keine

Forschungsergebnisse gibt, die diesen Gedanken stützen, zeigt doch die Beobachtung, daß diese drei Schülertypen Informationen vorwiegend mit visuellen sowie – insbesondere im Fall des Typs 3 – mit kinästhetischen Hilfsmitteln verarbeiten und lernen.

McCarthys Typ 2, der "analytische" Schüler, ist tatsachenorientiert und entwickelt vorzugsweise Modelle und Begriffe. Typ 2 ist linkshirnorientiert und arbeitet leichter logisch und verbal. Informationen zu lernen ist für diesen Schüler wahrscheinlich leichter, wenn er visuelle und auditive Hilfsmittel benutzt.

Obwohl noch zu neu, um wissenschaftlich überprüft zu sein, halten McCarthys Ideen über die verschiedenen Lernstile ihr Versprechen, weil sie versuchen, den Bedürfnissen jedes Schülers für jeweils ein Viertel der Unterrichtszeit gerecht zu werden. Das *4Mat System* lehrt jeden Schülertypus sowohl rechts- als auch linkshirnorientierte Aktivitäten. Ein weiterer Vorzug ihrer Ideen besteht darin, daß man kein besonderes Instrumentarium zur Identifizierung der verschiedenen Lernstile benötigt.

Es wäre eine Bereicherung für jeden Lehrer, Lernstrategien eines jeden Schülertyps zu ermitteln und diese bei Schülern, die solche Strategien benötigen oder wünschen, zu installieren (vgl. Kapitel 17). Beim "analytischen" Schüler wären kreative, ganzheitliche oder intuitive Strategien zu installieren, beim rechtshirnorientierten Schüler hingegen logische, analytische und lineare Strategien.

Ein Fall, bei dem es um zwei solcher Schüler ging: Ein Schüler war tatsachenorientiert, logisch (ein typischer linkshirnorientierter Schüler) und hatte gute Zensuren. Ging es aber um künstlerische Aktivitäten, so waren seine Leistungen wesentlich schlechter. Die zweite (typisch rechtshirnorientierte) Schülerin war außerordentlich kreativ im Handwerklichen, in Musik und beim Theaterspiel. In diesen Fächern des kreativen Bereichs war sie sehr erfolgreich und erreichte gute Noten; in den mehr analytischen und logischen Fächern aber war sie schwach. Der Lehrer ermittelte die bei dem analytischen Schüler so gut funktionierende Lernstrategie und installierte sie bei der kreativen Schülerin. Ferner ermittelte er die Lernstrategie der kreativen Schülerin und installierte sie bei dem analytischen Schüler. Die Resultate waren verblüffend! Die neuen Lernstrategien gaben jedem Schüler die Möglichkeit, seine Ressourcen, Begabungen und Leistungsfähigkeit zu mobilisieren. Der analytische Schüler wurde kreativer, ohne etwas von seinen logischen Fähigkeiten zu verlieren. Die kreative Schülerin konnte, wo immer es notwendig war, besser von der logischen Lernstrategie Gebrauch machen, ohne dabei etwas von ihren kreativen Fähigkeiten zu verlieren.

Übung 14 :
Training der Sinnesschärfe

Ziel: Die Sinneswahrnehmung schärfen.

Der Lehrer konzentriert sich und ...

... lokalisiert fünf verschiedene Bilder durch seinen peripheren Blick;

... identifiziert fünf verschiedene Geräusche;

... nimmt fünf körperliche Empfindungen wahr.

Diskutieren Sie mit Ihrer Gruppe, was sie jedesmal hinsichtlich Ihrer Sinnesschärfe bemerkt haben.

Ergänzungsübung 14

Ziel: Seine erhöhte Sinnesschärfe in der Klasse anwenden.

Der Lehrer konzentriert sich in der Klasse und ...

... lokalisiert fünf verschiedene Bilder durch seinen peripheren Blick;

... identifiziert fünf verschiedene Geräusche;

... nimmt fünf körperliche Empfindungen wahr.

Übung 15:
Flexibilitätstraining

Ziel: Die Flexibilität steigern (zu zweit oder dritt).

A stellt einen selbstgewählten Zustand dar, etwa Depression, Desinteresse, Schmerz, Stolz, Verwirrung usw., ohne ihn verbal zu beschreiben.

B versucht den Zustand richtig zu identifizieren.

A hilft B nonverbal, wenn dieser Schwierigkeiten hat, den Zustand zu identifizieren; notfalls stellt A den gleichen Zustand auf andere Weise dar, so daß B ihn richtig identifizieren kann.

C beobachtet.

Die Rollen tauschen.

Ergänzungsübung 15

Ziel: Seine Flexibilität in der Klasse steigern.

Der Lehrer wählt fünf Schüler aus und identifiziert einige ihrer wichtigsten Zustandsänderungen, entweder während eines bestimmten Zeitraumes oder eines Tages.

Um zu verifizieren, daß seine Wahrnehmungen mit den Zustandsänderungen genau übereinstimmen, gibt der Lehrer den Schülern verbale Rückmeldungen, zum Beispiel: "Du siehst aus, als wenn du nur wenig interessiert wärest an diesem Projekt." Der Schüler bestätigt die Aussage oder bestreitet sie.

Übung 16: Physiologische Zustände identifizieren

Ziel: Lernen, physiologische Zustände zu identifizieren.

C läßt A und B allein.

A stellt drei verschiedene physiologische Zustände dar und zeigt B jedesmal an, wenn er in den nächsten Zustand eintritt.

Ergänzungsübung 16

Ziel: Physiologische Zustände in der Klasse identifizieren.

Der Lehrer wählt einige Schüler aus. Er beobachtet sie und macht im Geiste Momentaufnahmen von ihnen, wenn sie in einem interessierten und wenn sie in einem desinteressierten Zustand sind. Unterschiede in Körperhaltung, Gesten,

B spiegelt die drei Zustände von A gegenüber C.

B wiederholt die Zustandsdarstellung ein zweites Mal.

C kopiert die Zustände und bringt sie in eine andere Reihenfolge.

B identifiziert die Reihenfolge der Erfahrungen.

Die Rollen tauschen.

Augenbewegungen, Atem, Stimmklang und Sprechtempo werden verglichen.

Zusammenfassung

"Kontrovers" ist das beste Wort, um das Wissen über die spezifischen Fähigkeiten der beiden Gehirnhemisphären zu beschreiben. Seit Beginn der sechziger Jahre führte Dr. Roger Sperry Gehirnoperationen mit Trennung der beiden Hemisphären an ausgewählten Patienten durch, um ihre epileptischen Anfälle zu mildern. Gazzaniga, Levy u. a. führten Untersuchungen an diesen Patienten durch. Aufgrund der Ergebnisse, die auf einer begrenzten Anzahl von Studien beruhten, zogen Außenstehende voreilig verallgemeinernde Schlüsse hinsichtlich der spezifischen Fähigkeiten und kognitiven Funktionen der beiden Hemisphären.

Viele dieser Verallgemeinerungen sind von Gazzaniga und Levy zurückgewiesen worden. Gazzaniga hat auch Levys und Sperrys Vorstellungen zurückgewiesen, daß die linke Gehirnhemisphäre für analytische Zwecke gebraucht werde und die rechte auf ganzheitliche Prozesse spezialisiert sei. Seine Modul-Theorie des Gehirns eröffnet eine vollkommen neue Sicht zur Erklärung der Gehirnfunktionen.

McCarthy hat vier Typen von Schülern identifiziert: innovative, analytische, solche mit gesundem Menschenverstand und dynamische. Ihre Forschungen haben gezeigt, daß die meisten Schüler rechtshirnorientiert sind. Sie glaubt, die Lehrer müßten ihre Unterrichtsstrategien verändern, wenn sie alle vier Typen von Schülern erreichen wollen. *Das Lernen lehren* vermittelt Strukturen und Techniken zur Identifizierung der verschiedenen Typen von Lernaktivitäten (visuell, auditiv und kinästhetisch), die für jeden Schülertyp von Nutzen sein können. Das Ermitteln von Lernstrategien, etwa eine kreative Strategie von rechtshirnorientierten und eine logisch-analytische Strategie von linkshirnorientierten Schülern, und das jeweils wechselseitige Installieren der Strategien könnte sich als bedeutsamer Faktor erweisen, um die Schüler zu befähigen, ihr Potential voll auszuschöpfen.

Kapitel 6

Zusammenfassung und neue Perspektiven

Onkel Remus' Bruder Hase kam oft in die mißlichsten Situationen. Bruder Fuchs und Bruder Bär versuchten dauernd, ihn zu fangen, und Bruder Hase versuchte dauernd, ihnen eins auszuwischen. Eines Tages beschlossen Bruder Fuchs und Bruder Bär zu sehen, ob sie den Hasen überlisten und fangen könnten. Zu diesem Zweck bauten sie eine Puppe aus Teer, setzten ihr einen Hut auf, zogen ihr ein Hemd an und setzten sie an den Weg, auf dem Bruder Hase, wie sie wußten, mit Sicherheit entlanghoppeln würde. Tatsächlich, er kam. Er sagte freundlich: "Hallo!" zur Puppe, bekam aber natürlich keine Antwort. Das Ausbleiben der Antwort verwirrte Bruder Hase, und nach verschiedenen weiteren Versuchen, eine vernünftige Antwort von der Puppe zu erhalten, wurde er ärgerlich, drohte ihr mit Püffen und versetzte ihr schließlich einen Stoß. "Plop!" – da klebte eine Pfote an der Teerpuppe fest. Bruder Hase schrie und brüllte die Teerpuppe an, sie solle ihn loslassen, oder er werde ihr noch eins mit der anderen Pfote geben. Keine Antwort. "Plap!" – jetzt hing auch die andere Pfote fest. Bruder Hase drohte der Puppe einen Fußtritt an. "Bumm, bumm!" Jetzt hingen alle vier Pfoten von Bruder Hase fest. Bruder Fuchs und Bruder Bär hatten das ganze Spektakel von einer günstigen Stelle aus beobachtet, an der sie weder gesehen noch gehört werden konnten. Sie hielten sich vor Lachen den Bauch und rollten sich auf dem Boden.

Eine mögliche Moral dieser Fabel ist: Starre Verhaltensmuster in heiklen Situationen führen oft zu weiteren Verwicklungen.

Viele Lehrer mögen einige der Ideen, die in diesem Buch diskutiert werden, bereits anwenden, ohne sich dessen bewußt zu sein. Wenn man aber alle Ideen und Techniken bewußt erlernt und anwendet, wird eine bewußte Integration der Techniken stattfinden. Diese Integration wird zu einer konsequenten, erstklassigen Unterrichtsgestaltung und zu einer "Entspannung" heikler Situationen in der Klasse führen.

Der erste Teil dieses Buches hat betont, daß effektives Lernen nur stattfindet, wenn der Unterricht beide Gehirnhemisphären anspricht. Die sensorischen Systeme (Repräsentationssysteme) wurden erklärt, und es wurde die Idee des sensorischen Ensembles (V, A, K, O) eingeführt. Da jeder Mensch die Welt anders wahrnimmt, hat jeder Schüler seine eigene Vorstellung, sein eigenes Modell von der Welt. Die Kenntnis der wichtigsten Aspekte, die das Modell eines jeden Menschen bestimmen, und die Fähigkeit, auf dieses Modell einzugehen, sind die Grundlage eines jeden erfolgreichen Unterrichts.

Die meisten Menschen neigen dazu, in einem gegebenen Augenblick bestimmte Aussagemuster zu verwenden. Aus diesen Mustern und aus bestimmten Zugangshinweisen (Augenbewegungen, Veränderungen des Atems, der Körperhaltung und des Muskeltonus, Veränderungen von Stimmklang und Sprechtempo, Gesichtsfarbe und Gesten) kann man auf ihr dominantes Repräsentationssystem und seine Lernstrategien schließen.

Die Bedeutung dieser Informationen wird im zweiten Teil des Buches erhellt.

Zweiter Teil:
Die Struktur effektiven Unterrichtens

Kapitel 7
Überblick über den zweiten Teil

Die Debatte hatte "mehr Hitze als Licht" gebracht. Jede Seite war aufrichtig, wohlmeinend und glaubte sich voll im Recht. Die "Stoff-Spezialisten" wußten, daß die Schüler keine rundum gebildeten Menschen würden, wenn sie nicht alles lernten, was man sie lehrte. Das Leben sei für sie weniger bedeutungsvoll, und was die Gesellschaft als "Fortschritt" betrachtet, würde abnehmen. Für diese Spezialisten war es klar, daß man den Schülern sagen müsse, was sie zu lernen hätten. Lektüre sei seit Jahrhunderten die geeignetste Methode, und wenn sie auch gelegentlich einige Modifikationen erfordere, so sei sie doch immer noch der beste Weg, Schülern Informationen zu vermitteln.

Die Erziehungs-Methodiker anerkannten die Bedeutung des Stofflernens durchaus, bestanden aber darauf, daß Schüler auf unterschiedlichen Wegen lernten und daß man daher unterschiedliche Methoden der Stoffdarbietung brauche. Lektüre sei in manchen Fällen eine gute Methode; da aber Schüler auf verschiedenen Wegen lernten, könne sie nicht allen Schülern gerecht werden.

Der Meister hörte sich während der Debatte die Argumente jeder Seite still und innerlich schmunzelnd an, gab aber keinen Kommentar dazu. Als die Parteien erkannten, daß keine Einigung zwischen ihnen zu erreichen war, wandten sie sich an den Meister und suchten seine Zustimmung zu ihren Argumenten. Der Meister gab, wie es so seine Art war, anscheinend beiden Seiten Recht, brachte aber eine neue, tiefere Sicht ins Spiel. "Statt sich nur für den Stoff als Selbstzweck oder nur für die verschiedenen Wege seiner Darbietung zu interessieren, wäre es da nicht weiser, die Schüler Lernstrategien zu lehren, die ihnen zeigen, wie man lernt? Auf diese Weise könnten die Schüler alles, was sie für lernenswert halten, in ihrem eigenen Leben anwenden – zu ihrem eigenen und zum Nutzen der Gesellschaft."

Worum geht es?
Welche Informationen werden in diesem Teil vermittelt? Was heißt "Unterrichten"? Welche Techniken und Anforderungen gehören zum Unterrichtsprozeß?

Der zweite Teil des Buches zeigt viele Wege auf, seine Unterrichtsfähigkeiten zu verbessern und Veränderungen im Verhalten der Schüler zu erreichen. Es werden spezielle Techniken mit folgenden sechs Zielen gelehrt:

eine emotional tragfähige Lehrer-Schüler-Beziehung (Rapport) aufbauen;

Augenbewegungsmuster wahrnehmen und deuten;

Schülern helfen, wohlgeformte Ziele zu identifizieren;

Schülern helfen, ihre eigenen Ressourcen heranzuziehen, um ihr Verhalten zu verändern;

benötigte Informationen sammeln;

nur relevante, sachdienliche Informationen geben.

Auch das Wann und das Wie der verschiedenen Interventionstechniken werden in diesem Teil ausführlich erklärt. Der "Schematische Überblick über die Interventionsmöglichkeiten des Lehrers" (Abb. 5, S. 72) soll als Wegweiser für den zweiten Teil dienen.

Übungen auf sensorischer Basis und Ergänzungsübungen begleiten auch die meisten der folgenden Kapitel. Der zweite Teil des Buches berücksichtigt die wesentlichen Informationen der vorangegangenen Kapitel und zeigt, wie man sie anwenden kann, um wirklich bemerkenswerte Unterrichtserfahrungen zu machen.

Unterrichten

Das Wort "Unterrichten" impliziert die Möglichkeit, Kenntnisse und Fertigkeiten so darzubieten, daß der Schüler den Wissensstoff versteht und in bestimmten Situationen die entsprechenden Fertigkeiten anwenden kann.

Warum manche Lehrer erfolgreicher hinsichtlich des Erreichens ihrer Unterrichtsziele sind als andere, hat ihre Ausbilder jahrzehntelang beschäftigt. Die meisten von ihnen glauben, daß es für alle Lehrer möglich sei, ihr Verhalten in Richtung auf eine größere Effektivität zu verändern. Ein effektiver Lehrer kann man auf verschiedene Weise werden. Entweder man hat gute Vorbilder oder ungewöhnlich qualifizierte Ausbilder gehabt, oder man ist durch Erfahrung ein guter Lehrer geworden, oder es sind mehrere dieser oder noch weitere Faktoren zusammengekommen.

"Erfolgreich unterrichten" bedeutet in diesem Buch die Fähigkeit des Lehrers, seine Schüler in einem physiologischen Zustand zu halten, der sie aufnahmefähig und lernbereit macht. Dadurch kann der Lehrer seine Unterrichtsziele erreichen; gleiches gilt für die vom einzelnen Schüler angesteuerten Ziele. Ein effektiver Unterricht verlangt nicht nur die Kenntnisse der Elemente des Lernprozesses (Abb. 4), sondern auch die Fähigkeit zu ihrer Anwendung in der Klasse, damit die Ziele erreicht werden.

Erfolgreiche Lehrer machen von allen Elementen des Unterrichtsprozesses fortwährend Gebrauch, auch wenn sie sich dessen nicht immer bewußt sind. Abgesehen vielleicht von den Ausführungen über die Unterschiedlichkeit der beiden Gehirnhemisphären, über die Sprachmuster und die individuellen Lernstrategien sind die in der Abbildung 4 enthaltenen Ideen in den meisten anderen pädagogischen Büchern enthalten. Diese "Ausnahmen" wurden bereits im ersten Teil des Buches diskutiert oder werden im folgenden dargestellt.

Abb. 4: Der Prozeß des Lehrens

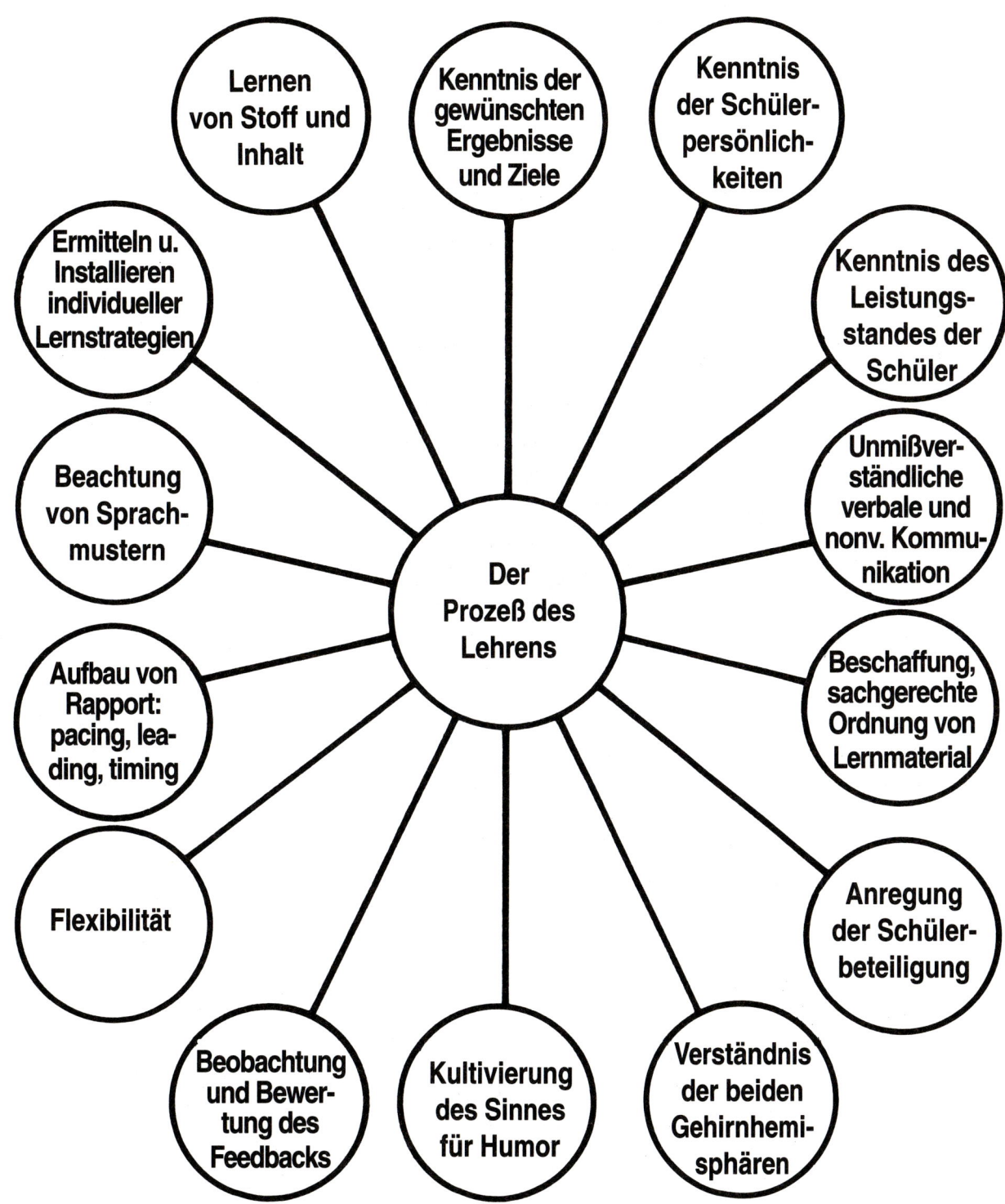

Abb. 5: Schematischer Überblick über die Interventionsmöglichkeiten des Lehrers
Das Schema soll als visueller Wegweiser für den zweiten Teil des Buches dienen. Beginnend mit Kapitel 9 und endend mit Kapitel 17 erläutert jedes Kapitel einen Teil von Abbildung 5. *(Chunking down)* Wenn der Leser jedes Kapitel gründlich erarbeitet hat, kann er ein *Chunking up* vornehmen und wird damit in der Lage sein, eine oder mehrere der Interventionstechniken bei Bedarf anzuwenden.

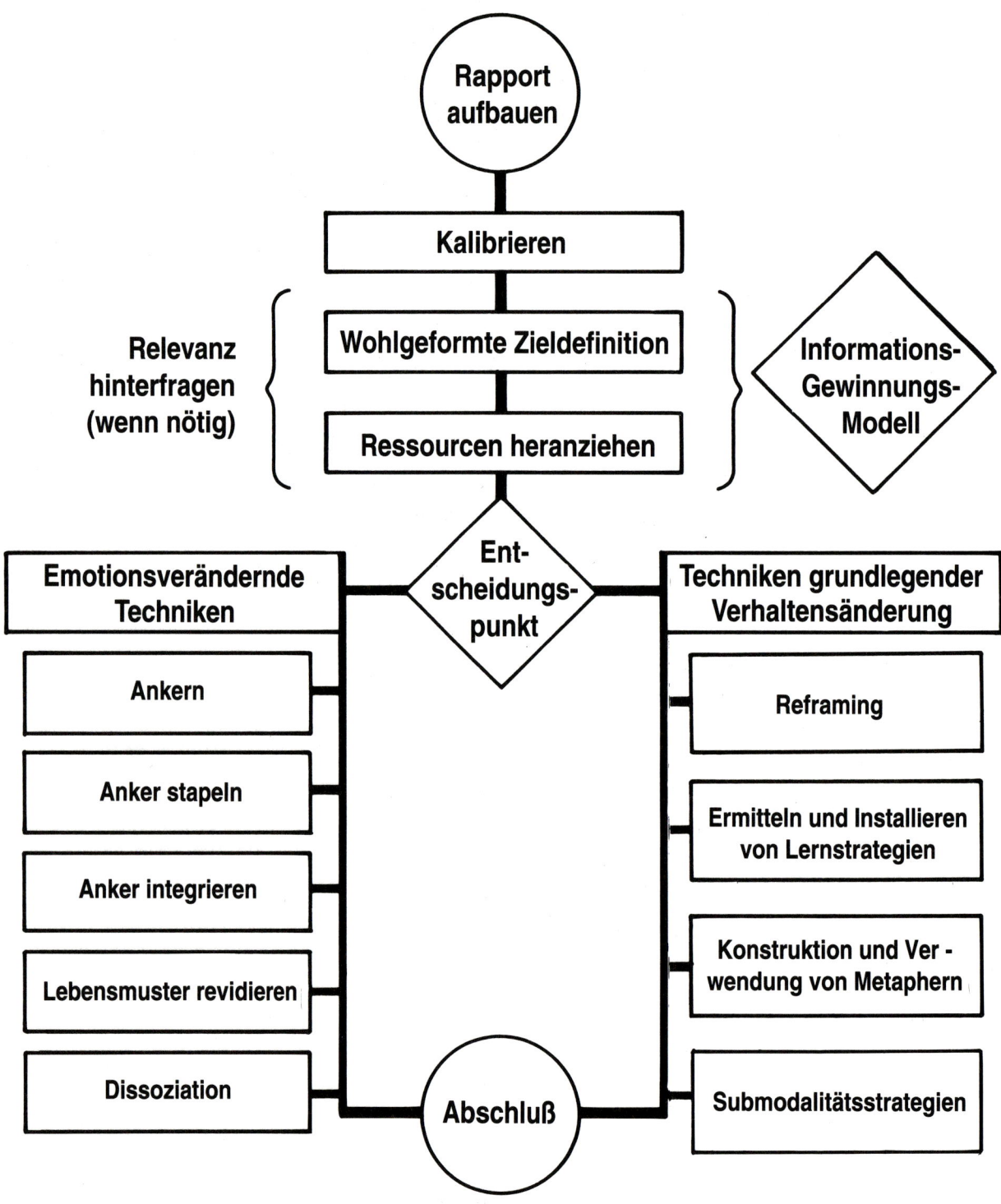

Zusammenfassung

Die Abbildung "Der Prozeß des Lehrens" zeigt die vielen Anforderungen, denen ein Lehrer genügen muß, wenn er erfolgreich sein will. Die dort genannten neuen und ungewohnten Anforderungen werden im nun folgenden zweiten Teil behandelt und geben dem Lehrer neue, wertvolle Hilfsmittel und Techniken zur Unterrichtsverbesserung an die Hand.

Nachdem Sie den Inhalt dieses zweiten Teils gelesen und die Übungen ausprobiert haben, kann es sein, daß Unterrichten nie wieder das Gleiche für Sie sein wird wie zuvor.

Kapitel 8

Die revidierten Prinzipien des Lernens

Es war einmal ein berühmter Kulturanthropologe. In jedem Sommer unternahm er mit seinen Studenten eine Seereise, um die einheimischen Kulturen auf verschiedenen Pazifik-inseln zu studieren. Die Reisen waren ungefährlich, allgemein beliebt, und die Studenten fanden sie interessant. In einem Sommer aber – sie waren meilenweit von jedem Land entfernt – fing das Schiff Feuer und brannte aus. Es gelang dem Anthropologen und seinen Studenten, das Schiff auf zwei Beibooten mit einigen Navigationskarten sowie Wasser und Lebensmitteln für mehrere Tage zu verlassen. Die Auskunft, die sie als letzte von ihrem Steuermann erhalten hatten, besagte, daß etwa drei Tagereisen von dem Punkt, an dem ihr Schiff gesunken war, Land liege. Abwechselnd ruderten und rasteten sie in der heißen Sonne und den kühlen Nächten. Am Mittag des vierten Tages nach dem Brand erspähte die durstige und hungrige Mannschaft eine Insel. Alle schrien vor Freude, nur der Anthropologe nicht.

Er wußte, daß die Insel ein Trugbild, eine Luftspiegelung war. Wie es jeder gute Professor tun würde (oder sollte), vermittelte er die schlimme Nachricht seinen Studenten als Tatsache. Die aber weigerten sich, diese "Tatsache" zu akzeptieren, weil sie wußten, daß das, was sie sahen, Wirklichkeit war. Es folgte eine lange Diskussion. Der Professor konnte die Studenten nicht überzeugen, daß die Insel in Wahrheit eine Luftspiegelung sei, und so erlaubte er ihnen, eines der Boote zu nehmen und auf die Luftspiegelung zuzufahren, während er das andere Boot nahm und weiter nach Hilfe suchte. Der Anthropologe hatte auf einer Karte ihre ungefähre Position eingezeichnet, und die Studenten kamen mit ihm überein, daß sie, wenn sie statt einer Insel nur eine Luftspiegelung finden würden, ihren Anker auswerfen und auf die Hilfe warten sollten, die der Professor – dessen war er sich sicher – bald finden würde.

Die Studenten ruderten auf ihre Insel zu, und der Professor suchte weiter nach Hilfe. Nach einigen Stunden fanden die Studenten zu ihrer Freude eine Insel mit frischem Wasser, Früchten, freundlichen Einwohnern und einem Radio. Die Studenten versuchten, ihrem Professor zu helfen, aber er wurde nie mehr gefunden.

Worum geht es?

In welcher Beziehung stehen die "Prinzipien des Lernens" zum Unterrichten?

In dem einleitenden Kapitel "Zu diesem Buch" wurden einige grundlegende "Prinzipien des Lernens" aufgeführt. Diese dienten als Grundlage für die Thematik, die in den darauffolgenden Kapiteln des ersten Teils dargestellt wurde. Sie sind von enormer Bedeutung für den Unterrichtsprozeß, sowohl aus der Perspektive des Schülers als auch aus der des Lehrers. Die Prinzipien werden hier nun in einer gegenüber dem Wortlaut des ersten Teils leicht umformulierten Fassung wiedergegeben, um ihre Beziehung zum Unterrichtsprozeß deutlicher herauszuarbeiten.

Prinzip 1: **Der Lehrer sollte sich beim Herbeiführen eines erwünschten Zustandes immer auf das physiologische Feedback seiner Schüler stützen.**

Wenn Schüler aktiv am Lernprozeß beteiligt sind, geben sie nonverbale Signale durch ihre Körperhaltung, ihren Gesichtsausdruck, durch Augenbewegungen, Atem, Stimmklang, Sprechtempo, Gesten usw. Der Lehrer sollte eine Vorstellung davon entwickeln, welches Schülerverhalten für die gegebene

Lernsituation einen erwünschten physiologischen Zustand konstituieren würde. Mit dieser Vorstellung hat der Lehrer ein Ziel, auf das er hinarbeiten kann. Der Lehrer kann sich für Aktivitäten zur Zustandsänderung entscheiden, oder er kann spezielle Techniken anwenden, um die Schüler in den erwünschten Zustand zu bringen und darin zu halten. Das Feedback der Schüler dient als ständiges Barometer dafür, ob es dem Lehrer gelingt, die Schüler in einem für das Lernen günstigen Zustand zu halten. Je länger dem Lehrer dies gelingt, desto größer ist die Wahrscheinlichkeit erfolgreichen Lehrens und Lernens. Das Feedback, das Sie bei Ihren Schülern sehen, ist kein Trugbild – nutzen Sie es!

Prinzip 2: **Die Person mit der größten Flexibilität in der Lehr- und Lernbeziehung bleibt stets Herr der Lage.**

Der Lehrer, der Tag für Tag die gleiche Technik anwendet, wird wahrscheinlich bald gelangweilte Schüler vor sich haben. Diese schalten entweder vollständig ab, oder sie finden Wege, ihrer Langeweile zu entfliehen – meist auf Kosten des Lehrers und seiner Unterrichtsziele. Die vom Lehrer angewandte Strategie muß natürlich auf seine Ziele ausgerichtet sein, muß aber ebenso die Bedürfnisse der Schüler berücksichtigen. Ein erfolgreicher Lehrer hat viele Strategien zur Auswahl und wird so viele davon benutzen, wie er zum Erreichen seiner Ziele benötigt.

Auch den Schülern stehen eine Reihe von Strategien zur Verwirklichung ihrer Ziele zur Verfügung. Ebenso wie die Lehrer finden sie manche ihrer Strategien ineffektiv und/oder ungeeignet für bestimmte Lernsituationen. Erfolgreiche Schüler haben eine Vielzahl von Strategien zur Auswahl. Umgekehrt haben weniger erfolgreiche Schüler (und Lehrer) weniger Strategien und Wahlmöglichkeiten. Wenn die Methodik eines Lehrers nicht von allen sensorischen Systemen Gebrauch macht, wird sie wahrscheinlich nicht für alle Schüler zu einem effektiven Lernen führen. Der Lehrer muß alle Repräsentationssysteme in seinen Unterrichtsaufbau einbeziehen. Darum: Wenn Sie mit dem, was Sie tun, Ihre Unterrichtsziele nicht erreichen, ändern Sie das, was Sie tun!

Der folgende Satz ist eine Erweiterung dieses Prinzips: **Widerstand der Schüler gegen die Kommunikation mit dem Lehrer deutet auf mangelnde Flexibilität des Lehrers hin.** Anders ausgedrückt: Widerstand der Schüler kann durch geschickte Unterrichtstechniken überwunden werden. Wenn etwa Schüler während einer Stunde nicht recht mitarbeiten, kann der Lehrer den Zustand der Schüler verändern, indem er auf eine geeignete und wirkungsvolle Kommunikationstechnik zurückgreift, um die Schüler in den von ihm gewünschten Lernzustand zu versetzen.

Prinzip 3: **Es gibt keinerlei Ersatz für die Entwicklung der Fähigkeit, auch schnelle und kleine Verhaltensänderungen bei den Schülern zu beobachten.**

Die Steigerung der Sinnesschärfe erfordert Übung. Die Fähigkeit, sensorische Veränderungen, wie etwa die Zugangshinweise der Augen, zu beobachten, gibt ein ausgezeichnetes Feedback darüber, wie nahe jeder Schüler dem erwünschten Zustand bereits ist. Sinnesschärfe ist auch unerläßlich für die Identifizierung von Lernstrategien der Schüler. Wenn ein Lehrer beispielsweise den Schülern einen Stoff visuell zugänglich machen will, kann er seine Fragen so stellen oder solche Aussagen machen, daß die Schüler dazu veranlaßt werden, ihn sich visuell vorzustellen. "Stellt euch vor, wie das aussah, als das Trojanische Pferd gebaut wurde. Seht euch an, wie es konstruiert wird. Könnt ihr sehen, wie die Männer in das Pferd hineinklettern? Seht ihm nach, wie es vor das Stadttor gerollt wird. Und jetzt malt ein Bild, wie ihr meint, daß das Pferd aussah, als es da draußen vor dem Tor von Troja stand." Er könnte dann die Augenbewegungen der Schüler beobachten, um festzustellen, ob sie visualisieren. Und wenn die Beobachtung des Atems der Schüler zeigt, daß er im oberen Brustkorb zentriert ist, verifizierte dies gleichfalls eine Visualisierung.

Prinzip 4:   **Unabhängig davon, wie unangemssen, launenhaft oder bösartig das Verhalten eines Schülers erscheint, sich anhört oder anfühlt, ist dieses Verhalten die beste Wahl, die dieser Schüler in diesem Augenblick hat.**

Unerwünschtes Verhalten eines Schülers deutet auf eine mangelnde Flexibilität hin. Sein Verhalten zeigt beispielsweise Frustration bei der Lösung eines mathematischen Problems an. Wenn das Ermitteln seiner diesbezüglichen Lernstrategie ergibt, daß sie unzweckmäßig ist, kann der Lehrer helfen, sie zu verändern. Dadurch wird dem Schüler eine größere Chance gegeben, eine andere Wahl zu treffen, die eine positive Wirkung auf sein Lernen und seine Gefühle haben wird.

Zusammenfassung

Diese "Prinzipien" sind wesentliche Aspekte des Lehr- und Lernprozesses. Flexibilität erlaubt dem Lehrer, die Situation zu beherrschen. Im Fall des Anthropologen: Wäre er flexibel genug gewesen, seinem visuellen Eindruck zu vertrauen, wäre er gerettet worden.

Die Verbesserung seiner Sinnesschärfe ermöglicht dem Lehrer, wesentliche Informationen über die Fortschritte der Schüler zu gewinnen. Da eine effektive Kommunikation durch die Antwort bestimmt wird, die der Kommunikator erhält, ist jeder Lehrer für das Ergebnis seiner Kommunikation verantwortlich. Schüler geben stets die beste Antwort, die sie in diesem bestimmten Augenblick geben können. Flexibilität des Lehrers kann den Widerstand der Schüler überwinden. Wenn man die durch die Prinzipien des Lernens ermöglichten Informationen nutzt, wird der Unterricht *verlockender* (durch Überlegungen, wie die Prinzipien in die bisherige Unterrichtsmethodik integriert werden können), *interessanter* (durch Beobachten, Zuhören und Fühlen, welche Veränderungen stattfinden) und *effektiver* (durch die Fähigkeit, erwünschte Antworten und Reaktionen bei den Schülern hervorzurufen).

Kapitel 9

Rapport aufbauen

In vielen Situationen habe ich intuitiv Rapport aufgebaut. Eine Situation, an die ich mich besonders gut erinnere, ergab sich, als ich bei einer pädagogischen Tagung als Sprecher für mein Fach fungieren mußte. Diese Gruppe von Pädagogen traf sich seit mehreren Jahren zweimal jährlich. Ich war den anderen Teilnehmern vollständig fremd, aber nach drei Stunden sagte einer der Teilnehmer zu mir: "Mir ist, als kenne ich Sie seit drei Monaten, nicht erst seit drei Stunden." Ich freute mich über die Bemerkung, dachte aber damals nicht weiter darüber nach. Wenn ich heute meine Handlungsweise analysiere, stelle ich fest, daß ich mich bewußt darum bemühte, möglichst viele Teilnehmer kennenzulernen. Ich zeigte mich an ihnen interessiert, indem ich ihnen Fragen über sie selbst und über ihre Tätigkeit stellte. Ich ging auf den Inhalt ihrer Gespräche ein, und höchstwahrscheinlich ahmte ich die Körperhaltung, die Gesten und womöglich auch den Tonfall und das Sprechtempo der Menschen, mit denen ich sprach, nach. Dadurch war ich in der Lage, mich mit ihrem Modell von der Welt in Beziehung zu setzen und einen intensiven Rapport aufzubauen – mit dem Ergebnis, daß meine Wirkungsmöglichkeit als Repräsentant meines Colleges erheblich vergrößert wurde.

Worum geht es?

Was ist "Rapport"? Warum ist es für Lehrer notwendig, Rapport mit ihren Schülern aufzubauen? Wie kann ein intensiver persönlicher Rapport mit Schülern aufgebaut werden? Was bedeuten die Ausdrücke "Pacing" und "Leading"?

Rapport ist, kurz gesagt, ein Zustand, in dem ein Mensch für uns besonders aufgeschlossen ist. Aufbau von Rapport ist ein bedeutender und notwendiger Grundstein für die Entwicklung einer guten Kommunikation. Ein erfolgreicher Lehrer stellt einen guten Rapport mit seinen Schülern her, weil ihm bewußt ist, daß Schüler unter der Voraussetzung einer guten Schüler-Lehrer-Beziehung leichter lernen. Rapport wird meist auf der unbewußten Ebene aufgebaut. Lehrer, die automatisch guten Rapport herstellen, würden wahrscheinlich ihre Vorgehensweise nicht beschreiben können. Rapport kann aber auch durch bewußte systematische Techniken aufgebaut werden. Eine gewissenhafte Prüfung dieser rapportschaffenden Techniken wird eine Modifikation oder auch eine Ergänzung der bisher von Lehrern angewandten Techniken erlauben. Weitere Übung wird dann zur unbewußten Integration dieser Fertigkeiten führen.

Um Rapport aufzubauen, braucht man zuallererst eine hochentwickelte Sinnesschärfe. Der Aufbau des Rapports hängt davon ab, wie gut der Lehrer Veränderungen in der sensorischen Aktivität der Schüler beobachtet und angemessen beantwortet. Voraussetzung für die Entwicklung des Rapports ist ferner, die wichtigsten sensorischen Systeme (V, A, K), die Aussagemuster und die Zugangshinweise der Schüler zu erkennen und sein eigenes Verhalten darauf abzustimmen.

Pacing

Pacing erlaubt dem Lehrer, mit dem individuellen Modell, das jeder Schüler von der Welt hat, Kontakt aufzunehmen und einen bewußten und unbewußten Rapport mit dem Schüler aufzubauen. Pacing umfaßt:

Nachahmen von Aussagemustern und/oder Tonfall, Lautstärke und Sprechtempo

Spiegeltechniken

Über-Kreuz-Spiegeln (Switching)

Führen (Leading)

Der Gedanke des Nachahmens von Aussagen wurde schon besprochen. Die Verwendung von Aussagemustern zeigt dem Lehrer, ob V-, A- oder K-Aktivitäten für den betreffenden Schüler am geeignetsten sind. Aussagen nachzuahmen ist darüber hinaus ein Weg, um Rapport aufzubauen. Tonfall, Lautstärke und Sprechtempo von Schülern nachzuahmen oder zu spiegeln ist gleichfalls ein Weg zum Aufbau von Rapport. Eine weitere Möglichkeit ist es, auf den *Inhalt* von Gesprächen und Diskussionen der Schüler einzugehen.

Die Anwendung von Spiegeltechniken zum Aufbau von Rapport besteht in der subtilen Nachahmung von einem oder mehreren der folgenden Zugangshinweise: Augenbewegungen, Gesichtsausdruck, Gesten und Körperhaltung. Falls es einem Schüler auffällt, daß Sie Spiegeltechniken bei ihm anwenden, ist es hilfreich, eine Erklärung bereitzuhalten: "Ich war so interessiert an dem, was du sagtest, daß ich gar nicht merkte, was ich tat."

"Über-Kreuz-Spiegeln" (Switching) bedeutet, daß der Lehrer zum Zweck des Spiegelns *ein* sensorisches System nachahmt, indem er *ein anderes* benutzt. Ein Beispiel für diese Art des indirekten Spiegelns wäre etwa, das Sprechtempo des Schülers (auditive Repräsentation) nachzuahmen, indem man einen Finger oder einen Bleistift im gleichen Rhythmus bewegt oder mit dem Kopf nickt (visuelle Repräsentation). Ein anderes Beispiel für das Über-Kreuz-Spiegeln wäre, den Atem des Schülers (kinästhetische Repräsentation) nachzuahmen, indem man mit dem Fuß klopft, eine Hand bewegt (visuelle Repräsentation) oder hörbar mitatmet (auditive Repräsentation).

Ziel des Pacing ist es, Rapport zu dem Schüler aufzubauen. Um festzustellen, ob dies erreicht wurde, ändert der Lehrer sein Verhalten auf subtile Art. Diese Änderung wird als "Führen" (Leading) bezeichnet. Wenn ein Lehrer zum Beispiel Aussagen nachahmt, wäre ein Beispiel für das "Leading" in diesem Kontext, plötzlich Aussagemuster aus einem anderen sensorischen System zu verwenden. Wenn dann der Schüler ebenfalls anfängt, Aussagen aus dem neuen sensorischen System zu verwenden, weiß der Lehrer, daß er Rapport aufgebaut hat. Das gleiche gilt für die Nachahmung von Tonfall, Sprechtempo oder Tonhöhe. Wenn eine Veränderung einer dieser drei Zugangshinweise vom Schüler mit der gleichen Veränderung beantwortet wird, so ist das ein Anzeichen von Rapport.

Wenn die Schüler dem Leading des Lehrers nicht folgen, hat der Lehrer mehrere Möglichkeiten. Er kann versuchen, erneut Rapport aufzubauen, indem er das gleiche sensorische System auf die gleiche Art längere Zeit nachahmt, ehe er erneut zu "leaden" versucht. Er kann ein anderes sensorisches System spiegeln und leaden, oder er kann das Switching anwenden. Denken Sie aber daran: Wenn das Leading nicht funktioniert, obwohl Sie geraume Zeit eine Spiegeltechnik verwandt haben, müssen Sie *etwas anderes tun*, zum Beispiel ein anderes sensorisches System nachahmen.

In gleicher Weise kann auch beim Switching vorgegangen werden. Der Lehrer ahmt etwa den Atem eines Schülers nach, indem er bei jedem Atemzug des Schülers den Zeigefinger leicht bewegt. Um den Rapport durch Leading zu überprüfen, bewegt er seinen Finger etwas schneller (falls der Atem tief und langsam ist) oder etwas langsamer (falls der Atem schnell und flach ist). Wenn der Schüler auf diese subtile Veränderung antwortet, ist sich der Lehrer des Rapports sicher.

Ein Lehrer will zum Beispiel einem Schüler helfen, der beim Lernen eines bestimmten Stoffes Probleme hat. Ein Gespräch ist anberaumt, oder der Lehrer nimmt sich während des Unterrichts Zeit für den Schüler, um das Problem zu diskutieren. Das erste Ziel des Lehrers besteht darin, Rapport aufzubauen. Er hat die Möglichkeit, eine oder mehrere oder alle Pacing-Techniken anzuwenden. Meist werden eine oder zwei genügen, und der Lehrer kann den Rapport durch Leading überprüfen. Für die Zwecke dieses Beispiels soll hier jeder Typ des Pacing erläutert werden. Der Lehrer entscheidet sich für ein Gespräch, das von seinem Interesse an den Fortschritten des Schülers getragen wird. Als ersten Schritt des Aufbaus von Rapport ahmt er den Atem des Schülers nach, indem er eine Switching-Technik anwendet und zum Beispiel im Atemrhythmus des Schülers nickt. (Es ist generell zu empfehlen, den Atem mit einer Switching-Technik zu pacen, da die *direkte* Nachahmung den Lehrer in den *gleichen* Zustand geraten läßt, in dem der Schüler ist.) Nach ein paar Minuten des Pacing kann der Lehrer durch Veränderung des Rhythmus seines Nickens zum Leading übergehen und den Rapport überprüfen. Eine andere Möglichkeit bestünde darin, durch die Nachahmung der *Körperhaltung* des Schülers Rapport aufzubauen. Der Lehrer kann sich auch entschließen, die *Aussagen* des Schülers nachzuahmen. Der Schüler sagt: "Ich sehe nicht, wie das zu machen ist. Ich betrachte es von allen Seiten, aber ich komme nicht dahinter." Da die Aussagen visuell sind, gibt der Lehrer ihm Rückmeldung durch visuelle Aussagen: "Was könnte dir helfen, ein klares Bild davon zu gewinnen, wie die Arbeit zu schaffen ist?" Oder: "Was möchtest du sehen, um zu wissen, wie du vorzugehen hast?" Der Lehrer benutzt dabei Handbewegungen, um die Augen des Schülers in die entsprechende Richtung zu lenken. Wäre der Schüler ein normal organisierter Rechtshänder, lenkte der Lehrer dessen Augen nach oben rechts (V^k). (Die Handbewegung regt den Schüler zur Bewegung seiner Augen in die Stellung der visuellen Konstruktion an. Diese Bewegung hilft ihm, besser zu "sehen", wie die Arbeit zu bewältigen ist.) Zusätzliche Rückmeldungen oder Aussagen können folgen.

Möglicherweise verwendet der Schüler Aussagen aus *verschiedenen* Repräsentationssystemen: "Ich sehe nicht, wie das zu schaffen ist, obgleich ich Ihrer Erklärung aufmerksam zugehört habe. Ich bekomme die Dinge einfach nicht in den Griff." Der Lehrer kann sich entscheiden, Tonfall, Sprechtempo und Tonhöhe des Schülers, seinen Gesichtsausdruck oder seine auffälligsten Gesten nachzuahmen. Als Leading kann der Lehrer nach einiger Zeit die ursprüngliche Form des Pacing verändern. Folgt der Schüler diesem Schritt nicht, kann das Pacing entweder nach dem ursprünglichen Plan fortgesetzt werden, oder der Lehrer versucht es mit einer anderen Pacing-Technik. Lehrer, denen an einem wirkungsvollen Rapport mit einem bestimmten Schüler gelegen ist, können von einem oberflächlichen zu einem tieferen Rapport übergehen, indem sie zuerst die Körperhaltung des Schülers, dann seine Stimme, seine Aussagemuster und schließlich seinen Atem (durch Switching) nachahmen.

Bei einigem Geschick benötigt man zwischen dreißig Sekunden und fünf Minuten zum Aufbau von Rapport. Denken Sie daran, den Rapport die ganze Zeit über aufrechtzuerhalten. Periodisches Leading zeigt, ob der Rapport noch besteht.

Pacing einer Klasse oder einer Gruppe

Es ist möglich, einzelne Schüler innerhalb der Klasse durch Nachahmen ihrer Aussagen, ihres Tonfalles, ihres Sprechtempos und ihrer Tonhöhe zu pacen. Stellen Schüler Fragen und begleiten diese mit Gesten, kann der Lehrer sie pacen, indem er während seiner Antworten ihre Gesten nachahmt. Wenn es angebracht erscheint, kann er auch ihre Augenbewegungen lenken, um sie zum Eintritt in das eine oder andere der wichtigsten sensorischen Systeme anzuregen (V, A oder K).

Der Lehrer kann eine bestimmte Körperhaltung einnehmen und/oder eine Reihe von Gesten ausführen, wenn er die Lerngruppe in ein bestimmtes sensorisches System eintreten lassen möchte. Jedesmal wenn die Schüler Aussagen aus einem bestimmten sensorischen System verwenden, kann der Lehrer die diesem Repräsentationssystem entsprechende Körperhaltung einnehmen und die dazugehörigen Gesten ausführen. Auch auf diese Weise ergibt sich ein Pacing der Schüler. Tonfall, Sprechtempo und Tonhöhe können in ähnlicher Weise benutzt werden. (Wenn sie in dieser Weise benutzt werden, wirken Körperhaltungen, Gesten, Tonfall, Sprechtempo und Lautstärke als "Anker". Das heißt, sie stellen einen Reiz dar, der bestimmte erwünschte Reaktionen hervorruft.)

Wenn der Lehrer auf die sensorischen Systeme der einzelnen Schüler achtet, kann er sie pacen, indem er Aktivitäten anbietet, die zu diesem sensorischen System passen, oder er kann in der Klasse Fragen stellen oder Bemerkungen machen, die die sensorischen Systeme ausgewählter Schüler nachahmen. (Da unsere Kultur dazu neigt, visuelle Informationsprozesse zu bevorzugen, sollte der Lehrer die visuelle Modalität seiner Schüler pacen, indem er mehr visuelle Informationen anbietet, statt sich zu sehr auf auditive Darbietungen zu verlassen.)

Der Lehrer kann auf vielerlei Arten Gruppen auf einen bestimmten Weg leiten. Eine Technik besteht darin, eine Klasse zu pacen mit Blick auf ihren Geräuschpegel, ihren Tonfall, ihre Bewegungen und Körperhaltungen oder Gesprächsinhalte. Wenn dann Rapport hergestellt ist, kann er als Leading wieder seine normale Lehrerstimme und seine normale Körperhaltung annehmen.

Pacing und Leading der Leiter einzelner Arbeitsgruppen kann dazu verhelfen, die Klasse besser in den Griff zu bekommen. Das Verhalten der Gruppenleiter kann vom Lehrer so gesteuert werden, daß er die Gruppe in der Hand behält, ohne daß der Gruppenleiter seine Funktion verliert.

Pacing und Leading sind leichter durchzuführen, wenn die Schüler nichts von Ihrer Absicht merken. Doch sind Pacing und Leading auch dann noch möglich, wenn der Schüler gemerkt hat, daß Sie es zum Aufbau von Rapport verwenden. Vielleicht möchten Sie die folgenden Übungen mit Ihrer Gruppe ausprobieren. Ich möchte Sie aber ermutigen, Versuche mit Pacing und Leading auch in weniger künstlichen Situationen durchzuführen.

**Übung 17:
Rapport aufbauen (Spiegeln)**

Ziel: Lernen, durch Nachahmung von Körperhaltung, Gesten, Gesichtsausdruck, Augenbewegungen, Aussagen, Tonfall, Sprechtempo und Tonhöhe Rapport aufzubauen.

A ist der Klient und verläßt den Raum.

Ergänzungsübung 17

Ziel: Mit einem Schüler Rapport herstellen.

Der Lehrer wählt eine Situation, in der es sich anbietet, einen einzelnen Schüler zu pacen. Er entscheidet sich für eine oder mehrere der folgenden Möglichkeiten, Rapport aufzubauen:

B entscheidet sich, eines oder mehrere der oben angeführten Merkmale nachzuahmen, und setzt C davon in Kenntnis.

B ruft A wieder herein und verwickelt ihn in ein Gespräch, in welchem er Pacing und Leading durchführt.

C beobachtet und überprüft, ob Rapport hergestellt ist.

Die Rollen tauschen.

Körperhaltung, Gesten, Gesichtsausdruck, Augenbewegungen, Aussagen, Tonfall, Sprechtempo oder Tonhöhe nachzuahmen.

Der Lehrer verwickelt den Schüler in ein Gespräch, in welchem er Pacing und Leading durchführt.

Der Rapport ist verifiziert, wenn der Schüler dem Leading des Lehrers folgt.

Übung 18:
Rapport aufbauen (Switching)

Ziel: Durch Switching Rapport aufbauen.

A ist der Klient und verläßt den Raum.

B entscheidet, was er durch Switching nachahmen will, und setzt C davon in Kenntnis.

B ruft A wieder herein und verwickelt ihn in ein Gespräch, in welchem er Pacing und Leading mit einer Switching-Technik durchführt.

C beobachtet und überprüft, ob Rapport hergestellt ist.

Die Rollen tauschen.

Ergänzungsübung 18

Ziel: Mit einem Schüler Rapport durch Switching aufbauen.

Der Lehrer wählt eine Situation, in der sich eine Gelegenheit ergeben kann, einen einzelnen Schüler zu pacen.

Der Lehrer entscheidet sich, wie er Rapport aufbauen will, verwickelt den Schüler in ein Gespräch und baut mit einer Switching-Technik Rapport auf. Den Erfolg verifiziert er durch Leading.

Übung 19:
Rapport aufbauen

Ziel: Durch Nachahmung von Tonfall, Sprechtempo, Klangfarbe, Intonation, Wortbetonung und Wortwahl Rapport aufbauen.

A sagt einen Satz.

B wiederholt den Satz, wobei er Tonfall, Sprechtempo, Klangfarbe, Intonation, Betonung und Wortwahl nachahmt, bis C signalisiert, daß die Nachahmung gelungen ist.

C beobachtet und fungiert als Schiedsrichter.

A sagt drei Sätze hintereinander, die B wiederholt.

Die Rollen tauschen.

Ergänzungsübung 19

Ziel: Auf subtile Weise Rapport aufbauen durch Nachahmung von Tonfall, Sprechtempo, Klangfarbe und Intonation eines Schülers.

Der Lehrer wählt eine Situation, in der es sinnvoll erscheint, einen einzelnen Schüler zu pacen.

Er verwickelt den Schüler in ein Gespräch und paced ihn auf subtile Weise, indem er Tonfall, Sprechtempo, Klangfarbe und Intonation spiegelt. Dann verifiziert er durch Leading den Aufbau von Rapport.

Zusammenfassung

Pacing kann im Nachahmen von Tonfall, Lautstärke oder Sprechtempo, im Spiegeln von Augenbewegungen, Gesichtsausdruck, Gesten, von Atem und Körperhaltung sowie im Switching (bei dem ein sensorisches System benutzt wird, um ein anderes nachzuahmen) bestehen. Leading dient zur Überprüfung, ob Rapport hergestellt ist. Leading bedeutet, daß der Lehrer eine Verhaltensweise, die er durch Pacing nachgeahmt hat, auf subtile Weise verändert. Wenn der Schüler dem Leading des Lehrers folgt, dann ist der Rapport etabliert.

Der Aufbau von Rapport durch Pacing stellt für den Lehrer ein Hilfsmittel dar, um ...

> ... den Widerstand eines Schülers abzubauen,
>
> ... die Klasse besser in den Giff zu bekommen,
>
> ... Schüler auf die Installation neuer Lernstrategien vorzubereiten,
>
> ... die Schüler in neue Lernsituationen zu führen.

Pacing hilft, die Schüler in einen physiologischen Zustand größerer Lernbereitschaft zu versetzen.

Kapitel 10

Kalibrieren

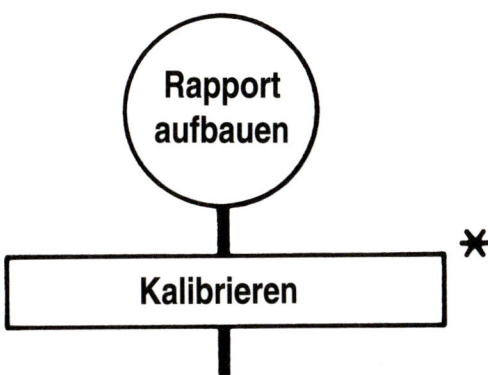

Das Leben bietet uns unzählige Gelegenheiten, Daten zu interpretieren und die Genauigkeit unserer Interpretationen zu überprüfen. Jeder Handwerker entdeckt schnell, daß Standardschrauben für Maßarbeiten nicht geeignet sind. Jäger wissen, daß Munition nur für solche Gewehre verwendet werden kann, deren Kaliber zu dieser Munition paßt. Tachometer, die die Geschwindigkeit nicht genau anzeigen, können zu unangepaßter Geschwindigkeit verleiten und einen Strafzettel einbringen. Bei einem Thermometer, das sowohl eine Celsius- als auch eine Fahrenheitskala hat, auf der falschen Seite abzulesen, kann vorübergehende Verwirrung stiften. Falsch ermittelte Daten oder die Unfähigkeit, aus den verfügbaren sensorischen Daten Schlüsse zu ziehen, sind sogar noch bedenklicher im Kontext menschlicher Beziehungen. Schülern, die bei der Rechtschreibung Schwierigkeiten haben, fehlt vielleicht eine visuelle Komponente in ihrer Rechtschreibstrategie. Ein Lehrer, der Übung im Kalibrieren unwillkürlicher Augenbewegungen hat, kann schnell feststellen, ob einem Schüler eine solche Komponente fehlt, und kann ihm dann zu Veränderungen verhelfen, die zu einer verbesserten Rechtschreibung führen. Die Fähigkeit, die "wahre" Botschaft zu erfassen, die die Menschen mit ihrem sensorischen Feedback vermitteln, unterscheidet den Amateur vom Fachmann.

Worum geht es?

Was ist "Kalibrieren", und warum ist es notwendig?

Der Ausdruck "Kalibrieren" bezieht sich auf die Fähigkeit, nonverbales Feedback zu entziffern und sich mit dem internen Zustand eines Menschen in Beziehung zu setzen. Kalibrieren ist von wesentlicher Bedeutung für einen guten Kommunikator. Dieses Kapitel befaßt sich hauptsächlich mit der Deutung unwillkürlicher Augenbewegungen, um festzustellen, welches interne sensorische System ein Schüler in einer bestimmten Situation benutzt. (Zur Wiederholung der Augenbewegungsmuster können Sie Abb. 3 auf S. 50 zu Rate ziehen.) Sobald Rapport aufgebaut ist, bestimmen Sie im nächsten Schritt die Augenbewegungsmuster des Schülers. Eine Möglichkeit, diese Muster zu identifizieren, besteht darin, dem Schüler bestimmte Fragen zu stellen und zu beobachten, mit welchen unwillkürlichen Augenbewegungen er darauf antwortet. Hier einige Beispiele von Fragen zur Bestimmung der visuellen Zugangshinweise eines Schülers. Die Fragen brauchen nicht verbal beantwortet zu werden.

1. **V^{er}:** Wie heißt der Film, den du zuletzt gesehen hast?

   Wie heißt das Buch, das du gerade liest?

   Welche Farbe haben die Augen deines besten Freundes?

   Welches ist dein Lieblingsgericht?

2. **V^{k}:** Wie würdest du aussehen, wenn du orangefarbenes Haar hättest?

   Wie würde es aussehen, wenn du auf meinen Platz säßest?

   Nimm an, du solltest dein eigenes Haus oder dein eigenes Auto zeichnen. Wie würde das aussehen?

3. **A^{er}:** Welche Musik magst du am liebsten?

   Welcher von deinen Freunden hat die lauteste Stimme?

   Welches Musikinstrument klingt für dich am schönsten?

4. **A^{k}:** Wie würde sich die Stimme deines Vaters anhören, wenn er im gleichen Tonfall wie deine Mutter spräche?

   Der Bundeskanzler hat gerade angerufen und dich gebeten, ihm sofort eine Beurteilung seiner Wirtschaftspolitik zu geben. Was würdest du ihm sagen?

5. **A$^{i}_{d}$:** Höre dich selbst, wie du einem Freund einen besonders schönen Augenblick beschreibst.

   Höre dich selbst, wie du jemand anders von einem Lernerfolg erzählst.

   Höre dir zu, wie du jemandem den Weg zu deinem Haus beschreibst.

6. **K:** Wie fühlst du dich spät nachts?

   Wie fühlt sich Katzenfell an?

   Wie fühlt sich Stahlwolle an?

Wenn Sie noch Schwierigkeiten haben, die Augenbewegungsmuster von Schülern mit diesen Fragen zu bestimmen, versuchen Sie es mit einer der folgenden Methoden. Eine Methode ist, komplexere Fragen zu stellen. Wenn ein Schüler zum Beispiel einen Filmtitel nennt, ohne die Augen nach oben links oder oben rechts zu bewegen, könnte eine komplexere Frage die gewünschte Information liefern, etwa: "War der Film X der erste oder der zweite Film, den du in den letzten beiden Monaten gesehen hast?"

Ein anderer Weg, die Augenbewegungsmuster zu bestimmen, ist der, den Schüler zu bitten, seine Augen nach oben rechts oder nach oben links zu bewegen, und ihn zu fragen, in welcher Augenstellung es für ihn leichter ist, sich an den Film zu erinnern. "Ist es leichter, dich an eine Filmszene zu erinnern, wenn du die Augen nach hier (man zeigt die Richtung) oder nach hier bewegst?" Diese Befragung kann für jedes Augenbewegungsmuster durchgeführt werden. In den meisten Fällen (etwa 90 bis 95 Prozent) genügt es aber, die Augenbewegung in einer Richtung zu identifizieren. Die Bedeutung der Bewegung in der anderen Richtung ergibt sich dann von selbst. Falls die Bewegungsmuster wechseln, muß natürlich eine vollständige Kalibrierung durchgeführt werden, um die Augenbewegungsmuster dieses Schülers zu bestimmen.

Die Augenbewegungsmuster einiger weniger Rechtshänder können von dem Diagramm der Abb. 3 abweichen, das ja nur für die Mehrheit der Rechtshänder gilt. Bedenken Sie aber stets, daß die Muster bei ein und demselben Schüler immer gleich bleiben. Wenn man die Bedeutung der unwillkürlichen Augenbewegungen eines Schülers kennt, weiß man eine Menge darüber, wie er Informationen verarbeitet und wie er lernt.

Kalibrieren von Grundschülern

Vielleicht der einfachste Weg, Grundschüler (und die meisten anderen Schüler wahrscheinlich ebenfalls) zu kalibrieren, ist, sie in ein Gespräch zu verwickeln. Meist kann der Lehrer Kalibrierungsfragen in das Gespräch einfließen lassen, ohne daß seine Absicht durchschaut wird. Wenn nötig, können die oben empfohlenen, eher formalen Fragen und Techniken angewandt werden.

Übung 20: Kalibrieren lernen

Ziel: Die sensorische Unterscheidungsfähigkeit steigern.

Phase I

A wählt einen Menschen aus, den er gern hat, und gibt ein Zeichen, wenn er an diesen Menschen denkt. (Er nennt weder den Namen, noch beschreibt er den Menschen.)

B beobachtet die kleinen Veränderungen in Atem, Haltung, Gesichtsausdruck, Augenbewegungen, Gesichtsfarbe usw. bei A und kalibriert sein sensorisches Feedback.

A wählt einen Menschen, den er nicht leiden kann, und gibt wieder ein Zeichen, wenn er an diesen Menschen denkt. (Er nennt weder den Namen, noch beschreibt er den Menschen.)

B kalibriert das sensorische Feedback von A.

A vergegenwärtigt jeden der beiden Menschen so oft, wie B das Bedürfnis hat zu kalibrieren.

C beobachtet.

Phase II

B stellt A eine Reihe vergleichender Fragen. Zum Beispiel:

Ergänzungsübung 20

Ziel: Sensorische Unterscheidungsfähigkeit in der Klasse anwenden.

Der Lehrer wählt einige Schüler aus und beobachtet sie während eines Tages oder über eine ganze Woche.

Jedesmal, wenn die Schüler in deutlich erkennbare, verschiedene Zustände eintreten, vergleicht der Lehrer ihr sensorisches Feedback.

Wie unterscheiden sich ihre Physiologien in den jeweiligen Zuständen voneinander?

"Welcher von beiden ist größer?"

"Welcher wirkt heiterer?"

"Welcher hat dunkleres Haar?"

A antwortet nicht verbal, sondern denkt darüber nach, wen er auf diese Frage am ehesten nennen würde.

B und C beobachten die sensorische Antwort von A und notieren bei jeder Frage, an wen A ihrer Meinung nach denkt.

(A kann sich zunächst jeden der beiden vergegenwärtigen, um zu sehen, welcher am ehesten auf diese Frage zu nennen wäre, und wenn er sich entschieden hat, kann er etwa mit dem Kopf nicken.)

B und C vergleichen ihre Vermutungen mit der Antwort von A.

(Um diese Übung etwas schwieriger zu machen, können Sie Menschen wählen, die Ihnen nur bis zu einem gewissen Grade sympathisch oder unsympathisch sind. Die sensorischen Veränderungen werden dann subtiler sein.)

Die Rollen tauschen.

Übung 21: Kalibrieren lernen

Ziel: *Sensorisches Feedback kalibrieren lernen.*

A ist der Klient.

B steht oder sitzt A gegenüber und hält seine Hände.

C beobachtet.

A visualisiert drei verschiedene Erlebnisse. Bei jedem neuen Erlebnis drückt er die Hände von B. B beobachtet und kalibriert das sensorische Feedback von A.

A geht die Erlebnisse noch einmal in der gleichen Reihenfolge durch.

A visualisiert jedes Erlebnis abermals, diesmal aber in anderer Reihenfolge.

B rät die richtige Reihenfolge der Erlebnisse. (C kann sagen, ob er mit B übereinstimmt.) A gibt die Reihenfolge der Erlebnisse an.

Ergänzungsübung 21

Ziel: *Die Kalibrierungsfähigkeit in der Klasse anwenden.*

Der Lehrer wählt einige Schüler aus und beobachtet sie während eines Tages oder über eine ganze Woche.

Jedesmal, wenn diese Schüler in neue, deutlich erkennbare, verschiedene Zustände eintreten, macht der Lehrer im Geiste eine Momentaufnahme der Zustandsänderung und notiert die sensorischen Veränderungen.

Zu einem späteren Zeitpunkt geht der Lehrer die Aufzeichnungen noch einmal durch und visualisiert die Schüler in ihren Zuständen in allen Einzelheiten. Der Lehrer verändert die Reihenfolge der Zustände und visualisiert die Schüler in ihren Zuständen aufs neue.

A visualisiert die Erlebnisse wieder in der ursprünglichen Reihenfolge.

B rät den Inhalt jedes Erlebnisses (was A seiner Meinung nach jeweils getan hat). A enthüllt Inhalt und Art jedes Erlebnisses.

Die Rollen tauschen.

Der Lehrer kopiert die Schüler bis auf das unscheinbarste sensorische Feedback, an das er sich erinnern kann.

Übung 22:
Augenbewegungen kalibrieren

Ziel: *Augenbewegungen kalibrieren lernen.*

B verwickelt A in ein Gespräch und identifiziert seine Augenbewegungen; oder:

B stellt A die folgenden Fragen und identifiziert seine Augenbewegungen.

V^{er}: *Wie heißt der Film, den Sie zuletzt gesehen haben?*

Welche Farbe hat Ihr Lieblingsgetränk?

V^{k}: *Wie würden Sie aussehen, wenn Sie als Superman gekleidet wären?*

Nehmen wir an, Sie sollten Ihren Klassenraum zeichnen. Wie würde das aussehen?

A^{er}: *Welche Art von Musik mögen Sie am liebsten?*

Welches Musikinstrument klingt für Sie am schönsten?

A^{k}: *Wie würde sich die Stimme Ihres Vaters anhören, wenn er im gleichen Tonfall wie Ihre Mutter spräche?*

Eine Mutter hat Sie soeben gebeten, die Leistungen ihres Sohnes zu beurteilen. Überlegen Sie sich, was Sie sagen würden.

A^{i}_{d}: *Hören Sie sich selbst einer Mutter sagen, welches Vergnügen es ist, ihren Sohn oder ihre Tochter in Ihrer Klasse zu haben.*

Hören Sie sich zu, wie Sie jemandem den Weg zu Ihrer Schule beschreiben.

K: *Wie fühlt sich trockenes Hafermehl an?*

Wie fühlt sich ein Hundebaby an?

Ergänzungsübung 22

Ziel: *Augenbewegungen der Schüler kalibrieren lernen.*

Der Lehrer verwickelt einige Schüler in ein Gespräch und bestimmt nacheinander ihre Augenbewegungsmuster.

Zusammenfassung

Die unwillkürlichen Augenbewegungen eines normal organisierten Rechtshänders, der den Beobachter ansieht, sind:

V^{er} — oben rechts

V^{k} — oben links

A^{er} — horizontal rechts

A^{k} — horizontal links

A^{i}_{d} — unten rechts

K — unten links

Kalibrierung, bei der man sich auf diese unwillkürlichen Augenbewegungsmuster einstimmt, kann durch spezifische Fragestellung und gleichzeitige Beobachtung der Augenbewegungen der Schüler erreicht werden. Die Kenntnis dieser Augenbewegungsmuster liefert hilfreiche Informationen für die Anwendung vieler Techniken, die in diesem Buch behandelt werden. Sie ist besonders wichtig beim Ermitteln und beim Installieren von Lernstrategien.

Kapitel 11

Wohlgeformte Zieldefinition

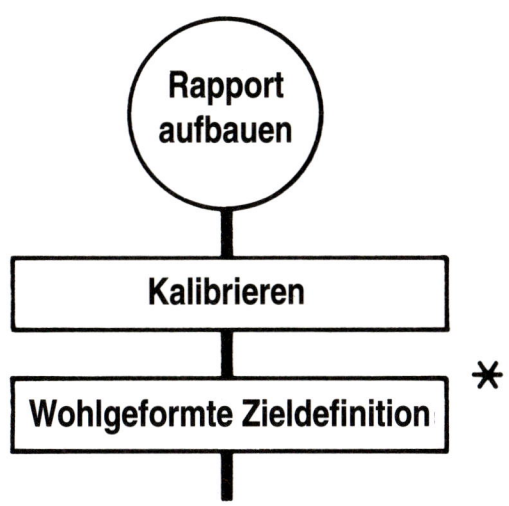

Der Meister sprach zu einer Gruppe von Lehrern. "Es ist ein Grunderfordernis nicht nur bei allen pädagogischen Bemühungen, sondern im Leben überhaupt", sagte er, "die gewünschten Ziele klar und deutlich zu bestimmen. Aufgrund meiner Fähigkeit, Menschen bei Veränderungsprozessen zu unterstützen, haben viele Lehrer und Schüler meinen Rat gesucht", fuhr er fort. "Dabei habe ich oft gemerkt, daß sie sich sogar in ihren eigenen Gedanken ihrer Ziele nicht eindeutig bewußt waren. Ist ein Ratsuchender sich nicht sicher, welche Ziele er verfolgt, ist es mein erstes Bestreben, ihm mit Fragen zu helfen, sich seiner Zielvorstellungen bewußt zu werden. Dadurch wird es für den Betreffenden oft erheblich leichter, seine Wünsche zu verwirklichen. Ich erinnere mich an eine Lehrerin, die eine Entscheidung darüber suchte, ob sie sich mit einem bestimmtem jungen Mann verloben solle oder nicht. Sie war unsicher, ob er 'der richtige' für sie sei oder ob sie noch zu jung und unreif für einen solch entscheidenden Schritt sei. Als wir alle ihre Gefühle durchgingen, um festzustellen, was sie sich denn eigentlich wünschte, wurde ihr bewußt, daß ihr ein klar umrissenes Bild von ihren Erwartungen an eine Ehe fehle. Also war sie natürlich unsicher, welchen Mann sie sich wünschen solle. Von besonderem Interesse war für mich die Veränderung, die allein durch den Umstand ausgelöst wurde, daß sie sich ihres Zieles bewußt geworden war. Sie war nun fähig, eine für sie segensreiche Entscheidung zu treffen.

Durch die Entwicklung einer wohlgeformten Zieldefinition", so schloß der Meister, "entpuppen sich problematische Situationen im Leben, die zunächst komplex und verwirrend zu sein scheinen, oftmals als ganz einfache Situationen, für die eine Lösung leicht zu finden ist."

Worum geht es?

Wie kann der Lehrer Schülern helfen, "wohlgeformte Ziele" zu definieren?

Ist der Rapport aufgebaut und das Kalibrieren erfolgt, besteht der nächste Schritt im Sammeln von Informationen über den gegenwärtigen und über den gewünschten Zustand der Schüler. Zugangshinweise können diese Informationen liefern. Meist wird die Technik der wohlgeformten Zieldefinition bei einzelnen Schülern eingesetzt und ist Teil einer Anwendung von Interventionstechniken. (Aber auch bei einer Gruppe oder einer Klasse kann die wohlgeformte Zieldefinition angewandt werden, um bei der Entwicklung von Zielen zu helfen.)

Folgende drei Bedingungen müssen die vom Schüler formulierten Ziele erfüllen: Die Ziele sollen positiv formuliert sein. Die Ziele sollen erreichbar sein. Die Ziele sollen zu den Lebensumständen des Schülers passen.

Zunächst sammelt der Lehrer Informationen. Vier der effektivsten Wege dazu sind:

- Fragen stellen, die das gewünschte Ziel oder den gewünschten Zustand bestimmen;

- Anzeichen für das Erreichen dieses Zustandes durch den Schüler ermitteln;

- Informationen über den Kontext suchen, in dem das Ziel angestrebt wird;

- Informationen suchen, die mit Sicherheit zeigen, ob der gewünschte Zustand zu den Lebensumständen des Schülers paßt.

Es folgen die Fragen:

1. Die Frage nach dem gewünschten Ziel:

"Was wünschst du dir?" Manchmal wird der Schüler in negativer Form antworten. (Beispiel: "Ich möchte vor dem Fußballspiel nicht so aufgeregt sein.") Der Lehrer kann den Schüler zu einer positiven Formulierung des gewünschten Zieles führen, indem er sagt: "Das möchtest du nicht. Was aber möchtest du?", oder indem er mit einer Rückmeldung antwortet, die den Kontext ins Positive wendet. (Beispiel: "Ich möchte vor dem Fußballspiel ganz entspannt sein.")

2. Die Frage nach den Anzeichen für das Erreichen des Ziels:

"Woran wirst du erkennen, daß du das Ziel erreicht hast?" Hier wird eine sensorische Information gesucht. Möchte der Schüler zum Beispiel ganz entspannt sein, wenn er an einem Wettkampf teilnimmt, so kann die sensorische Information, die das Erreichen des Zieles anzeigt, darin bestehen, daß er ein entspanntes Gefühl in seinem Bauch hätte, daß er fähig wäre, sich besser zu konzentrieren, daß er innerlich ruhig wäre oder daß den Wettkampfteilnehmern seine Ruhe auffiele.

Weitere Möglichkeiten, spezifische Anzeichen für das Erreichen eines Zieles zu ermitteln, bestehen in folgenden Fragen:

a) "Wenn du das angestrebte Ziel erreicht hast, was wirst du dann tun?"

Diese Frage regt den Schüler an, die Aufmersamkeit auf sein externes Verhalten zu konzentrieren (K^e).

b) "Wenn du dein Ziel erreicht hast, welche Gefühle wirst du dann haben?"

Diese Frage hilft dem Schüler, die Aufmerksamkeit auf seine internen Gefühle zu konzentrieren (K^i).

c) "Wenn du das Ziel erreicht hast, welche Gedanken kommen dir dann?"

Diese Frage lenkt die Aufmerksamkeit des Schülers auf seinen inneren Dialog (A^i_d).

Führen diese Fragen nicht zur notwendigen Klarheit, leiten Sie den Schüler zu einer expliziten Verhaltensdarstellung über, indem Sie sagen: "Zeig mir, wie du aussehen würdest, wenn du ... erreicht hättest."

Der Schüler kann nun durch sein Verhalten seinen Zustand bei Zielerreichung demonstrieren. Es kann für den Lehrer hilfreich sein, im Geiste eine Momentaufnahme dieses Zustandes zu machen, auf die er später zurückgreifen kann.

3. **Fragen nach dem Kontext:**

"Mit wem möchtest du dieses Ziel erreichen?" – "Wo möchtest du dieses Ziel erreichen?" – "Wann möchtest du dieses Ziel erreichen?"

Diese Fragen mögen selbstverständlich erscheinen, sie dienen aber dazu, die Möglichkeit falscher Vermutungen des Lehrers ("Gedankenlesen") auszuschalten.

4. **Fragen zu den Lebensumständen:**

"Welche Vorteile ergeben sich durch die Veränderung?" – "Welche Nachteile ergeben sich durch die Veränderung?" (Die Veränderung bringt immer auch Nachteile mit sich.)

Diese Fragen sollen sicherstellen, daß das angestrebte Ziel zu den Lebensumständen des Schülers paßt. (Eine vereinfachte Zusammenfassung der Fragen zur wohlgeformten Zieldefinition finden Sie im Anhang auf S. 212.)

Grundschülern bei der Identifikation gewünschter Ziele helfen

Manche Grundschüler werden die Fragen nach ihrem Ziel ohne weiteres beantworten können. Für diejenigen, die mit den Fragen Schwierigkeiten haben, kann der Lehrer diese sprachlich vereinfachen. Eine andere Möglichkeit besteht darin, mit einer Klasse über Ziele und ihre Erreichbarkeit zu diskutieren.

Bei der Erklärung von Zielen könnte der Lehrer etwa frühere Ziele, die die Schüler bereits verwirklicht haben, ermitteln und diskutieren. Die Diskussion solcher Ziele sollte so konkret und und realistisch wie möglich erfolgen. Dabei könnte und sollte die Beziehung der sensorischen Systeme zu dem Ziel verdeutlicht werden. Man kann die Schüler fragen, was sie gesehen, gehört, gefühlt (und ggf. gerochen und geschmeckt) haben. Dann können die Schüler zur Diskussion ihrer gegenwärtigen Ziele geführt werden, wobei sie diese immer möglichst genau beschreiben sollen. Richten Sie die Aufmerksamkeit der Schüler wiederum auf das, was sie sehen, hören, fühlen (und ggf. riechen und schmecken). Benutzen Sie das dominante sensorische System der Kinder, indem Sie sie veranlassen, ein Bild zu malen (visuell) und/oder über das Ziel zu schreiben (visuell-kinästhetisch), mit einem Freund über ihr Ziel zu sprechen (auditiv) oder ihr Ziel anschaulich darzustellen (kinästhetisch).

Fragen nach den Anzeichen für das Erreichen der Ziele können in ähnlicher Weise behandelt werden. Im Gespräch über ein früher schon erreichtes Ziel könnte der Lehrer die sensorischen Informationen abfragen, die den Schülern anzeigten, daß sie ihr damaliges Ziel erreicht hatten. Diese Wahrnehmung kann auf das gegenwärtige Ziel übertragen werden. Der Lehrer könnte die beiden Ziele vergleichen, dabei die sensorischen Indikatoren besonders hervorheben und den Schülern dann helfen, die sensorischen Anzeichen für ihr gegenwärtiges Ziel zu ermitteln.

Die Frage nach den Lebensumständen der Schüler könnte durch eine Diskussion der mit dem Erreichen eines früheren Zieles verbundenen Vor- und Nachteile verbunden werden. Wenn diese herausgearbeitet wurden, kann dieser Vorgang auf das gegenwärtige Ziel der Kinder übertragen werden. Dadurch wird es den Kindern leichter fallen, Vor- und Nachteile ihres gegenwärtigen Zieles zu ermitteln.

Übung 23: Zustandsveränderung

Ziel: *Lernen, Schüler in einen bestimmten, gewünschten Zustand zu versetzen.*

A wählt einen bestimmten Zustand aus (Einverständnis, Glücksgefühl usw.) und nennt B diesen Zustand.

B demonstriert C seine Vorstellung von diesem Zustand, während A beiseite geht.

A versucht drei Minuten lang mit verschiedenen Mitteln, B in diesen Zustand zu versetzen.

C steht hinter B und benutzt das "Handbarometer", um A zu steuern.

(Zur Erläuterung: Für ein Handbarometer streckt C einen Arm waagerecht aus und winkelt ihn im Ellbogen so ab, daß die Hand senkrecht nach oben zeigt. Seine andere Hand bewegt sich, Handfläche nach unten, zwischen Ellbogen und Handgelenk auf und ab. Dieses Zeichen dient als Maßstab, um A zu zeigen, wie weit sich B dem Zielzustand nähert. Die Hand wandert um so höher, je besser es A gelingt, B in den Zustand zu versetzen.)

Übung 24: "Als-ob"-Zielübung

Ziel: *Die Zielzustände der Schüler verändern lernen und die eigene Flexibilität steigern.*

A wählt ein Ziel und nennt B und C den diesem Ziel entsprechenden Zustand. B demonstriert ihn.

A verändert den Zustand von B fünf Minuten lang mit möglichst vielen verschiedenen Mitteln. (Dies kann durch direkte Manipulation geschehen oder durch Aussagen wie: "Haben Sie je ...?" oder: "Wen kennen Sie, der ... darstellt?")

C steht hinter B und benutzt das Handbarometer, um den Erfolg der Veränderungsbemühungen anzuzeigen.

Ergänzungsübung 23

Ziel: *Zielzustände bei Schülern verwirklichen.*

Der Lehrer wählt einen oder mehrere Schüler aus. Er bestimmt einen gewünschten Zustand und versetzt den oder die Schüler mindestens einmal an diesem Tag oder innerhalb der betreffenden Unterrichtsperiode in diesen Zustand. Er kann verschiedene ihm zur Verfügung stehende Mittel anwenden, um das von ihm angestrebte Ziel zu erreichen.

Als weitergehende Aufgabe kann der Lehrer eine größere Schülergruppe oder eine ganze Klasse in bestimmte gewünschte Zustände versetzen.

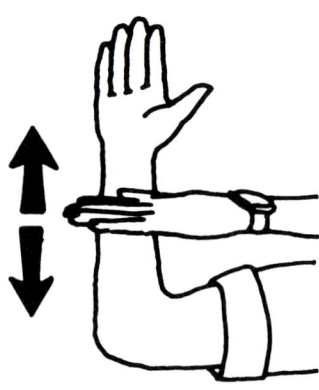

Abb. 6: Handbarometer

Ergänzungsübung 24

Ziel: *Das Verändern eines vom Schüler gewünschten Zielzustandes in der Klasse.*

Der Lehrer wählt einen Schüler aus und läßt ihn ein beliebiges Ziel formulieren. Der Schüler demonstriert dem Lehrer den damit verbundenen physiologischen Zustand.

Der Lehrer verändert den Zielzustand fünf Minuten lang mit möglichst vielen verschiedenen Mitteln.

Übung 25: "Als-ob"-Zielübung

Ziel: Den "Als-ob"-Zielzustand anwenden lernen.

Phase I

A schreibt sechs persönliche Probleme auf die eine Seite eines zusammengefalteten Blattes. Dann wählt er eines dieser Probleme aus.

B stellt A folgende Fragen:

"Warum haben Sie dieses Problem?"
"Wer verursacht es?"
"Wer ist schuld daran?"
"Welche Hindernisse oder Beschränkungen behindern die Lösung des Problems?"

C beobachtet.

Phase II

A wählt das gleiche Problem.

B stellt die folgenden Fragen und notiert die sensorischen Veränderungen bei A zwischen seinem gegenwärtigen und dem Zielzustand. B tut so, "als ob" das Problem schon gelöst wäre.

"Welche(s) Ziel(e) haben Sie schon erreicht?"
"Welche Ressourcen haben Sie herangezogen, die ihnen ermöglichten, das Ziel zu erreichen?"
"Was genau hat Ihnen gezeigt, daß Sie das Ziel erreicht haben?" ("Woher wissen Sie jetzt, daß Sie Erfolg gehabt haben?")
"Welche neuen Möglichkeiten haben Sie jetzt?"
"Was war der erste Schritt auf dem Weg zum Ziel?"

Phase III

A schreibt auf die andere Seite des gefalteten Blattes das potentielle Ziel (den Zielzustand) zu jedem der sechs Probleme. Dann beschreibt er jedes der gewünschten Ziele mit Worten.

B achtet auf die sensorischen Anzeichen, die die jeweilige Zielbeschreibung begleiten.

Falls die Ziele modifiziert worden sind, hält C die Modifikation schriftlich fest.

C faßt alle sechs Problemlösungskomplexe zusammen und fragt dann A nach den Vor- und Nachteilen einer jeden Lösung.

Ergänzungsübung 25

Ziel: Die "Als-ob"-Technik in der Klasse anwenden lernen.

Der Lehrer wählt einen Schüler aus, der daran interessiert ist, einen Aspekt seines Verhaltens zu verändern. Nachdem das gewünschte Ziel definiert ist, kann der Lehrer sagen:

"Wir wollen so tun, als ob wir jetzt schon drei Monate weiter wären. Welche Ziele hast du erreicht?"

"Welche Ressourcen hast du herangezogen, die dir das Erreichen dieser Ziele ermöglichten?"

"Welche Möglichkeiten gibt es jetzt?"

"Was war der erste Schritt, den du auf das gewünschte Ziel hin getan hast?"

Wenn sich – als Resultat der Fragen – das Ziel verändert, helfen Sie dem Schüler, sich dessen bewußt zu werden.

Übung 26: Ermitteln eines wohlge-formten Zieles (Future pacing)

Ziel: Durch Future pacing ein wohlgeformtes Ziel entwickeln lernen.

A nennt ein Ziel.

B greift diese Aussage auf und stellt – als Future pacing – folgende Fragen:

"Ist es das, was Sie sich gewünscht haben?"

"Da Sie jetzt ... erreicht haben:

Welche Nachteile haben Sie erlebt?

Wie haben Sie sich verändert?

Wie geht es Ihnen jetzt?

Hat Ihnen dies auf irgendeine Weise geholfen?"

(Während dieses Prozesses kann A möglicher-weise seine Zieldefinition ändern.) C notiert die Aussagen von A über das zuerst und über das zum Schluß genannte Ziel. C weist alle irrelevan-ten Aussagen zurück und stellt sicher, daß sich A und B in der Zukunft befinden.

Ergänzungsübung 26

Ziel: Bei einem Schüler durch Future pacing ein wohlgeformtes Ziel ermitteln.

Der Lehrer wählt einen Schüler aus, der einen Aspekt seines Verhaltens verändern möchte. Er läßt den Schüler ein Ziel nennen und hält dieses schriftlich fest. Er greift die Aussage über das Ziel auf und stellt dem Schüler – als Future pacing – folgende Fragen:

"Da du jetzt ... erreicht hast:

Welche Nachteile hast du erlebt?

Wie hast du dich verändert?

Wie geht es dir jetzt?

Hat dir dies auf irgendeine Weise geholfen?"

Dieser Prozeß kann zu einer Änderung des Zieles führen. Jede Änderung kann durch einen Ver-gleich des erreichten mit dem ursprünglich genannten Ziel ermittelt werden.

Übung 27: Ermitteln eines wohlgeformten Zieles

Ziel: Ein wohlgeformtes Ziel ermitteln.

B veranlaßt A zu einer positiven Aussage über ein Ziel, indem er fragt: "Was wünschen Sie sich?"

Wenn nötig, hilft B A, die Aussage positiv zu formulieren.

B ermittelt sensorische Informationen durch die Frage:

"Woran würden Sie erkennen, daß Sie es erreicht haben?"

Wenn nötig, kann B folgende drei Fragen stellen:

"Wenn Sie das gewünschte Ziel erreicht haben, was tun Sie dann ?"

"Wenn Sie das gewünschte Ziel erreicht haben, welche Gefühle haben Sie dann?"

Ergänzungsübung 27

Ziel: Bei einem Schüler ein wohlgeformtes Ziel ermitteln.

Der Lehrer wählt einen Schüler aus, der eine Veränderung seines Verhaltens anstrebt.

Er veranlaßt ihn zu einer positiven Aussage über das gewünschte Ziel, indem er folgende Fragen stellt:

"Was wünschst du dir?"

"Woran würdest du erkennen, daß du es (das Ziel) erreicht hast?"

Wenn nötig, kann der Lehrer folgende drei Fragen stellen:

"Wenn du das gewünschte Ziel erreicht hast, was tust du dann?"

"Wenn Sie das gewünschte Ziel erreicht haben, welche Gedanken kommen Ihnen dann?"

Wenn nötig, läßt B den Zustand durch A demonstrieren und ermittelt die notwendigen sensorischen Anzeichen durch Beobachtung von A.

B stellt die Fragen nach dem Kontext:

"Mit wem möchten Sie dieses Ziel erreichen?"

"Wo möchten Sie dieses Ziel erreichen?"

"Wann möchten Sie dieses Ziel erreichen?"

B stellt A die Fragen zu den Lebensumständen:

"Welche Vorteile ergeben sich durch die Veränderungen?"

"Welche Nachteile ergeben sich durch die Veränderungen?"

"Wenn du das gewünschte Ziel erreicht hast, welche Gefühle hast du dann?"

"Wenn du das gewünschte Ziel erreicht hast, welche Gedanken kommen dir dann?"

Wenn nötig, kann der Lehrer den Zielzustand durch den Schüler demonstrieren lassen und die notwendigen sensorischen Anzeichen ermitteln, indem er den Schüler bittet:

"Zeig mir, wie du aussehen würdest, wenn du ... erreicht hättest."

Dann stellt der Lehrer die Fragen nach dem Kontext:

"Mit wem möchtest du dieses Ziel erreichen?"

"Wo möchtest du dieses Ziel erreichen?"

"Wann möchtest du dieses Ziel erreichen?"

Die abschließenden Fragen sind die zu den Lebensumständen:

"Welche Vorteile ergeben sich durch die Veränderung?"

"Welche Nachteile ergeben sich durch die Veränderung?"

Zusammenfassung

Wenn man den Schülern hilft, positive Ziele festzulegen, so trägt dies dazu bei, Zustände zu schaffen, in denen sie effektiver ihre gewünschten Ziele anstreben können. Die Schüler erkennen beispielsweise besser, welche Ressourcen sie brauchen, um die gewünschten Ziele zu erreichen; außerdem können sie umsichtigere Entscheidungen über die besten Wege zur Realisierung der gewünschten Ziele treffen. Die Hilfe zum Identifizieren positiver Ziele besteht darin, den Schülern eine Reihe von Fragen zu stellen, die als Leitlinien dienen. In manchen Fällen reichen die Fragen bereits aus, die gewünschten Veränderungen hervorzurufen, ohne daß man tiefergreifende Techniken zu Hilfe nehmen muß.

Kapitel 12

Das Informations-Gewinnungs-Modell

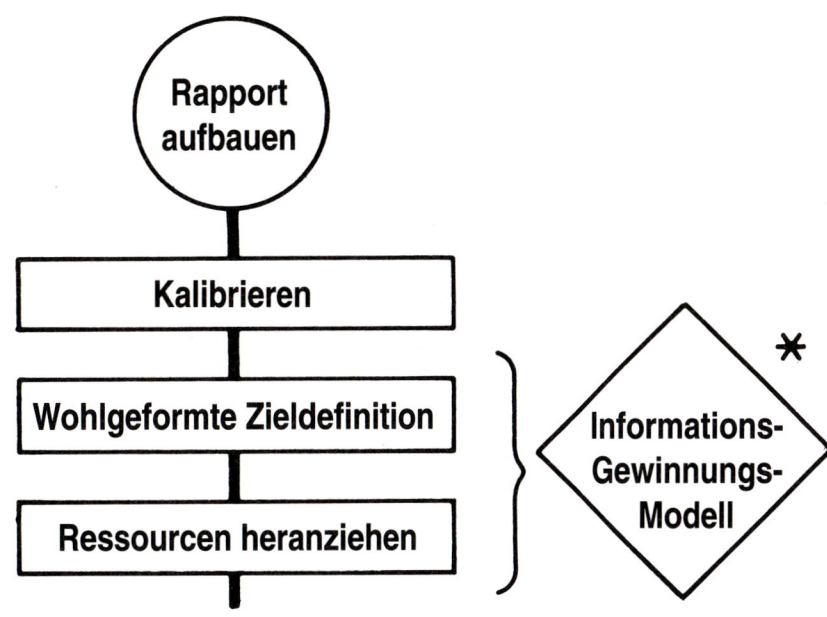

Der Lehrer bat die Schülerin, mit ihm über einige Probleme zu sprechen, die sie bei ihren Hausarbeiten hatte. In dem Gespräch erkannte der Lehrer, daß es persönliche Probleme waren, die die Schularbeiten des jungen Mädchens zu kurz kommen ließen. "Sie liebt mich überhaupt nicht mehr! Sie ist keine wirkliche Freundin! Sie macht mich ganz krank! Immer wenn ich mit ihr zusammen bin, behandelt sie mich wie ein Baby! Ich müßte eine andere Freundin finden!" Das waren typische Aussagen der Schülerin. Da sie in so allgemeinen Ausdrücken sprach, suchte der Lehrer ruhig und einfühlsam genauere Informationen von ihr zu erhalten. Auf diese Weise half er ihr, ihre Sprache mit ihren sensorischen Erfahrungen in Verbindung zu bringen, und nachdem dieser Prozeß eingesetzt hatte, entwickelte die Schülerin ein besseres Verständnis dafür, wie sie die Beziehung zu ihrer Freundin verbessern konnte. Bald darauf berichtete sie dem Lehrer, ihre Beziehung zu der Freundin sei jetzt "besser denn je". Die Tatsache, daß sie jetzt mit ihren Hausarbeiten rechtzeitig fertig wurde, bestätigte ihre Aussage.

Worum geht es?

Was ist das "Informations-Gewinnungs-Modell"? Wozu dient es? Wie wird es angewandt?

Jeder von uns schafft sich seine eigene Vorstellung, sein eigenes Modell von der Welt. Um diese Modelle zu erzeugen, muß unsere interne Erfahrung in ständiger Wechselbeziehung zu unserer externen oder sensorischen Erfahrung stehen. Die Sprache dient als Bindeglied zwischen unserer internen und unserer sensorischen Erfahrung. Das Informations-Gewinnungs-Modell (IG-Modell) benutzt linguistische Techniken zum Gewinnen von Informationen, um den Schülern zu helfen, ihre sensorischen Erfahrungen (Sinneswahrnehmungen) wieder mit ihrer Sprache in Verbindung zu bringen.

Abb. 7: IG-Modell

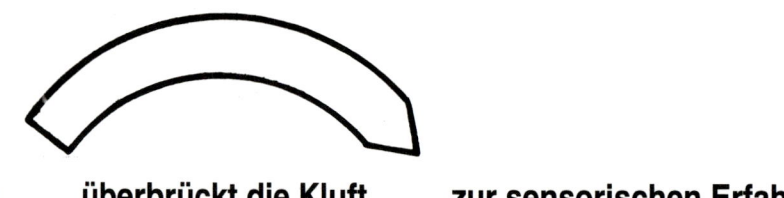

Sprache   überbrückt die Kluft   zur sensorischen Erfahrung.

Die Kluft zwischen der Sprache der Schüler und ihrer sensorischen Erfahrung kann überbrückt werden. Stellen Sie Gegenfragen, wenn Schüler unvollständig spezifizierte Substantive oder Verben, Universalquantoren, Modaloperatoren der Möglichkeit und der Notwendigkeit und Nominalisierungen verwenden. Diese Gegenfragen werden im Laufe dieses Kapitels eingestreut. Das IG-Modell kann auf dreifache Weise angewandt werden:

1. als eigenständiges Hilfsmittel,

2. als Teil des Verfahrens zur wohlgeformten Zieldefinition,

3. als Teil des Verfahrens zur Heranziehung von Ressourcen.

Die sensorischen Übungen am Ende des Kapitels zeigen Ihnen effiziente und schnelle Wege, automatische Antworten auf jede der folgenden Kategorien bereitzuhalten.

1. Unvollständig spezifizierte Substantive

Der Ausdruck "unvollständig spezifizierte Substantive" bedeutet, daß der Schüler unvollständig konkretisierte Personen, Orte oder Dinge in seinen Sätzen unterbringt. Die Gegenfragen des IG-Modells auf unvollständig spezifizierte Substantive lauten: "Wer genau?" oder "Was genau?" oder "Welche genau?"

Beispiel	**Gegenfrage**
"Die Leute sind sehr interessiert."	"Wer genau ist interessiert?"
"Sie sind sehr nett zu mir."	"Wer genau ist nett zu dir?"
"Diese Stadt ist die bedeutendste."	"Welche Stadt genau ist die bedeutendste?"
"Dieser Ort ist fürchterlich."	"Welcher Ort genau ist fürchterlich?"
"Die Sache ist auf dem besten Wege."	"Welche Sache genau ist auf dem besten Wege?"
"Diese Klasse ist sehr anregend."	"Welche Klasse genau ist anregend?"

Die Gegenfragen nötigen die Schüler, unvollständig spezifizierte Personen, Orte oder Dinge zu identifizieren und so eine inhaltlich genauere Darstellung ihrer Erfahrung zu geben.

2. Unvollständig spezifizierte Verben

Der Ausdruck "unvollständig spezifizierte Verben" bedeutet, daß in einem Satz Verben verwendet werden, die nicht eindeutig sind. Die Gegenfrage des IG-Modells auf unvollständig spezifizierte Verben ist: "Wie genau?"

Beispiel	**Gegenfrage**
"Wir haben ihn richtig gefoppt!"	"Wie genau habt ihr ihn gefoppt?"
"Sie ermuntern mich, Punkte zu machen."	"Wie genau ermuntern sie dich?"
"Er hat mich unterstützt."	"Wie genau?"

Die Gegenfrage nötigt die Schüler auch hier, eine inhaltlich genauere Darstellung zu geben.

3. Universalquantoren

Universalquantoren sind Wörter wie:

alle	niemand
jeder	niemals
immer	nichts.

Wenn Schüler Universalquantoren verwenden, neigen sie dazu, ihre Verallgemeinerungen so weit zu treiben, daß sie sich selbst aufheben. Die Gegenfrage des IG-Modells kann in zwei oder drei Antworten bestehen: in einer klanglichen Übertreibung des Universalquantors, zum Beispiel "Alle?", und zwei Fragen: "Hat es je einen Fall gegeben, wo das nicht so war?" oder "Hat es je einen Fall gegeben, wo das so war?"

Beispiel	**Gegenfrage**
"Wir sind alle gegangen."	"Alle?" oder "Kennst du jemanden, der nicht gegangen ist?"
"Das kann doch jeder sehen!"	"Absolut jeder kann das sehen?" oder "Kannst du dich an eine Zeit erinnern, in der jemand das nicht sehen konnte?"
"Jeder von uns sollte eine Menge Geld machen."	"Jeder von uns?" oder "Kannst du dich an einen ähnlichen Fall erinnern, in dem das nicht geschah?"
"Keiner von euch sollte das tun!"	"Keiner von uns?" oder "Kennst du irgend jemanden, der das tut?"

Durch Hinterfragen der Universalquantoren hilft der Lehrer den Schülern zu erkennen, daß sie noch mehr Wahlmöglichkeiten in Betracht ziehen müssen.

4. Modaloperatoren der Möglichkeit und der Notwendigkeit

Modaloperatoren der Möglichkeit deuten auf ein Gefühl, daß man unfähig ist, das zu tun, was man wünscht. Modaloperatoren der Notwendigkeit zeigen an, daß die Schüler ihrer Meinung nach keine andere Wahlmöglichkeit haben. Modaloperatoren der Möglichkeit und der Notwendigkeit sind:

Möglichkeit	**Notwendigkeit**
nicht können	müssen
unmöglich	notwendig
unfähig	unerläßlich
könnte nicht	sollte
keineswegs	gezwungen zu

Die Verwendung von Modaloperatoren beschränkt die Wahlfreiheit des einzelnen. Die Gegenfrage des IG-Modells auf Modaloperatoren der Möglichkeit ist: "Was hindert dich, zu ...?"

Die Gegenfragen auf Modaloperatoren der Notwendigkeit sind: "Was würde geschehen, wenn du ...?" und "Was würde geschehen, wenn du nicht ...?"

Beispiel	**Gegenfrage**
"Es ist unmöglich, diese Aufgabe termingerecht fertig zu machen."	"Was hindert dich daran, sie fertig zu machen?"
"Ich bin nicht imstande, die Anweisung genau zu erklären."	"Was hindert dich, sie zu erklären?"
"Ich muß beim nächsten Test eine Eins bekommen."	"Was würde geschehen, wenn es nicht so wäre?"
"Ich sollte diese Arbeit jetzt schreiben."	"Was würde geschehen, wenn du das tätest?"

Wie bei den Universalquantoren läßt das Hinterfragen der Modaloperatoren die Schüler erkennen, daß sie noch mehr Alternativen haben.

5. Nominalisierungen

Nominalisierungen sind substantivierte Verben. Die Gegenfrage des IG-Modells auf Nominalisierungen besteht darin, daß man das Substantiv wieder in ein Verb verwandelt.

Beispiel	**Gegenfrage**
"Ich brauche Liebe."	"Wie möchtest du geliebt werden?"
"Eine Aufregung ist das!"	"Inwiefern bist du aufgeregt?"
"Man nimmt gar keine Rücksicht auf mich!"	"Wie möchtest du berücksichtigt werden?"
"Tüchtigkeit ist das wichtigste."	"Wer ist tüchtig und inwiefern?"

Die Gegenfrage soll die Schüler erkennen lassen, daß, was sie als abgeschlossenes Ereignis ansehen, in Wirklichkeit ein andauernder Prozeß ist.

6. Ursache und Wirkung

Aussagen über Ursache und Wirkung zeigen an, daß Schüler, die sich so ausdrücken, der Meinung sind, die Handlung eines anderen habe ihr Gefühl beeinflußt und sie hätten nur eine begrenzte Antwortmöglichkeit in einer bestimmten Situation. Die Gegenfrage des IG-Modells auf Aussagen über Ursache und Wirkung lautet:

Beispiel	**Gegenfrage**
"Wenn Sie mich anlächeln, wird mein Tag gleich schöner."	"Wie macht mein Lächeln deinen Tag schöner?"
"Wenn Sie mich anschauen, möchte ich gleich fleißiger arbeiten."	"Wie geht das zu, daß mein Blick dich fleißiger arbeiten läßt?"
"Ihr Reden macht mich ganz krank."	"Wie macht mein Reden dich krank?"
"Sie überfordern mich."	"Wie überfordere ich dich?"

Das Hinterfragen von Aussagen über Ursache und Wirkung erlaubt es den Schülern, andere Antwortmöglichkeiten in Betracht zu ziehen.

Übung 28: Substantive im Plural und Verben in der Vergangenheit

Ziel: Substantive im Plural und Verben in der Vergangenheit identifizieren.

Phase I

A, B und C stellen jeder eine Liste von Substantiven im Plural und von Verben in der Vergangenheit zusammen und konstruieren Sätze mit Substantiven im Plural und solche mit Verben in der Vergangenheit.

B liest seine Liste von Sätzen mit Substantiven im Plural vor.

A hebt jedesmal, wenn ein Substantiv im Plural vorgelesen wird, den Zeigefinger seiner rechten Hand.

C achtet darauf, daß A richtig reagiert.

Phase II

B liest seine Liste von Sätzen mit Verben in der Vergangenheit vor.

A hebt jedesmal, wenn ein Verb in der Vergangenheit vorgelesen wird, den Mittelfinger seiner rechten Hand.

C beobachtet.

Ergänzungsübung 28

Ziel: Die Verwendung von Substantiven im Plural und Verben in der Vergangenheit durch Schüler identifizieren lernen.

Der Lehrer identifiziert Substantive im Plural und Verben in der Vergangenheit, so oft er kann, wenn die Schüler sie verwenden.

Wenn es für den Identifizierungsprozeß erforderlich ist, hebt der Lehrer jedesmal, wenn er ein Substantiv im Plural hört, den Zeigefinger seiner rechten Hand, und jedesmal, wenn er ein Verb in der Vergangenheit hört, den Mittelfinger der rechten Hand.

Phase III

B vermischt die Listen der Sätze mit Substantiven im Plural und Verben in der Vergangenheit.

A identifiziert die Substantive im Plural mit dem Zeigefinger und die Verben in der Vergangenheit mit dem Mittelfinger, sobald sie vorgelesen werden.

C beobachtet und berichtigt A, wenn nötig.

Die Rollen tauschen.

Übung 29: Fortsetzung zu Übung 28

Ziel: Die Identifizierung von Substantiven im Plural und Verben in der Vergangenheit fortführen.

Phase I

B liest seine Sätze mit Substantiven im Plural vor.

A hebt jedesmal, wenn ein Substantiv im Plural vorgelesen wird, den Zeigefinger seiner rechten Hand.

C beobachtet.

Phase II

B liest seine Sätze mit Verben in der Vergangenheit vor.

A hebt jedesmal, wenn ein Verb in der Vergangenheit vorgelesen wird, den Mittelfinger seiner rechten Hand.

C beobachtet wie in Phase I.

Phase III

B vermischt die Sätze mit Substantiven im Plural und Verben in der Vergangenheit.

A identifiziert die Substantive im Plural mit dem Zeigefinger und die Verben in der Vergangenheit mit dem Mittelfinger, sobald sie vorgelesen werden.

C beobachtet und berichtigt A, wenn nötig.

Die Rollen tauschen.

Ergänzungsübung 29

Wiederholung von Ergänzungsübung 28.

Übung 30: Universalquantoren und Modaloperatoren identifizieren

Ziel: Universalquantoren und Modaloperatoren identifizieren.

Phase I

B liest die folgende Liste von Universalquantoren zweimal vor:

alle
jeder
immer
niemand
nichts

A hebt jedesmal, wenn ein Universalquantor vorgelesen wird, den Ringfinger seiner rechten Hand.

C beobachtet.

Phase II

B liest die folgende Liste von Modaloperatoren der Möglichkeit und der Notwendigkeit zweimal vor:

Möglichkeit	Notwendigkeit
nicht können	müssen
unmöglich	notwendig
unfähig	unerläßlich
könnte nicht	sollte
keineswegs	keine andere Wahl

A hebt jedesmal, wenn ein Modaloperator vorgelesen wird, den kleinen Finger der rechten Hand.

C beobachtet.

Phase III

B bildet Sätze mit Universalquantoren und Modaloperatoren und vermischt dann die Sätze.

A identifiziert die Quantoren und die Operatoren, sobald sie auftauchen, durch Heben des entsprechenden Fingers.

C beobachtet und berichtigt A, wenn nötig.

Die Rollen tauschen.

Ergänzungsübung 30

Ziel: Die Verwendung von Universalquantoren und Modaloperatoren bei Schülern identifizieren lernen.

Der Lehrer identifiziert Universalquantoren und Modaloperatoren, so oft er kann, wenn die Schüler sie verwenden.

Wenn es für den Identifizierungsprozeß förderlich ist, hebt der Lehrer jedesmal, wenn er einen Universalquantor hört, den Ringfinger seiner rechten Hand, und jedesmal, wenn er einen Modaloperator hört, den kleinen Finger seiner rechten Hand leicht an.

Übung 31: Gegenfragen installieren

Ziel: Installieren von Gegenfragen auf Substantive im Plural und Verben in der Vergangenheit.

Phase I

A, B und C installieren, jeder für sich, die Gegenfragen auf Substantive im Plural am Zeigefinger ihrer linken Hand.

Jedesmal wenn sie sich selbst ein Substantiv im Plural vorgelesen haben, stellen sie die entsprechende Gegenfrage und heben gleichzeitig den Zeigefinger der linken Hand leicht an.

"Wer genau ...?" oder "Was genau ...?"

Phase II

A, B und C installieren, jeder für sich, die Gegenfragen auf Verben in der Vergangenheit am Mittelfinger der linken Hand.

Jedesmal wenn sie sich selbst ein Verb in der Vergangenheit vorgelesen haben, stellen sie die Gegenfrage und heben gleichzeitig den Mittelfinger der linken Hand leicht an.

"Wie genau ...?"

Ergänzungsübung 31

Ziel: Die Verwendung von Substantiven im Plural und Verben in der Vergangenheit bei Schülern hinterfragen.

Jedesmal wenn Schüler Substantive im Plural verwenden, stellt der Lehrer die entsprechende Gegenfrage:

"Wer genau ...?" oder

"Was genau ...?"

Jedesmal, wenn er ein Verb in der Vergangenheit hört, stellt er die Gegenfrage:

"Wie genau ...?"

Übung 32: Gegenfragen auf Universalquantoren und Modaloperatoren

Ziel: Installieren von Gegenfragen auf Universalquantoren und Modaloperatoren.

Phase I

A, B und C installieren, jeder für sich, die Gegenfragen auf Universalquantoren am Ringfinger der linken Hand. Jedesmal wenn sie sich selbst einen Universalquantor vorgelesen haben, stellen sie eine der folgenden Gegenfragen und heben gleichzeitig den Ringfinger der linken Hand leicht an.

"Alle ...?"
"Jeder ...? oder
"Gibt es irgendeinen Fall, wo ...?"
"Gibt es irgendeinen Fall, wo nicht ...?"

Ergänzungsübung 32

Ziel: Die Verwendung von Universalquantoren und Modaloperatoren bei Schülern hinterfragen.

Jedesmal wenn Schüler Universalquantoren verwenden, stellt der Lehrer die entsprechende Gegenfrage:

"Alle ...?" – "Jeder ...?" oder
"Gibt es irgendeinen Fall, wo ...?"
"Gibt es irgendeinen Fall, wo nicht ...?"

Jedesmal wenn Schüler Modaloperatoren verwenden, stellt der Lehrer die entsprechende Gegenfrage:

"Was hindert dich?"

"Was würde geschehen, wenn du das tätest?"

Phase II

A, B und C installieren, jeder für sich, die Gegenfragen auf Modaloperatoren am kleinen Finger der linken Hand. Jedesmal wenn sie sich selbst einen Modaloperator vorgelesen haben, stellen sie die entsprechende Gegenfrage und heben gleichzeitig den kleinen Finger der linken Hand leicht an.

<u>Möglichkeit</u>

"Was hindert Sie?"

<u>Notwendigkeit</u>

"Was würde geschehen, wenn Sie das täten?"
"Was würde geschehen, wenn Sie das nicht täten?"

"Was würde geschehen, wenn du das nicht tätest?"

Übung 33: Integrationsübung zum IG-Modell

Ziel: *Die mit dem IG-Modell verbundenen Identifizierungen und Gegenfragen integrieren.*

B vermischt die Sätze, beginnend mit den Substantiven im Plural und endend mit den Modaloperatoren, und liest sie vor.

A identifiziert Substantive im Plural, Verben in der Vergangenheit, Universalquantoren und Modaloperatoren, indem er den entsprechenden Finger der rechten Hand hebt. Dann stellt er die jeweils entsprechende Gegenfrage und hebt gleichzeitig den entsprechenden Finger der linken Hand.

C beobachtet A, berichtigt und hilft A, wenn nötig.

Die Rollen tauschen.

Ergänzungsübung 33

Ziel: *Die Verwendung von Substantiven im Plural, Verben in der Vergangenheit, Universalquantoren und Modaloperatoren bei Schülern hinterfragen.*

Wenn Schüler Substantive im Plural, Verben in der Vergangenheit, Universalquantoren oder Modaloperatoren verwenden, stellt der Lehrer die entsprechende Gegenfrage.

Übung 34: Prüfung auf Kongruenz

Ziel: *Die Kongruenz zwischen einem demonstrierten Zustand und anderen Vorstellungen von diesem Zustand überprüfen.*

A wählt eine Nominalisierung (beglückt, aufgeregt usw.). B demonstriert seine Vorstellung von dieser Nominalisierung, indem er sie anschaulich darstellt.

Ergänzungsübung 34

Ziel: *Die Verwendung von Nominalisierungen und Aussagen über Ursache und Wirkung bei Schülern hinterfragen.*

Wenn Schüler Nominalisierungen verwenden, stellt der Lehrer die entsprechende Gegenfrage. Wenn Schüler Aussagen über Ursache und Wirkung machen, stellt der Lehrer die Gegenfrage:

*A entscheidet, ob diese Vorstellung seiner eige-
nen Vorstellung von der Nominalisierung entspricht. Tut sie dies nicht, kann er sie für B
demonstrieren und auch verbal nachhelfen.*

C beobachtet.

Die Rollen tauschen.

"Wie bewirkt ... (das eine) ... (das andere)?"

Übung 35: Frühere und gegenwärtige Nominalisierungen vergleichen

Ziel: *Die Unterschiede zwischen früheren und
gegenwärtigen Nominalisierungen vergleichen.*

*A identifiziert eine Nominalisierung, die jetzt Teil
seiner Erfahrungen ist. Dann vergegenwärtigt er
sich eine frühere Erfahrung und findet eine Zeit, in
der er die Nominalisierung nicht hatte.*

*B fragt A: "Was sind die Unterschiede?" – "Was
hat Sie befähigt, das Ergebnis zu erreichen?"*

C beobachtet.

Die Rollen tauschen.

Ergänzungsübung 35

Wiederholung von Ergänzungsübung 34.

Die Anwendung des Informations-Gewinnungs-Modells in der Klasse

Benutzen Sie das IG-Modell in jedem Kontext, in dem genauere Informationen gebraucht
werden. Diese Situationen können sich ergeben: bei Einzelgesprächen mit Schülern und/
oder Eltern; bei Besprechungen mit Schülern; bei Problemlösungserfahrungen; in Fällen, in
denen ein Schüler Hilfe braucht, um ein gewünschtes Ziel zu ermitteln; bei Arbeitsgemein-
schaften; bei allen Gelegenheiten, die der Beurteilung der Schüler dienen.

Zusammenfassung

Ziel der Gegenfragen im Rahmen des IG-Modells ist, Schülern zu helfen, ihre sensorischen
Erfahrungen mit ihrer Sprache in Verbindung zu bringen. Wenn unvollständig spezifizierte
Substantive und Verben, Universalquantoren, Modaloperatoren und Nominalisierungen
verwendet werden, fehlen sowohl den Schülern als auch dem Zuhörer genaue Informationen für die Kommunikation. Die Gegenfragen veranlassen die Schüler, ihre Erfahrungen
verständlicher darzustellen, lassen sie mehr Wahlmöglichkeiten in Betracht ziehen und
vermitteln ihnen die Erkenntnis, daß die meisten Ereignisse im Leben kontinuierliche
Prozesse sind und nicht etwa endgültige Ereignisse. Das IG-Modell kann für sich allein
oder in Verbindung mit der wohlgeformten Zieldefinition oder dem Heranziehen von
Ressourcen benutzt werden.

Kapitel 13

Ressourcen heranziehen

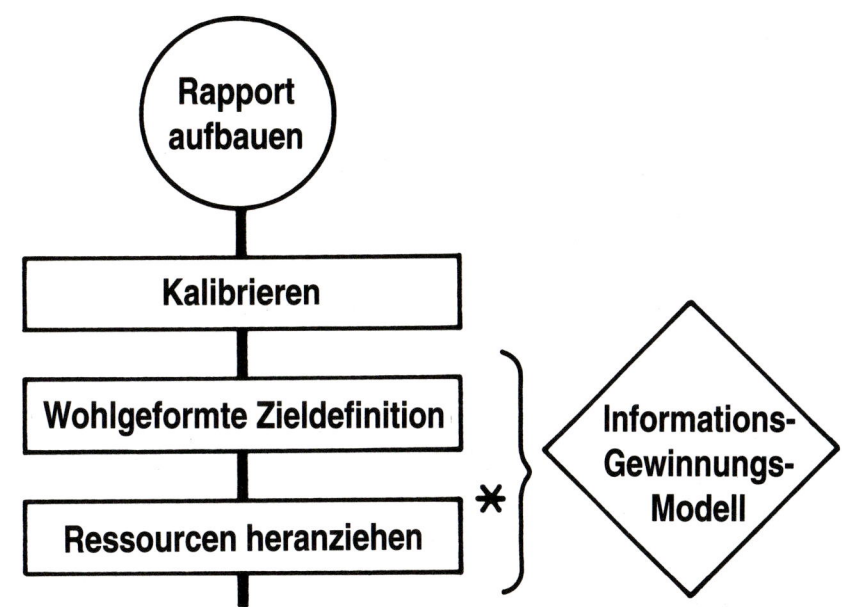

"Der Zauberer von Oz" ist eines der großartigsten klassischen Kinderbücher aller Zeiten. Nachdem Dorothy und ihre Freunde die Aufgabe, die der Zauberer ihnen gestellt hat, erfüllt haben, entdecken sie, daß er ein Schwindler ist.

Trotzdem ist er sehr erfolgreich als kluger und geschickter Psychologe. Er macht der Vogelscheuche, dem Zinnsoldaten und dem furchtsamen Löwen klar, daß die Ressourcen, die sie suchen, immer schon in ihnen lagen. Zur Vogelscheuche sagt er: "Ein Gehirn kann jeder haben; alles, was dir fehlt, ist ein Diplom", und verleiht ihr eines als "Doktor der Denkologie".

Der furchtsame Löwe wird belehrt, er dürfe nicht "Tapferkeit mit Weisheit verwechseln". Der Zauberer sagt, der Löwe sei tapfer genug, ihm fehle nur eine Medaille; und so verleiht er ihm das "Dreifache Kreuz", das ihn zum Mitglied der "Tapferkeitslegion" macht. Dem Zinnsoldaten wird ein Herz (eine Uhr) geschenkt, und der Zauberer spricht zu ihm die Worte der Weisheit: "Ein Herz wird nicht danach beurteilt, mein empfindsamer Freund, wie sehr du liebst, sondern wie sehr du von anderen geliebt wirst." Mit dem Diplom, der Medaille und dem Herzen erzeugte der Zauberer in Dorothys Freunden das Vertrauen, das sie benötigten, um die Fähigkeiten, die sie bereits besaßen, zu aktivieren. Oft glauben unsere Schüler, ihnen fehle genau das, was schon längst Teil ihrer Erfahrungen ist. Wie der Zauberer können auch wir Wege finden, unsere Schüler diese "Wahrheit" erkennen zu lehren.

Worum geht es?

Was sind Ressourcen? Warum sollen Ressourcen herangezogen werden? Wie wird dies erreicht?

Wenn das gewünschte Ziel identifiziert ist, stellt der Lehrer dem Schüler eine weitere Frage: "Welche persönlichen Ressourcen brauchst du, um ... (dein gewünschtes Ziel) zu erreichen?" Jeder von uns hat sich in der Vergangenheit auf persönliche Ressourcen stützen können, die uns halfen, unsere Ziele zu erreichen. Diese Ressourcen können interner oder externer Natur sein. <u>Interne Ressourcen</u> können, je nach der Situation, sein:

Ausdauer	Güte	Fröhlichkeit	Entschlossenheit
Standhaftigkeit	Hilfsbereitschaft	Vertrauen	Liebe
Stärke	Unbeugsamkeit	Mitleid	Humor
Flexibilität	Ordnungsliebe	Dissoziation	Klugheit
Gewandtheit	Abenteuerlust	Zorn	Sorgfalt

<u>Externe Ressourcen</u> können sein:

> der Erwerb physischer Fähigkeiten, von
> Stärke,
> Ausdauer,
> Lebhaftigkeit,
> Schnelligkeit;
> Modelle von Personen, die die gewünschte Fähigkeit besitzen, oder
> verschiedene externe Stimuli, die eine jeweils gewünschte Reaktion hervorrufen.

Meist werden Schüler mehrere Ressourcen angeben. Wenn sie Mühe haben, Ressourcen auszuwählen, kann der Lehrer einige Ressourcen vorschlagen, die eventuell passen könnten. Die Schüler sind dann frei, die Vorschläge anzunehmen oder abzulehnen.

Eine andere Methode, Ressourcen zu erschließen, besteht darin, den Schüler Ressourcen auswählen zu lassen und so zu tun, "als ob" das gewünschte Ergebnis schon erreicht wäre. Der Lehrer spricht in der Zukunft: "Wir sind jetzt drei Monate weiter. Du hast dein gewünschtes Ziel ereicht. Was war der erste Schritt, den du getan hast, um es so zu erreichen? Was hast du dann getan? Was war der dritte Schritt?" usw. Den Schülern Fragen zu stellen und dabei so zu tun, "als ob" das gewünschte Ziel schon erreicht wäre, kann ihnen zeigen, daß das Ziel erreichbar ist. Die "Als-ob"-Methode kann unter Umständen jede weitere Intervention überflüssig machen.

Eine dritte Alternative für den Lehrer besteht in der folgenden Frage: "Kennst du jemanden, der X (das gewünschte Ziel) beherrscht?" Im allgemeinen wird es jemanden geben. Bitten Sie den Schüler, sich diese Person wie in einem Film vorzustellen, und bitten Sie ihn, sich vorzustellen, daß er dies selbst erlebt, indem er so tut, als schlüpfe er in den Körper der Person. Wenn der Schüler sich an niemanden erinnern kann, der die Ressourcen besitzt, die er selbst mobilisieren möchte, bitten Sie ihn, eine bestimmte Person auszuwählen – auch wenn sie nur imaginär ist – und eine imaginäre Situation zu beschreiben, in der die Person die Antwort darstellt. Weisen Sie den Schüler an, sich diese Person wie in einem Film vorzustellen, wie sie X ausführt. Dann weisen Sie ihn an, in den Körper der Person zu schlüpfen und X zu erreichen.

Eine vierte Alternative kann angewandt werden, wenn ein Schüler Schwierigkeiten hat, Ressourcen mit früheren Erfahrungen zu vergleichen. Der Lehrer gibt folgende Anweisungen: "Ich möchte, daß du sorgfältig in deiner Erinnerung nach Erfahrungen suchst, die du gehabt hast und die entweder ... (die gesamte Ressource) umfassen oder die ... teilweise umfassen." Wenn der Schüler die Ressourcengrundlage erworben hat, kann der Lehrer entscheiden, wie er eingreifen soll, um ihm zu helfen, seine gewünschten Ziele zu erreichen.

Bei Grundschülern können die gleichen Techniken angewandt werden. Natürlich wird der Grundschullehrer sich mit seiner Sprache und seinen Erklärungen auf das Modell von der Welt, das diese Schüler haben, einstellen müssen.

Übung 36: Ressourcen mobilisieren

Ziel: Anderen bei der Mobilisierung von Ressourcen helfen lernen.

A nennt ein wohlgeformtes Ziel.

B wählt eine oder (wenn nötig) mehrere der Methoden zur Mobilisierung von Ressourcen, die in diesem Kapitel genannt sind, und beginnt, A beim Mobilisieren der nötigen Ressourcen zu helfen.

C beobachtet und hilft, wenn nötig.

Die Rollen tauschen.

Ergänzungsübung 36

Ziel: Schülern bei der Mobilisierung der nötigen Ressourcen helfen.

Der Lehrer läßt einen Schüler, der sich eine Änderung seines Verhaltens wünscht, ein wohlgeformtes Ziel nennen.

Der Lehrer wählt eine oder (wenn nötig) mehrere der Methoden zur Mobilisierung von Ressourcen, die in diesem Kapitel genannt sind, und beginnt, dem Schüler beim Mobilisieren der nötigen Ressourcen zu helfen.

Zusammenfassung

Interne und externe Ressourcen der Schüler für ein gewünschtes Ziel heranzuziehen ist ein wichtiger Schritt. Auf unbewußter Ebene werden Ressourcen der Schüler aktiviert, um ihre gewünschten Ziele zu erreichen. Auf der bewußten Ebene beginnen die Schüler zu erkennen, daß sie möglicherweise über innere Ressourcen verfügen, um die Ziele zu erreichen, die sich ihnen bisher entzogen haben.

Kapitel 14

Die Forderung nach Relevanz

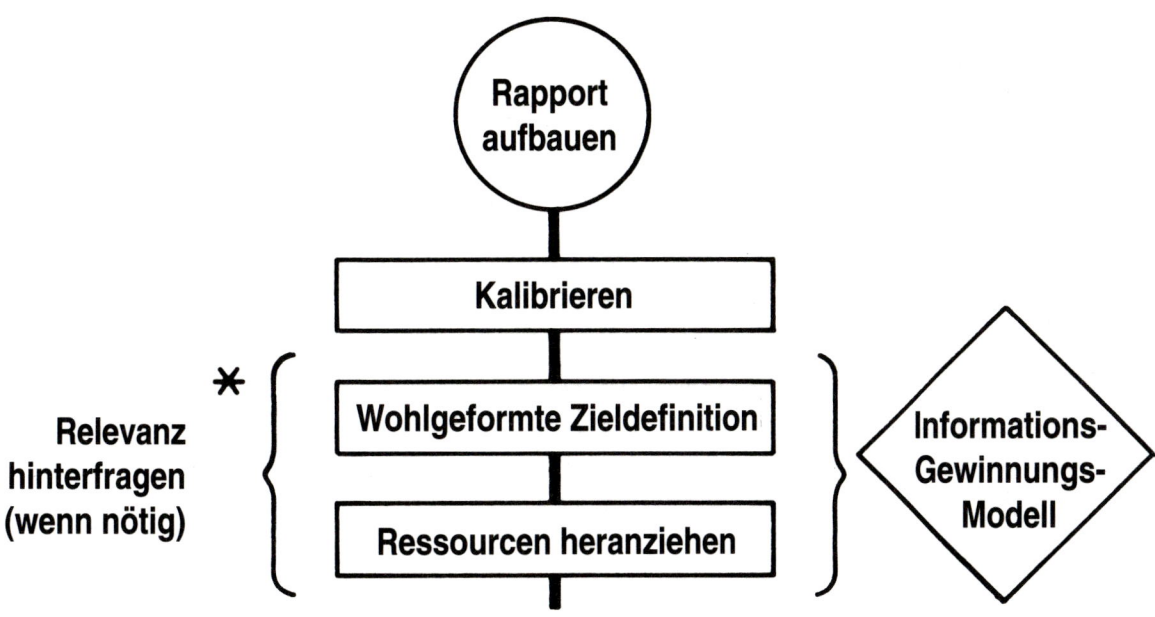

Zwei Lehrer saßen im Lehrerzimmer und fachsimpelten. Mike begann von seinen Frustrationen über das Verhalten eines Schülers zu sprechen, den sie beide unterrichteten. Sheila war überrascht, weil sie das Verhalten des Schülers in ihrer Klasse ganz erträglich fand. Im Laufe des Gesprächs erzählte Mike über die Familienverhältnisse des Schülers, sein häusliches Leben, seine persönliche Erscheinung, und verstieg sich zu der Verallgemeinerung: "... dieser ewige Unruhestifter". Jedesmal wenn Mike etwas vorbrachte, das nach Sheilas Meinung nur wenig zur Situation beitrug und sie eher verdunkelte, hinterfragte sie freundlich, aber bestimmt, die Relevanz seiner Aussage. Mike gab schließlich zu, daß sich etwas in ihm sträube, seine Beziehung zu dem Schüler zu überprüfen, weil er fühle, daß er möglicherweise im Unrecht sei.

Nachdem dieser "Nebelvorhang" weggezogen war, konnte Mike seine Beziehung zu dem Schüler überprüfen und schließlich sogar verbessern.

Worum geht es?

Was heißt "Relevanz hinterfragen"? Wie wird diese Forderung angewendet?

Das Hinterfragen der Relevanz soll immer dann eingesetzt werden, wenn es beim Identifizieren gewünschter Ziele oder beim Heranziehen von Ressourcen notwendig erscheint. Das grundlegende Ziel der Forderung nach Relevanz ist, das Gespräch "beim Thema" zu halten und Abschweifungen zu verhindern. Die Forderung läßt sich einfach so aussprechen: "Ich weiß Ihre Äußerung zu schätzen, aber ich bin mir nicht im klaren, inwiefern sie zum Thema unserer Diskussion etwas beiträgt", oder so: "Ich bin mir nicht sicher, ob diese Information mit unserer Diskussion zu tun hat."

Die Anwendung der Forderung nach Relevanz kann eine Reihe von Resultaten erzielen. Ein mögliches Resultat ist, daß die Forderung den Schüler dadurch, daß sie ihm nicht erlaubt, sich hinter irrelevanten Äußerungen zu verstecken, zwingen kann, schneller ein reales Ziel zu erkennen. Dieser Prozeß kann eine rasche Veränderung herbeiführen. Beispielsweise kann ein Schüler sich sträuben, ein gewünschtes Ziel zu identifizieren, weil er Angst davor hat, welche Veränderungen ihm das vielleicht einbringen wird. Der Schüler fängt an, eine offensichtlich irrelevante Information zu diskutieren; vielleicht erzählt er eine Geschichte oder zwei. Der Lehrer sagt freundlich: "Jim, deine Geschichte ist interessant, aber ich bin nicht sicher, in welcher Beziehung sie zu dem steht, was wir gerade diskutieren." Entweder wird der Schüler die Verbindung herstellen, oder er wird aufhören, solche Geschichten zu erzählen. Wenn er dann mit nichts mehr hinter dem Berge hält, kann er leichter dahin gebracht werden, sich seinen Gefühlen zu stellen und sein gewünschtes Ziel zu erreichen.

Die Forderung nach Relevanz kann die Verbindung zwischen Ereignissen und Gefühlen fördern und ein "geheimes Thema" ans Licht bringen. Wenn der Lehrer im vorigen Beispiel die Forderung nach Relevanz eingesetzt hat und der Schüler fähig war, seine Furcht zum Ausdruck zu bringen im Zusammenhang mit dem Erreichen seines gewünschten Zieles, kann diese Fragetechnik entweder die Verbindung zwischen Ereignissen und Gefühlen oder das "geheime Thema" ans Licht bringen – oder beides.

Die Forderung nach relevanten Äußerungen ist außerdem ein ausgezeichnetes Mittel, um Besprechungen effizienter ablaufen zu lassen, und kann angewandt werden, um eine Diskussion in der Klasse beim Thema zu halten.

Übung 37: Die Forderung nach Relevanz anwenden

Ziel: Lernen, die Forderung nach Relevanz anzuwenden.

A nennt ein gewünschtes Ziel, bringt aber im Verlauf des Gesprächs irrelevante Antworten, Geschichten und/oder Äußerungen ein.

B erhebt, wo es nötig ist, in freundlicher Weise die Forderung nach Relevanz.

C beobachtet und hilft, wenn es nötig ist.

Die Rollen tauschen.

Ergänzungsübung 37

Ziel: Die Forderung nach Relevanz an Schüler richten.

Der Lehrer führt ein Gespräch mit einem Schüler, der sich eine Änderung seines Verhaltens wünscht. Wo es nötig ist, fordert er in positiver und freundlicher Art Relevanz.

<table>
<tr><td>

Übung 38: Die Forderung nach Relevanz anwenden (Fortsetzung)

</td><td>

Ergänzungsübung 38

</td></tr>
<tr><td>

Ziel: Lernen, bei einer Diskussion in der Klasse Relevanz zu verlangen.

A und C führen eine typische Klassendiskussion als Rollenspiel durch und machen von Zeit zu Zeit irrelevante Bemerkungen.

B verwendet geeignete Aussagen, um die Relevanz der Beiträge zu sichern.

Die Rollen tauschen.

</td><td>

Ziel: Bei einer Diskussion in der Klasse relevante Äußerungen verlangen.

Der Lehrer löst eine Diskussion in der Klasse aus. Wenn sich die Gelegenheit ergibt, verwendet er in freundlicher und positiver Art die Forderung nach relevanten Äußerungen.

</td></tr>
</table>

Zusammenfassung

Irrelevante Äußerungen und Abschweifungen können die wohlmeinendsten Bemühungen des Lehrers zum Scheitern verurteilen. Die Forderung nach relevanten Äußerungen kann, wenn sie in positiver und freundlicher Art eingesetzt wird, Einzelgespräche und Klassendiskussionen beim Thema halten.

Kapitel 15

Der Entscheidungspunkt

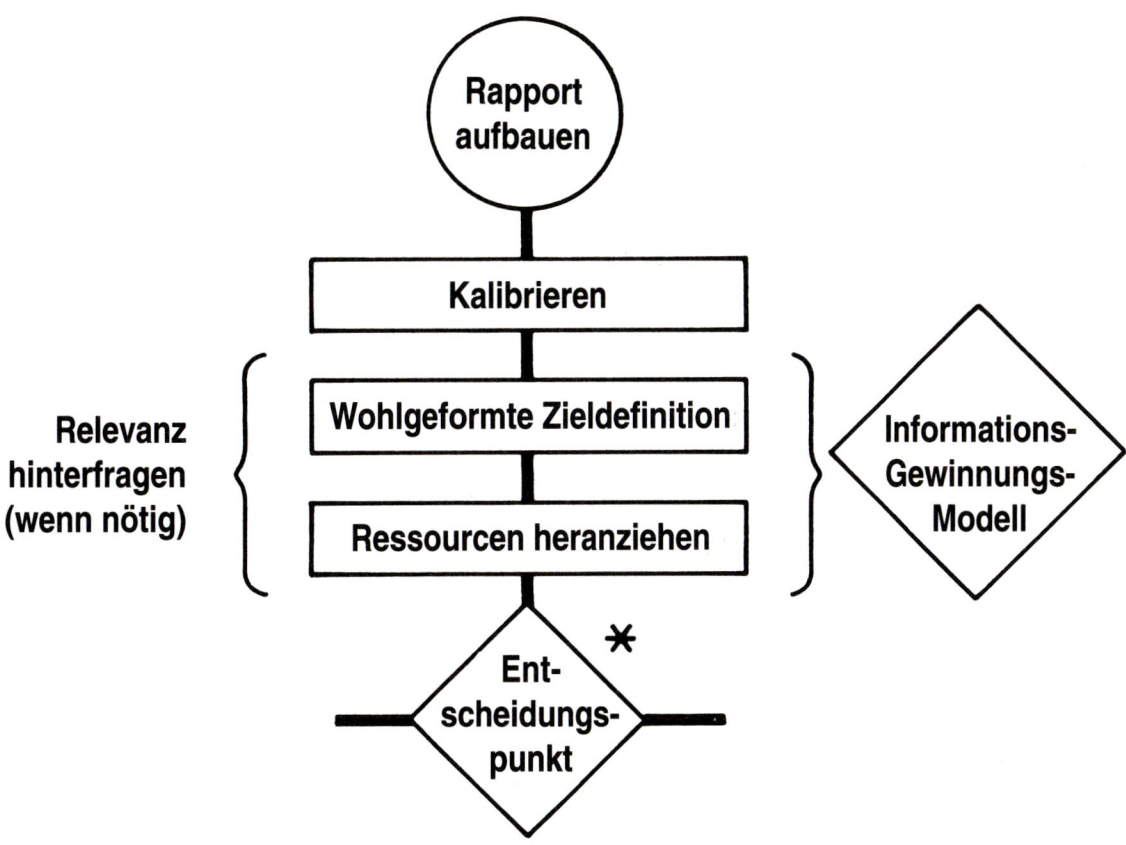

Der Meister und sein Schüler hatten ein gutes Verhältnis zueinander. Der Schüler hatte den Meister oft um Hilfe gebeten, wenn er sich eine persönliche Veränderung wünschte, und da die Veränderungen so gut angeschlagen waren, hatte der Schüler Vertrauen zum Meister. Dieses Mal kam er zu ihm mit einem Dilemma. Für gewöhnlich war er interessiert und gewissenhaft bei seinen Studien, aber in einem bestimmten Fach kam er mit seinen Hausarbeiten nicht zurecht. Seine Noten begannen sich zu verschlechtern. Da er aber die Universität besuchen wollte, brauchte er einen hohen Punktedurchschnitt. Einige seiner Freunde hatten ihn in seinem verantwortungslosen Verhalten bestärkt und ihm das Gefühl gegeben, einer von ihnen zu sein.

Der Schüler wollte ein besseres Verhalten entwickeln, hatte aber das Gefühl, daß er es allein nicht schaffen würde.

Weil der Meister wußte, daß die Entscheidung kritisch war, überlegte er sehr sorgfältig, welche Technik dem Wunsch des Schülers am ehesten entsprechen würde. Da ein Teil des Schülers eine Veränderung suchte, ein anderer Teil aber einen Gewinn von seiner unverantwortlichen Handlungsweise hatte, wählte der Meister eine Technik, die ihm helfen sollte, neue Antworten für den Teil, der negativ auf das Fach reagierte, zu entwickeln. Die Technik funktionierte wie erhofft, und der Meister fühlte eine Welle der Zufriedenheit in sich, weil er sah, daß er dem Schüler wieder einmal einen Dienst erwiesen hatte.

Worum geht es?

Was ist der "Entscheidungspunkt"? Wann ist der "Entscheidungspunkt" erreicht? Welche Wahlmöglichkeiten stehen dem Lehrer an dieser Stelle zur Verfügung?

Nachdem die Schüler durch die Folge von Schritten geleitet worden sind, die mit dem Aufbau von Rapport beginnen und mit dem Heranziehen von Ressourcen enden, muß der Lehrer eine Entscheidung treffen, welche Technik den Erfordernissen des jeweiligen Schülers am besten entspricht. In diesem Augenblick steht der Lehrer am Entscheidungspunkt und kann in zwei Richtungen sehen: Emotionsverändernde Techniken *(Remedial Frame)* oder Techniken grundlegender Verhaltensänderung *(Developmental Frame)*.

Emotionsverändernde Techniken sind angezeigt, wenn ein *bestimmtes* Ziel in einer *bestimmten* Situation notwendig ist; oder wenn eine *einzelne* Veränderung in einem *einzelnen* Kontext notwendig ist; oder wenn etwas Zerbrochenes wieder in Ordnung gebracht werden muß. Die fünf emotionsverändernden Techniken sind, mit der einfachsten beginnend:

1. Ankern
2. Anker stapeln
3. Anker integrieren
4. Lebensmuster revidieren
5. Dissoziation

Beispiele von Situationen, die in den Rahmen emotionsverändernder Techniken fallen, sind : Angst in einem einzelnen Fach, fehlende Motivation und negative Einstellung gegenüber einem einzelnen Fach, einer einzelnen Schule, einen einzelnen Mitschüler, einem einzelnen Lehrer.

Techniken grundlegender Verhaltensänderung sind angezeigt, wenn ein bestimmtes Ziel *in mehr als einen Kontext* gewünscht wird und Schüler unter der Anleitung des Lehrers lernen sollen, gewünschte Ziele zu "entwickeln" oder selbständig zu erzeugen. Die fünf Techniken grundlegender Verhaltensänderung sind:

1. Reframing
2. Lernstrategien ermitteln
3. Lernstrategien installieren
4. Gebrauch von Metaphern
5. Submodalitätsmuster

Beispiele von Situationen, die in den Rahmen der Techniken grundlegender Verhaltensänderung fallen, sind: schwache Motivation im allgemeinen, negative Einstellung gegenüber mehreren Personen, unzweckmäßige oder fehlende Lernstrategien und jedes Verhalten, mit dem ein sekundärer Gewinn verbunden ist.

Es ist folgendermaßen vorzugehen:

1. Klären Sie, ob das gewünschte Ziel eine emotionsverändernde Technik oder eine Technik grundlegender Verhaltensänderung erfordert.

2. Beginnen Sie mit der einfachsten Technik, um das Ziel zu erreichen.

> Im Rahmen der emotionsverändernden Techniken wäre die einfachste Technik das Ankern, die komplexeste die Dissoziation. Im Rahmen der Techniken grundlegender Verhaltensänderung wäre das Reframing die einfachste Technik, während das Installieren von Lernstrategien oder das Konstruieren und

Verwenden von Metaphern oder Submodalitäten komplexere Techniken sind. Wenn die einfachste Technik nicht funktioniert, kann die nächst komplexere angewandt werden. Situationen, die nicht auf die Technik der Integration von Ankern ansprechen, können möglicherweise auf die Reframing-Technik ansprechen.

Die einzelnen Schritte jeder Technik folgen in den beiden nächsten Kapiteln.

Denken Sie stets daran: Die einzige Gelegenheit, einen Fehler zu machen, ist, wenn Sie aufhören, etwas zu versuchen!

Manchmal mag es scheinen, als würden Ihre Bemühungen einzugreifen erfolglos bleiben. Dann wiederholen Sie entweder die Technik, insbesondere wenn Sie im Zweifel sind, ob Sie sie gut durchgeführt haben, oder gehen Sie zu einer anderen, komplexeren Technik über.

Übung 39:
Welche Techniken einsetzen?

Ziel: Entscheiden lernen, ob zum Erreichen eines gewünschten Zieles emotionsverändernde Techniken oder Techniken grundlegender Verhaltensänderung anzuwenden sind.

A nennt ein gewünschtes Ziel.

B entscheidet, ob eine emotionsverändernde Technik oder eine Technik grundlegender Verhaltensänderung am hilfreichsten wäre, um das Ziel zu erreichen. B diskutiert die Gründe seiner Wahl mit C.

C diskutiert die Gründe für seine zustimmende oder abweichende Meinung.

Ergänzungsübung 39

Ziel: Entscheiden, ob bei einem Schüler emotionsverändernde Techniken oder Techniken grundlegender Verhaltensänderung anzuwenden sind.

Der Lehrer hilft dem Schüler, ein wohlgeformtes Ziel zu formulieren. Dann entscheidet er, ob eine emotionsverändernde Technik oder eine Technik grundlegender Verhaltensänderung am besten geeignet ist, das Ziel zu erreichen.

Zusammenfassung

Nachdem das Fundament gelegt ist durch den Aufbau von Rapport, durch Kalibrieren, Identifizieren gewünschter Ziele und Heranziehen von Ressourcen, ist der Entscheidungspunkt ein erregender Augenblick! Der Lehrer hat die Möglichkeit, entweder eine emotionsverändernde Technik oder eine Technik grundlegender Verhaltensänderung anzuwenden. Die Aufgabe der emotionsverändernden Techniken besteht darin, Verhaltensmuster zu verändern, wo eine einzelne Veränderung in einem einzelnen Kontext nötig ist. Die Aufgabe der Techniken grundlegender Verhaltensänderung ist, neue Verhaltensmuster zu erzeugen, die in mehr als einem Kontext erwünscht sind. **Manchmal kann ein Problem beide Arten von Techniken zugleich erfordern.** Das Problem einer negativen Einstellung könnte, je nach seiner Ursache und seiner Langlebigkeit, unter Umständen leicht durch die Technik "Lebens-muster revidieren" gelöst werden, die zu den emotionsverändernden Techniken gehört. Wenn aber mit der negativen Einstellung ein starker sekundärer Gewinn verbunden wäre, würde die Wahl logischerweise auf die Technik "Reframing" fallen.

Kapitel 16

Emotionsverändernde Techniken

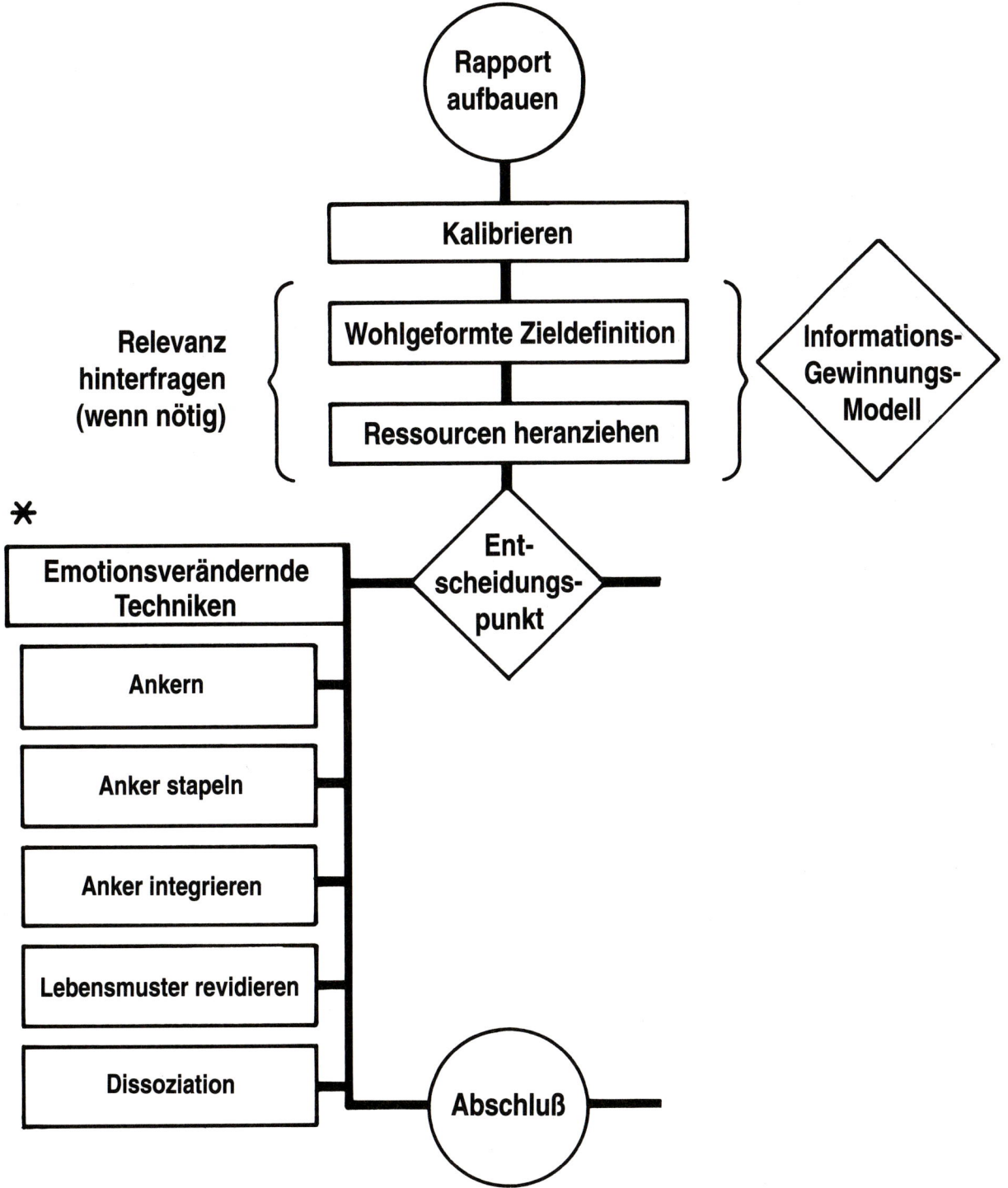

Es war Demonstrationsstunde in einer meiner Klassen. Zu Beginn der Stunde hatten die Schüler einige Verhaltensweisen aufgeschrieben, die sie zu ändern wünschten. Jetzt sollte einer die Gelegenheit bekommen, dieses Verhalten zu verändern. Eine Schülerin wollte ihre

Angst und ihr mulmiges Gefühl (nicht Phobie) loswerden, das sie überfiel, wenn sie auf einen Balkon oder einen anderen hohen Platz trat. Das war eine ideale Situation für die Technik "Anker integrieren", und so führte ich mit ihr das ganze Verfahren durch. Nach 20 Minuten zeigte ihr sensorisches Feedback an, daß das Problem erledigt war. Einige Mitschüler, die noch nicht ganz auf die Aussagekraft des sensorischen Feedbacks vertrauten, schlugen eine Überprüfung vor. Während der Essenspause ließen sie die Schülerin auf eine Feuerleiter im zweiten Stock hinaustreten. Normalerweise hätte dies das traumatische Gefühl bei ihr ausgelöst; da aber eine Verhaltensänderung stattgefunden hatte, bestand sie die Probe leicht, ohne die üblichen ängstlichen und mulmigen Gefühle!

Worum geht es?

Welche Reaktionen eines Schülers erfordern "emotionsverändernde Techniken"?
Was sind "emotionsverändernde Techniken" und wie werden sie angewandt?

Emotionsverändernde Techniken werden in Situationen angewandt, die *eine einzelne Veränderung in einem einzelnen Kontext* erfordern. Probleme, die in diese Kategorie fallen, können sein: *kürzlich aufgetretene* Prüfungsangst, fehlende Motivation und eine negative Einstellung zur Schule oder zu einem Lehrer.
Die fünf emotionsverändernden Techniken sind:

1. Ankern
2. Anker stapeln
3. Anker integrieren
4. Lebensmuster revidieren
5. Dissoziation

Ehe diese Techniken angewandt werden, müssen alle Schritte vom Aufbau des Rapports bis zum Entscheidungspunkt, mit Ausnahme des Heranziehens von Ressourcen, durchgeführt sein. Ressourcen werden dann im Rahmen dieser Techniken herangezogen.

Ankern

Man spricht von Ankern, wenn durch einen Reiz ein genau vorhersehbares Verhalten ausgelöst wird. Anker können mit jedem sensorischen System verknüpft sein und können intern oder extern repräsentiert werden.

Erinnern wir uns an einige Anker, die auf uns einwirken! Einige visuelle Anker lösen unausweichlich bestimmte Reaktionen aus. Der Gesichtsausdruck eines Freundes oder eines geliebten Menschen, manche seiner Gesten, die wir kennen, auch visuelle Symbole wie die amerikanische Flagge, das Sternenbanner, dienen für viele von uns als visuelle Anker. Auditive Anker, die auf uns wirken, können sein: bestimmte Lieder, unsere Nationalhymne, die Stimmen der Eltern (gegenwärtig vernommen oder erinnert) oder unser eigener innerer Dialog. Kinästhetische Anker können sein: die Berührung durch einen Freund, das Gefühl des Sandes unter den Füßen, wenn wir an den Strand gehen, das Gefühl des Windes in unserem Gesicht oder das Gefühl einer Rückenmassage. Olfaktorisch-gustatorische Anker können sein: der Geruch eines bestimmten Parfums, der Geruch von frisch gemähtem Heu, der Geschmack eines kühlen Getränks oder der Geschmack eines gegrillten Steaks. Alle diese Reize oder Anker können eine genau vorhersehbare Reaktion bei uns auslösen.

Als Lehrer ankern wir unsere Schüler täglich durch Tonfall, Wörter, Gesten, Gesichtsausdruck und Berührungen. Meist sind wir uns der Wirkung unserer Handlungen gar nicht bewußt. Wir alle tragen Erinnerungen mit uns herum, etwa an einen Lehrer aus unserer Schulzeit, der die Fähigkeit hatte, einen bestimmten Punkt so eindringlich hervorzuheben, daß er uns noch nach Jahren klar in Erinnerung ist. Wie dieser Lehrer eine so starke Erinnerung in uns hinterlassen konnte, das ist ein Beispiel eines starken Ankers. Der Lehrer, der die Lampen an- und ausschaltet, um die Aufmerksamkeit seiner Schüler zu erregen, verwendet einen visuellen Anker. Der Lehrer, der in die Hände klatscht, um die Aufmerksamkeit seiner Klasse zu erregen, verwendet einen auditiven Anker, ebenso wie der Lehrer, der sich räuspert, um anzukündigen, daß er sprechen will.

Leider sind nicht alle Anker, die ein Schüler erlebt, positiv. Er hat vielleicht früher einmal in einem bestimmten Fach negative Erfahrungen gemacht, und damit kann ein Anker gesetzt worden sein. Jede weitere negative Erfahrung in Verbindung mit diesem Fach verstärkt dann den Anker. Wenn keine positiven Erfahrungen diesen negativen Erfahrungen die Waage halten, wird der Schüler eine negative Vorstellung von diesem Fach haben, und seine Leistungen in diesem Fach werden aller Wahrscheinlichkeit nach gleich null sein.

"Prüfungsangst" ist ein anderes Beispiel eines negativen Ankers. Ein Schüler kann sehr gewissenhaft und tadellos vorbereitet sein und doch wegen eines früheren, negativen Ankers beim Test schlecht abschneiden, weil sein Kopf völlig "leer" ist.

Anker brauchen nicht über längere Zeit hin stabilisiert zu sein, um wirksam zu werden. Oft hat die ursprüngliche Erfahrung eines Menschen die entscheidende Wirkung auf die Etablierung eines Ankers. Andere Erfahrungen können diesen Anker verstärken. Anker ermöglichen einen leichten Zugang zu einem bestimmten Repräsentationssystem (V, A, K oder O), weil alle Erfahrungen sich als sensorisches Ensemble repräsentieren. Wenn ein Teil dieser Erfahrung, dieses sensorischen Ensembles, wieder aktualisiert wird (zum Beispiel visuell), leben immer auch die übrigen Teile des Ensembles (A, K und O) in gleicher Stärke wieder auf. Obgleich das Ankern in mancher Hinsicht den klassischen Theorien von Reiz und Reaktion ähnelt, erfordert es keine immerwährende Verstärkung wie die klassischen Reiz-Reaktions-Techniken.

Eines der allgemeinsten, aber auch komplexesten Ankerungssysteme ist unsere Sprache. Ein Wort wie "Liebe" kann ein Anker für interne Repräsentationen sein, die auf frühere sensorische Erfahrungen zurückgreifen. Um das Wort "Liebe" zu verstehen, brauchen wir den Zugang zu früheren Erfahrungen: visuellen, auditiven, kinästhetischen und olfaktorischen, die wir mit "Liebe" verbinden. Hier eine mögliche Repräsentationsreihe:

Übersicht 11: Sprache als Anker

V^e	— "Liebe"
V^i	— Bild eines geliebten Menschen
A^{er}	— Klang seiner Stimme
K^i_{er}	— Erinnerung an eine Berührung
O^i_{er}	— Erinnerung an den Geruch eines Parfums

Das Wort "Liebe" ankert in jedem von uns ein bestimmtes Ensemble von Repräsentationen. Wenn das Wort "Liebe" durch den Zusatz "brüderlich" verändert wird, verändern sich zugleich die Repräsentationen, da jeder von uns wahrscheinlich andere Anker für diesen Ausdruck hat. Ein anderer sprachlicher Anker wäre etwa ein Wort wie "Erfolg". Für dieses Wort könnte eine ähnliche Reihe von Repräsentationen identifiziert werden.

Etablieren von Ankern

Ehe Sie Anker bei anderen etablieren, wird es hilfreich sein, **bei sich selbst einen Anker etablieren** zu lernen. Die folgende Übung ist für zwei Personen bestimmt. Ein Beispiel für einen leicht zu etablierenden Anker ist der Anker "Besonders geschätzter Zustand" *(State of Excellence)*. Jeder Mensch hat eine ganze Reihe besonders geschätzter Zustände. Wählen Sie einen *State of Excellence* (Zuversicht oder Glücksgefühl oder Standfestigkeit), den Sie beliebig oft realisieren möchten. Treten Sie in einen imaginären Kreis und demonstrieren Sie körperlich, wie Ihr *State of Excellence* aussieht. Ihr Partner macht im Geiste eine Momentaufnahme, wie Sie in Ihrem *State of Excellence* aussehen, und Sie selbst machen sich Ihre Stellung, Ihre Körperhaltung, Ihre ganze körperliche Erscheinung vollständig bewußt. Treten Sie aus dem Kreis heraus und wählen Sie einen "verfahrenen" oder unerwünschten Zustand (Depression oder Verwirrung oder Ärger); doch bevor Sie ganz in diesem "verfahrenen" Zustand versinken, schiebt Ihr Partner sie sanft in den Kreis zurück, und Sie nehmen wieder die Haltung des "State of Excellence" ein. Ihr Partner verifiziert, daß Sie den gewünschten Zustand wieder erreicht haben. Dieser sehr starke Anker kann jedem helfen, eine besonders geschätzte Haltung stetig aufrechtzuerhalten. Er illustriert deutlich die Wechselbeziehung zwischen physiologischen und emotionalen Zuständen.

Sie können Anker mit dem Ziel etablieren, daß Sie sich auch dann noch gut fühlen, wenn die Umstände deprimierend sind; oder mit dem Ziel, sich zu motivieren und anzuregen, sich kreativer zu fühlen oder sich zu entspannen. Die folgende Übung können Sie allein durchführen, um ein Gefühl der Heiterkeit und des Wohlbefindens zu ankern. Wählen Sie einen Teil Ihres Körpers, der nicht oft berührt wird, den Sie aber berühren können, ohne daß es in der Öffentlichkeit auffällt (zum Beispiel Ihr Handgelenk oder Ihren Oberarm oder Ihre Schulter). Dann **gehen Sie folgendermaßen vor:**

1. Suchen Sie sich einen Platz, wo Sie sich entspannen können und nicht gestört werden. Wandern Sie im Geiste zu einer Zeit zurück, in der Sie glücklich waren und sich sehr gut fühlten.

   Lassen Sie diese Erfahrung vor Ihrem geistigen Auge wiedererstehen und legen Sie eine "Karte" der Situation an. Die Karte sollte folgendes enthalten:

   V^e - Vergegenwärtigen Sie sich, was Sie damals sahen.

   V^i - Vergegenwärtigen Sie sich alle inneren Bilder, die Sie damals erlebten.

   A^e - Vergegenwärtigen Sie sich Klänge, Stimmen, Geräusche, die Sie hörten.

   A^i - Vergegenwärtigen Sie sich alle inneren Dialoge, die stattfanden.

   K^e - Wenn es externe Gefühle gab, vergegenwärtigen Sie sie sich.

   K^i - Vergegenwärtigen Sie sich Ihre internen Gefühle.

   O^e - Vergegenwärtigen Sie sich jeden externen Geruch und jeden externen Geschmack, der mit dem Erlebnis verbunden war.

   O^i - Wenn mit diesem Erlebnis irgendein interner Geruch oder Geschmack verbunden war, vergegenwärtigen Sie ihn sich.

   Jedes sensorische System wird extern und intern auf seine Wirkung und seine Intensität für diese Erfahrung geprüft.

2. Jedesmal, wenn von einem Teil der sensorischen Karte ein Teil Ihrer Erfahrung ausgelöst wird, drücken oder pressen Sie kräftig den Körperteil, den Sie für das Ankern ausgewählt haben.

3. Sie haben jetzt einen Anker, der ausgelöst oder aktiviert werden kann, so oft Sie ihn
    benötigen. Um Ihren Anker auszulösen oder zu aktivieren, drücken oder pressen Sie
    einfach die Stelle Ihres Körpers, an der Sie den Anker gesetzt haben. Die geankerten
    Gefühle werden wie durch Zauberkraft zurückkehren. Testen Sie jetzt den Anker. Um
    die Wirksamkeit des Ankers zu verstärken, können Erfahrungen "gestapelt" werden.
    (Vgl. den Abschnitt "Anker stapeln" weiter unten in diesem Kapitel.)

Das Ankern kann in einer Vielzahl von Fällen angewandt werden, zum Beispiel um
ressourcenreiche Zustände zu ankern, die ein Schüler sich wünscht oder benötigt, um zu
jeder beliebigen Zeit ein bestimmtes Ziel zu erreichen. Vorausgesetzt wird, daß die vorbereitenden Schritte, die bis zu den Förderungstechniken führen, bereits durchgeführt worden
sind.

**1. Lassen Sie den Schüler die benötigten Ressourcen identifizieren und einen der drei
    folgenden Schritte ausführen:**

> **a)** Bitten Sie den Schüler, eine Zeit in sein Gedächtnis zurückzurufen, in der er diese
> Ressourcen hatte; dann lassen Sie ihn sich ein Bild davon machen und in das Bild
> hineingehen; oder

> **b)** wenn der Schüler keine Situation erlebt hat, in der er die Ressourcen hatte, lassen
> Sie ihn sich ein Bild ausmalen von jemandem, der den gewünschten Zustand und/
> oder die Ressourcen verkörpert. Er soll das Bild wie einen Film ablaufen lassen und
> so tun, als ob er selbst in das Bild hineinginge und darin die gewünschte Erfahrung
> hätte; oder

> **c)** wenn der Schüler die Erfahrung nicht gehabt hat und niemanden kennt, der die
> gewünschte Erfahrung verkörpert, lassen Sie ihn sich vorstellen, wie das aussehen
> würde, wenn er die Erfahrung hätte. Er kann sich ein Bild von sich selbst oder einem
> anderen Menschen machen, der diese Ressourcen hat, und dann in das Bild hineingehen;

> **d)** prüfen Sie, ob der gewählte Schritt das Gewünschte leistet.

2. Während der Schüler 1. a), b) oder c) durchführt, ankert er den Vorgang.
    Der Anker sollte kinästhetisch sein: eine Berührung am Knie, an der Hand, am Arm
    oder an der Schulter. Um einen starken Anker zu gewährleisten, soll die gewählte
    Stelle in dem Augenblick berührt werden, in dem der Schüler jeweils sein intensivstes
    Gefühl erlebt. (Ein fester Druck mit dem Finger wird am besten sein.)

**3. Beim Etablieren des kinästhetischen Ankers lassen Sie den Schüler eine "Karte"
    für den gewünschten Zustand anlegen.**
    Das geschieht, indem der Schüler seine Aufmerksamkeit nacheinander auf jeden Teil
    des sensorischen Systems (V^e, V^i, A^e, A^i, K^e, K^i, O^e, O^i) richtet, genau wie Sie es beim
    Etablieren eines Ankers für Ihre Heiterkeit und Ihr Wohlbefinden getan haben. Jedesmal wenn ein Teil der Karte in der Erfahrung des Schülers auftaucht, soll er den
    vorher für den kinästhetischen Anker gewählten Punkt berühren.

**4. Lassen Sie den Schüler den Anker auslösen, und testen Sie eine Situation, indem
    Sie ihn veranlassen, sich im Geiste in die Zukunft zu versetzen, und zwar in
    eine Situation, von der er glaubt, daß er seinen Anker nötig haben wird.**
    Diesen Prozeß des Sich-in-die-Zukunft-Versetzens bezeichnet man als "Future
    pacing". Beobachten Sie das sensorische Feedback (Gesichtsausdruck, Atem usw.)
    des Schülers, wenn er seinen Anker aktiviert. Es soll dem mit dem Anker verknüpften
    Zustand möglichst entsprechen. Es kann unter Umständen ein paar Minuten dauern,
    bis der Anker die gewünschte Zustandsänderung erzeugt.

Szenario zur Illustration des Ankerns

(L = Lehrer, S = Schüler)

L: "Billy, du hast gesagt, daß es dir wirklich schwerfällt, genügend Begeisterung für deine mathematischen Hausarbeiten aufzubringen, so daß du manchmal gar nicht damit zu Rande kommst und es schließlich ein regelrechter Kampf ist, sie zu machen."

S: "Ja, genau."

L: "Du möchtest dich gern wohlfühlen bei deinen Mathematikaufgaben, so daß sie nicht mehr so ein Kampf für dich sind."

S: "Richtig."

L: "Ich werde dir zeigen, wie du dir helfen kannst, dieses Gefühl zu bekommen, wann immer du willst."

S: "Hört sich gut an."

L: "Ich möchte, daß du eine Stelle an deinem Körper auswählst, zum Beispiel dein Handgelenk oder deinen Ellbogen, die nicht allzu oft von dir oder jemand anderem berührt wird, die du aber bequem berühren kannst, wenn du dich motiviert fühlen möchtest."

S: "Ich nehme mein linkes Handgelenk."

L: "Gut. Kannst du dich an eine Zeit erinnern, in der du stark motiviert warst, etwas zu tun?"

S: "Ja. Ich hatte voriges Jahr ein naturwissenschaftliches Projekt zu bearbeiten, das war sehr interessant. Es kam mit in die Ausstellung, und ich habe einen Preis gewonnen."

L: "Phantastisch! Ich möchte, daß du dir die Zeit vergegenwärtigst, in der du wirklich an dem Projekt arbeiten wolltest. (Pause) Erinnerst du dich jetzt an die Zeit?"

S: "Ja."

(Der Lehrer beobachtet Billys Gesichtsausdruck, seinen Atem, seine Gesten, seine Augenbewegungen usw., um zu verifizieren, daß er die Situation erlebt.)

L: "Ich möchte, daß du dir ein Bild von dir während dieser Erfahrung machst und dann in dieses Bild hineingehst."

S: "O.K."

L: "Wenn ich dir jetzt einige Fragen stelle, drück bitte jedesmal, wenn du dich an etwas erinnerst, das mit deiner Erfahrung zusammenhängt, dein Handgelenk mit der anderen Hand.

Wenn du in der damaligen Situation außerhalb von dir etwas gesehen hast, Menschen, Dinge oder Tiere, vergegenwärtige sie dir und drück dein Handgelenk. (Pause)

Wenn du während deiner Erfahrung dir im Geiste irgendwelche Bilder gemacht hast, vergegenwärtige dir diese Bilder und drück dein Handgelenk. (Pause)

Wenn du während deiner Erfahrung Stimmen oder Klänge gehört hast, vergegenwärtige sie dir jetzt und drück dein Handgelenk. (Pause)

Wenn du während deiner Erfahrung ein inneres Gespräch mit dir selbst geführt hast, dann vergegenwärtige dir, was du zu dir gesagt hast, und drück dein Handgelenk. (Pause)

Wenn du irgendwelche externen Gefühle gehabt hast, zum Beispiel wie deine Kleidung deinen Körper oder wie dein Körper einen Stuhl oder den Boden berührt hat, drück dein Handgelenk. (Pause)

Vergegenwärtige dir jene Motivationsgefühle und drück dein Handgelenk. (Pause)

Wenn du während deiner Erfahrung irgendeinen Geruch oder Geschmack wahrgenommen hast, dann vergegenwärtige ihn dir und drück dein Handgelenk. (Pause)

"Billy, jetzt möchte ich, daß du dein Handgelenk losläßt. Das war ein Trip, was?"

(Diese Unterbrechung heißt: "den Zustand abbrechen" *(state break)*. Das Abbrechen eines Zustands geschieht durch eine Bewegung oder eine Aussage, die eine Veränderung in dem gegenwärtigen Zustand der Person hervorruft.)

"Jetzt drück bitte dein Handgelenk."

(Der Lehrer stellt durch das sensorische Feedback fest, ob der Anker funktioniert.)

"Und nun geh bitte in die Zukunft, zu einem Augenblick, wo du fühlst, daß du deine Mathematikaufgaben machen mußt."

(Der Lehrer beobachtet das sensorische Feedback.)

"Wenn du diesen Augenblick erreicht hast, drück dein Handgelenk.

Wie hat dieser Druck auf dich gewirkt?" (Das sensorische Feedback zeigt an, ob der Anker funktioniert.)

S: "Toll! Unglaublich!"

L: "Großartig! Wenn du in Zukunft weißt, daß du eine Mathematikaufgabe zu machen hast, und es ist Zeit, damit anzufangen, dann drück die Stelle, und du wirst dich motiviert fühlen, die Aufgabe zu erledigen."

Alternative 1

Wenn ein Schüler Schwierigkeiten hat, sich an eine Zeit zu erinnern, in der er motiviert war, kann der Lehrer ihm mit geeigneten Fragen und Aussagen helfen: "Du kannst dich an *keine Zeit* erinnern, in der du jemals gefühlt hättest, daß du wirklich etwas *zu tun* wünschst?" – "Denk genau nach, ich bin sicher, du kannst dich an eine Zeit erinnern, in der du sehr wohl etwas zu tun wünschtest."

Sollte durch diese Herausforderung die gewünschte Erfahrung nicht zutage gefördert werden, kann der Lehrer einen anderen Zugang versuchen.

L: "Jeder von uns hat viele Ressourcen, die er heranziehen kann. Solche Ressourcen können Gefühle der Beharrlichkeit, der Zuversicht, der Stärke oder der Entschlossenheit sein. Welche Ressourcen würden dir helfen, motiviert zu sein?"

S: "Ich weiß nicht ... Ich glaube, Zuversicht, Stärke ..., die wären gut."

L: "Ausgezeichnet. Kannst du dir noch andere Ressourcen denken, die hilfreich für dich wären?"

S: "Nein."

(Der Lehrer kann eventuell einige weitere Ressourcen vorschlagen, wenn er meint, daß dies hilfreich wäre.)

L: "Billy, ich möchte, daß du dich an eine Zeit erinnerst, in der du dich sehr zuversichtlich, stark und sicher gefühlt hast. Kannst du dich an eine solche Zeit erinnern?"

S: "Ja."

L: "Billy, ich möchte, daß du dir diese Zeit in allen Einzelheiten vergegenwärtigst. Wenn du das ganz deutlich machst, nick mit dem Kopf."

(Der Lehrer beobachtet Billys sensorisches Feedback, um zu verifizieren, daß er die Erfahrung vergegenwärtigt.)

"Ich möchte, daß du dir ein Bild von dir in dieser Erfahrung machst und dann in dieses Bild hineingehst."

Das Szenario geht nun weiter wie im ursprünglichen Beispiel.

Alternative 2

Wenn ein Schüler sich an keine bestimmte Zeit erinnern kann, in der er sich zuversichtlich *und* stark *und* motiviert fühlte, so ist etwa folgendes Szenario denkbar.

L: "Billy, kannst du dich an eine Zeit erinnern, in der du dich zuversichtlich fühltest?"

S: "Ja."

(Der Lehrer führt das ganze Verfahren des Anlegens einer "Karte" durch. Dann kehrt er zu den beiden anderen Ressourcen zurück und bittet den Schüler, sich an starke, aber voneinander getrennte Erfahrungen zu erinnern, in denen er Stärke beziehungsweise Motivation verspürte. Auch von diesen Erfahrungen werden Karten angelegt, und die Übung geht weiter bis zum Schluß.)

Alternative 3

L: "Billy, hattest du mal eine Zeit, in der du etwas wirklich gern tun wolltest?"

S: "Nein."

(Der Lehrer fragt zurück, ob Billy sich dessen ganz sicher ist.)

L: "Kennst du jemanden oder hast du jemanden gesehen, von dem du glaubst, daß er motiviert ist?"

S: "Ja."

L: "Gut. Ich möchte, daß du dir diesen Menschen in einer Situation vorstellst, in der er motiviert ist. Kannst du ihn sehen (oder, wenn die Vorstellung auditiv ist: hören)? – Schön. Jetzt mach dir ein Bild davon und geh selbst in diese Erfahrung hinein."

(Der Lehrer führt die restlichen Schritte durch. Dieses Szenario kann auch für jede der anderen Ressourcen – Zuversicht und Stärke – wiederholt werden.)

Alternative 4

L: "Billy, hattest du mal eine Zeit, in der du wirklich den Wunsch hattest, eine Aufgabe zu erfüllen oder irgend etwas zu tun oder irgendwohin zu gehen?"

S: "Nein. An so etwas kann ich mich nicht erinnern."

L: "An gar nichts?"

S: "Nein."

L: "Dann möchte ich, daß du dir vorstellst, wie du dich fühlen würdest, wie du aussehen würdest, was du dir selbst sagen würdest, wenn du dieses Gefühl *hättest*. Kannst du das?"

S: "Ich denke ja."

L: "Dann laß dir Zeit und mach dir ein Bild von dir selbst und/oder höre dich selbst, wie du dieses Gefühl erlebst."

(Der Lehrer führt dann die restliche Übung durch. Das gleiche Szenario kann für jede der anderen Ressourcen – Zuversicht und Stärke – wiederholt werden.)

Anker stapeln

Falls man mit einem einzelnen Anker das gewünschte Ergebnis nicht erreicht, kann man Anker "stapeln" *(combining links)*. Anker stapeln heißt, daß der Schüler sich *mehrere* starke Erfahrungen, die mit den gesuchten Ressourcen verknüpft sind, ins Gedächtnis zurückruft. Diese Erfahrungen werden einzeln geankert, und zwar jede *in der gleichen Weise und an der gleichen Stelle*. Wenn beispielsweise ein kinästhetischer Anker (eine Berührung am Knie) verwendet wurde, wird jede Erfahrung an der gleichen Stelle geankert. Auf diese Weise kann ein sehr starker Anker etabliert werden.

Szenario zur Illustration des Stapelns von Ankern

"Future pacing" heißt den Schüler zu bitten, sich in die Zukunft zu versetzen, um eine Situation zu schaffen oder sich vorzustellen, in der er den durch einen Anker erzeugten Zustand benötigen würde. Nachdem der Lehrer im "Fall Billy" das Future pacing beobachtet hatte, glaubte er, das sensorische Feedback zeige an, daß das Etablieren eines einzelnen Ankers keinen Erfolg verspreche. Er entschloß sich, die Technik des Stapelns von Ankern anzuwenden, um einen stärkeren Anker zu erzeugen.

L: "Billy, ich möchte, daß du an dieselbe Erfahrung wie vorher denkst, in der du dich stark motiviert fühltest, etwas zu tun."

S: "O.K."

(Der Lehrer beobachtet das sensorische Feedback, um festzustellen, daß die Erfahrung vergegenwärtigt wird, und führt das restliche Verfahren durch.)

L: "Billy, jetzt möchte ich, daß du noch eine andere starke Erfahrung auswählst, in der du wirklich den Wunsch hattest, irgendwohin zu gehen oder irgend etwas zu tun. Kannst du dich an eine solche erinnern?"

S: "Ja."

(Der Lehrer fährt mit der Übung fort. Eventuell wünscht er, noch weitere Erfahrungen bewußtzumachen, um einen sehr starken Anker zu erzeugen. Unter Umständen will er Billy auch Erfahrungen auswählen lassen, die die Ressourcen "Zuversicht" und "Stärke" enthalten, die er ursprünglich angestrebt hatte.)

Denken Sie daran: Anker können kinästhetisch, visuell, auditiv oder eine Kombination von allen dreien sein. Beispiele von kinästhetischen Ankern sind in diesem Szenario gezeigt worden. Visuelle Anker können etwa Gesten und Gesichtsausdrücke sein, auditive Anker Tonfall und/oder Wörter. Die stärksten Anker erhalten Sie, wenn Sie V-, A- und K-Anker kombinieren. Eine bestimmte Berührung kann etwa in Verbindung mit einem bestimmten Tonfall und einem bestimmten Gesichtsausdruck oder einer bestimmten Geste angewandt werden.

Anker integrieren

Wenn die Technik des Stapelns von Ankern nicht zu funktionieren scheint, dann stellt das Integrieren von Ankern eine effektivere Möglichkeit dar. "Anker integrieren" heißt einfach, daß der gegenwärtige und der gewünschte Zustand jeder für sich geankert werden, beide Anker werden dann gleichzeitig aktiviert, und die beiden Reaktionen werden integriert. Nachdem die Anker integriert sind, hat der Schüler mehr Möglichkeiten, automatisch auf Reize des gegenwärtigen Zustands zu reagieren. Damit Anker wirksam integriert werden können, müssen beide von gleicher Intensität sein. Daher kann es nötig werden, für den gewünschten Zustand Anker zu stapeln, um eine zu starke Wirkung des Ankers des gegenwärtigen oder negativen Zustands auszugleichen. (Die Schritte für das Integrieren von Ankern finden Sie auf S. 132 ff. und im Anhang, S. 213.)

Szenario zur Illustration des Integrierens von Ankern

Eine eingehende Besprechung der Ziele und der Technik für jeden Schritt folgt anschließend an das Szenario.

Schritt 1

L: "Sarah, du hast mir gesagt, du möchtest ruhig, kühl und gesammelt sein, wenn du in eine Prüfung gehst. Stimmt das?"

S: "Ja."

L: "Es ist hilfreich für unser Verfahren, wenn wir den Gefühlen, die sich vor einer Prüfung einstellen, ein Etikett verpassen. Dieses Etikett kann ein Name sein, ein Deckname oder wie immer du sie bezeichnen möchtest."

S: "Ich möchte sie 'Panik' nennen."

Schritt 2

L: "Gut. Jetzt stell dir bitte vor, du gehst in eine Prüfung und hast diese negativen Gefühle, die sich normalerweise in diesem Augenblick einstellen." (Legen Sie die "Karte" der Erfahrung an und etablieren Sie einen Anker durch einen bestimmten Tonfall und eine Geste. Die Geste kann irgend etwas sein, das für Sie und die Schülerin natürlich erscheint. Manchmal machen Schüler eine bestimmte Geste, wenn sie über den negativen Reiz sprechen. In diesem Fall verwenden Sie diese Geste als Geste für den negativen Zustand. Für die positive Erfahrung rate ich, einen kinästhetischen Anker zu verwenden, weil ein kin-ästhetischer Anker sehr stark ist. Wird ein K-Anker für den gegenwärtigen Zustand verwendet, so kann er unter Umständen jeden visuellen und/oder auditiven Anker, der für die positive(n) Erfahrung(en) verwendet wird, überspielen.)

Schritt 3

Brechen Sie den Zustand ab, indem Sie eine Bemerkung oder eine Bewegung machen, und fahren Sie fort.

L: "Hat es jemals eine Zeit gegeben, in der du in eine Prüfung gingst und dich ruhig, kühl und gesammelt fühltest?"

S: "Nein."

L: "Du hast keine einzige Prüfung erlebt, in der du dich entspannt gefühlt hast?"

S: "Ich kann mich an keine erinnern."

(Hätte die Schülerin sich an eine solche Situation erinnert, hätte der Lehrer einen K-Anker verwenden und möglicherweise Anker stapeln können, um einen starken Anker zu entwickeln. Da sie sich aber nicht erinnern konnte, sich jemals während einer Prüfung entspannt gefühlt zu haben, versuchte der Lehrer es mit einem anderen Zugang.)

Schritt 4

L: "Kannst du dir irgendwelche internen Ressourcen denken, die dir helfen könnten, die 'Panik' zu überwinden?"

S: "Zuversicht wäre hilfreich; Gut-beieinander-Sein auch; Entspanntsein und vielleicht Flexibilität."

L: "Gibt es noch andere Ressourcen, die du für hilfreich halten würdest?"

S: "Ich glaube nicht."

Schritt 5

L: "Hat es jemals eine Zeit gegeben, in der du dich zuversichtlich, gut beieinander, entspannt und flexibel gefühlt hast?"

(Wenn die Schülerin keine alles umfassende Erfahrung finden kann, kann der Lehrer ihr helfen, auf Einzelerfahrungen für jede Ressource zurückzugehen *(chunk down)*. Für jede Erfahrung müßte dann eine "Karte" angelegt und ein Anker etabliert werden. Nachdem alle Erfahrungen geankert wären, würde der Lehrer den Zustand abbrechen und die Übung zu Ende führen.)

S: "Lassen Sie mich nachdenken. Ja, mir fällt eine gute Situation ein."

L: "Wenn wir jetzt zuammen weitergehen, werde ich dich immer dann leicht an der Schulter berühren, wenn ich spüre, daß du dich an eine Erfahrung erinnerst. Einverstanden?"

S: "Ja."

(Der Lehrer führt das Verfahren des "Kartenanlegens" durch und drückt oder berührt jedesmal leicht die Schulter, den Arm, die Hand oder das Knie der Schülerin, wenn sie eine Erfahrung in einem bestimmten sensorischen System hat.)

Schritt 6

Der Lehrer bricht den Zustand ab und fährt dann fort.

Schritt 7

L: "Sarah, laß uns jetzt mal sehen, was geschieht, wenn ich diese Geste mache."

(Der Lehrer macht dieselbe Geste und dieselbe Bemerkung in demselben Tonfall, die er verwendet hatte, um den gegenwärtigen Zustand zu ankern. Er beobachtet das sensorische Feedback auf den Anker für den gegenwärtigen, "verfahrenen" Zustand.)

Schritt 8

Falls das sensorische Feedback anzeigt, daß der Anker für den gegenwärtigen Zustand funktioniert, bricht der Lehrer den Zustand ab.

Schritt 9

L: "Wie fühlst du dich jetzt?" (Er drückt ihre Schulter.)

(Eine Zustandsveränderung kann ein oder zwei Minuten brauchen, bis die sensorische Rückkopplung sie anzeigt. Verstärkter Druck auf den Anker kann hilfreich sein.)

Schritt 10

Der Lehrer bricht den Zustand ab.

Schritt 11

Der Lehrer aktiviert nun beide Anker und integriert sie.

Schritt 12

Nachdem der Lehrer den Integrationsprozeß und seinen Abschluß beobachtet hat, bricht er den Zustand wieder ab.

Schritt 13

L: "Nun laß uns sehen, Sarah, was jetzt geschieht."

(Der Lehrer aktiviert den alten, gegenwärtigen Zustand durch Gesten und beobachtet das sensorische Feedback. Es darf, wenn überhaupt, nur minimales Feedback geben.)

Wenn es ein relativ starkes Feedback des gegenwärtigen Zustands gibt, kehren Sie zu Schritt 4 zurück, mobilisieren weitere Ressourcen, entwickeln einen stärkeren Anker für den gewünschten Zustand und führen dann die restlichen Schritte durch.

Schritt 14

L: "Sarah, laß uns jetzt in die Zukunft gehen, in eine Zeit, in der du das nächste Mal vor einer Prüfung stehst. Sei ganz da, sieh, was du normalerweise siehst, höre die Klänge, die du normalerweise hörst, und sag mir, wie du dich jetzt fühlst."

S: "Das ist ja unheimlich! Ich habe überhaupt keine schlimmen Gefühle mehr!"

L: "Großartig!"

Für einen maximalen Transfer führen Sie zwei weitere Future pacings durch.

Die einzelnen Schritte beim Integrieren von Ankern

Lassen Sie uns jetzt die Schritte im einzelnen betrachten.

1. **Identifizieren Sie die automatische Reaktion** (oder den gegenwärtigen Zustand). Bitten Sie den Schüler, ihm ein Etikett zu geben. Das Etikett kann ein Deckname, eine Zahl, ein Buchstabe, eine Farbe usw. sein. Die Verwendung des Etiketts erleichtert die Beschreibung der gegenwärtigen Zustandssituation oder der Reaktion.

2. **Lassen Sie den Schüler in den Zustand eintreten. Der Lehrer ankert ihn und legt eine "Karte" des sensorischen Ensembles an.** (Siehe S. 124) Wenn der Schüler seine Erfahrung mit der sensorischen Karte vergleicht, verstärkt der Lehrer den Anker für jedes sensorische System, das an der Erfahrung des gegenwärtigen Zustands teilhatte. Wenn der Schüler beispielsweise kinästhetisch in dem gegenwärtigen Zustand geankert war, hebt der Lehrer den Anker auf. Wenn dann der Schüler durch den Prozeß des Kartenanlegens geführt wird, berührt der Lehrer jedesmal, wenn jener in einem sensorischen System reagiert, denselben kinästhetischen Anker.

3. Wenn der Prozeß des Kartenanlegens beendet ist, soll der **Zustand abgebrochen** werden. Ziel des Abbrechens ist, den Schüler aus seinem gegenwärtigen Zustand herauszuholen. Dieses Abbrechen des Zustandes kann leicht durch eine Frage nach irgend etwas oder durch eine Bemerkung über die Kleidung, die Frisur oder den Schmuck des Schülers erreicht werden. Eine sensorische Nachprüfung wird zeigen, ob der Zustand erfolgreich abgebrochen ist.

4. Der Schüler soll **die Ressourcen identifizieren,** die er benötigt, um den gewünschten Zustand zu erreichen.

5. **Der Schüler soll den gewünschten Zustand erreichen und in ihm geankert werden.** (Denken Sie daran, einen anderen Anker zu verwenden!) Führen Sie das Verfahren des Kartenanlegens durch und verstärken Sie jedesmal, wenn es nötig ist, den Anker.

6. An diesem Punkt **brechen Sie den Zustand** auf eine andere Art **ab**, um den Schüler aus dem gewünschten Zustand herauszuholen.

7. **Testen Sie den Anker des gegenwärtigen Zustands,** indem Sie ihn aktivieren und die sensorische Aktivität des Schülers beobachten, um zu sehen, ob der Anker funktioniert.

8. **Brechen Sie den Zustand ab.**

9. **Testen Sie den Anker des gewünschten Zustands,** indem Sie ihn aktivieren und die sensorische Aktivität des Schülers beobachten, um zu sehen, ob der Anker funktioniert.

10. **Brechen Sie den Zustand ab.**

11. **Aktivieren Sie beide Anker gleichzeitig** und warten Sie darauf, daß die Integration stattfindet. Das sensorische Feedback zeigt Ihnen, wann sie eintritt. Oft gibt es einen raschen Wechsel zwischen beiden Zuständen und dementsprechend einen Ausdruck der Verwirrung im Gesicht des Schülers. Wenn diese Verwirrung eintritt, finde ich es manchmal hilfreich, den Anker für den gegenwärtigen Zustand zu deaktivieren und den Anker für den gewünschten Zustand weiter zu aktivieren, um so den gewünschten Zustand zu verstärken. Außerdem mache ich geeignete positive Bemerkungen über das erreichte Ergebnis.

12. Wenn der Integrationsprozeß abgeschlossen ist, **brechen Sie den Zustand ab.**

13. **Testen Sie den Anker des gegenwärtigen Zustands,** indem Sie ihn aktivieren. Das Feedback des Schülers soll bestätigen, daß die Gefühle des gegenwärtigen Zustandes nicht mehr so stark sind wie vorher.

14. Als letzten Test veranlassen Sie den Schüler zu einem **Future pacing**. Sensorische Beobachtung wird den Erfolg Ihres Eingreifens bestätigen.

15. Wenn die Technik des Integrierens der Anker nicht funktioniert hat, kann es unter Umständen helfen, den gewünschten Zustand durch Stapeln von Ankern zu stärken.

In diesem Fall gehen Sie zurück zu Schritt 4 und helfen dem Schüler, sich mehrere Situationen mit dem gewünschten Zustand zu vergegenwärtigen. Dieses Verfahren wird mit großer Wahrscheinlichkeit den zu starken Reiz des gegenwärtigen Zustands ausgleichen.

Anker integrieren in 30 Sekunden

Die Technik, Anker in 30 Sekunden zu integrieren, ist eine vereinfachte Methode des formalisierten Ankerns, die sehr effektiv Anker integrieren kann. Wenn der Lehrer einen Schüler beobachtet, der Schwierigkeiten hat, und eine Intervention durch Integrieren von Ankern angebracht scheint, kann er ruhig auf den Schüler zugehen und etwa sagen: "Es scheint, als ob dir das ziemlich schwerfällt." Wenn die Rückmeldung die Aussage des Lehrers bestätigt, sagt er: "Sally, wie möchtest du dich gern fühlen?" Sally antwortet, sie möchte "nicht so große Angst haben". Der Lehrer fragt, ob sie mit "nicht so großer Angst" meine, daß sie sich "ruhig fühlen" möchte. Sally sagt: "Ja." Der Lehrer fragt: "Sally, hast du jemals eine Zeit gehabt, in der du dich ruhig und entspannt gefühlt hast?" Sie nickt zustimmend. Der Lehrer sagt: "Ich möchte, daß du dir diese Zeit vergegenwärtigst: was du sahst (Pause), was du hörtest (Pause), was du fühltest (Pause), alles, woran du dich erinnern kannst und wodurch es real erscheint." Wenn der Lehrer feststellt, daß die Schülerin in die positive Erfahrung eingetreten ist, ankert er die Erfahrung, indem er ihre Schulter oder ihren Ellbogen berührt.

Während er den Anker noch festhält und den Druck leicht verstärkt, läßt er die Schülerin in den gegenwärtigen, negativen Zustand eintreten. Es wird eine Integration der Anker stattfinden, vorausgesetzt daß der positive Anker dem Anker des gegenwärtigen Zustands an Stärke gleichkommt. Wenn nötig, können weitere positive Anker gestapelt und dann integriert werden.

Der zweihändige Anker

Der zweihändige Anker ist ein wirksames Hilfsmittel, um Schülern zu helfen, gute Entscheidungen zu treffen. Der Lehrer streckt entweder die rechte oder die linke Hand aus. Während er sie aufmerksam betrachtet, sagt er etwa: "Tim, du hast diese Wahlmöglichkeit. Du kannst ... und ... tun, und wahrscheinlich wird ... das Resultat sein." Führen Sie eine rhythmische Bewegung mit jeder Hand aus, während der Anker gesetzt wird. Während der Lehrer die erste noch ausgestreckt hält, streckt er die andere Hand in die entgegengesetzte Richtung und sagt: "Auf der anderen Seite hast du auch diese Wahlmöglichkeit." Der Lehrer beschreibt sie. (Er hält die beiden Hände nach beiden Seiten; der Schüler hat jetzt zwei Möglichkeiten.) Wenn dem Lehrer deutlich geworden ist, welche Möglichkeit für den Schüler die beste wäre, kann er etwa sagen: "Ich weiß, du wirst die richtige Wahl treffen"; und bewegt dann die Hand, die zu der von ihm favorisierten Wahl gehört, auf den Schüler zu. Der Schüler wird dann den starken, unbewußten Wunsch haben, eben diese Möglichkeit zu wählen.

Die visuelle Vermischung

Die visuelle Vermischung ist ein zweihändiger Anker, der angewandt werden kann, um neue Ideen und Verhaltensweisen zu integrieren. Der Ablauf ist der gleiche, aber nachdem die Hände zu Ankern geworden sind, werden sie langsam zusammengeführt und die Finger ineinander verschlungen. Dadurch findet auf unbewußter Ebene eine Integration der Anker statt. Angenommen, ein Schüler besitzt alle Informationen und kennt die Schritte, die zur Lösung eines bestimmten mathematischen Problems benötigt werden, aber eine Verständnislücke hindert ihn, die Informationen und die Schritte zu integrieren und das Problem zu lösen. Der Lehrer kann etwa eine Hand ausstrecken und sagen: "Jim, du besitzt diese Informationen ... und kennst diese Schritte ..." Er beschreibt die Informationen und die Schritte noch einmal. Wenn er die Hände zusammenschlägt, sagt er: "Würde es eine Hilfe für dich sein, wenn alle diese Informationen und Schritte in deinem Geist zueinanderfänden, so daß du fähig wärest, dieses Problem zu lösen?" Auf unbewußter Ebene wird bei dem Schüler eine Integration dieser beiden Mengen an Informationen und Schritten, wie sie vom Lehrer beschrieben wurden, stattfinden. Dieses Verfahren verschafft dem Schüler den Zugang zu einigen kraftgeladenen unbewußten Ressourcen, um das mathematische Problem besser anzugehen.

Die visuelle Vermischung kann auch bei der Behandlung von Verhaltensproblemen hilfreich sein. Eine Hand kann den gegenwärtigen Zustand, die andere den gewünschten Zustand darstellen. Nach dem Zusammenschlagen kann der Lehrer in positivem, enthusiastischem Ton sagen: "Laß uns die Dinge, die du richtig machst, beibehalten und diese neuen Dinge annehmen und sehen, ob du auf diese Weise nicht weniger Probleme hast."

Sollte das Integrieren von Ankern die gewünschten Veränderungen nicht hervorbringen, wird es wahrscheinlich erforderlich sein, die Reframing-Technik anzuwenden, die im folgenden Kapitel behandelt wird.

Fünf Bedingungen müssen erfüllt sein, wenn Sie einen Anker etablieren wollen:

1. **Ungewöhnlichkeit des Reizes.** Anker können visuell, auditiv, kinästhetisch, olfaktorisch-gustatorisch oder eine Kombination dieser vier sein. (Für unsere Zwecke wird nur die Etablierung von V-, A- und K-Ankern besprochen.) Ein Beispiel eines visuellen Ankers könnte sein, eine oder mehrere geeignete Gesten zu vollführen. Beispiele von auditiven Ankern könnten sein: ein Geräusch, ein Tonfall, ein Wort oder eine Kombination davon. Kinästhetische Anker sind Berührungen eines Körperteils. Die Einzigartigkeit des Reizes bedeutet, daß ungewöhnliche, aber geeignete Gesten, Geräusche, Tonfälle, Wörter oder Berührungen effektiver bei der Etablierung eines Ankers sind als konventionelle Gesten, Geräusche, Tonfälle, Wörter oder Berührungen. Ein am Ohrläppchen etablierter Anker wäre wirksamer als ein am Knie etablierter, weil das Ohrläppchen im alltäglichen Leben seltener berührt wird als das Knie.

2. **Eindeutigkeit der Reaktion.** Wenn ein Lehrer beispielsweise "Zuversicht" bei einem Schüler ankert, soll dieses Gefühl der Zuversicht nicht mit anderen Gefühlen vermischt werden, weil der Anker sonst nicht nur das Gefühl der Zuversicht, sondern auch die anderen Gefühle aktivieren würde. Der Lehrer soll geeignete Fragen stellen, um den gewünschten Zustand (zum Beispiel Zuversicht) fein abzustimmen und die anderen beim Schüler vielleicht auch vorhandenen Gefühle auszuschließen. Durch sensorische Beobachtung des Schülers wird der Lehrer sich vergewissern, daß er eine eindeutige Reaktion ankert und potentielle Vermischungsprobleme überwunden und ausgeschaltet sind.

3. **Intensität der Reaktion.** Je stärker die Intensität der Reaktion, desto wirksamer wird der Anker sein. Darum soll die Reaktion, wenn möglich, das ganze sensorische Ensemble (V, A, K und O/G) umfassen. Außerdem soll die Reaktion so lebhaft sein, wie der Schüler sie erinnern kann. Wie das sensorische Ensemble optimal entwickelt werden kann, wurde bereits auf S. 124 besprochen.

4. **Wahl des richtigen Zeitpunktes.** Damit ein Anker seine größte Wirksamkeit entfalten kann, muß die Reaktion genau in dem Augenblick geankert werden, in dem sie ihren Höhepunkt erreicht. Lassen Sie den Schüler die Reaktion erleben, ehe Sie sie ankern. Die sensorische Beobachtung wird Ihnen zeigen, wann die Reaktion ihrem Höhepunkt zustrebt. Wenn Sie den Schüler die Reaktion ein zweites Mal erleben lassen und sie dann auf ihrem Höhepunkt ankern, wird der Anker stärker.

5. **Berücksichtigung der Lebensumstände.** Jeder Anker muß in das System der Lebensumstände des Schülers passen. Dies soll durch Entwicklung eines wohlgeformten Zieles, das die Vor- und Nachteile dieses Zieles berücksichtigt, erreicht werden.

Wie lange die Wirkung des Ankers anhält, hängt von der Einzigartigkeit des Reizes ab und davon, wie lange die Reaktion für den Schüler von Nutzen ist.

Lebensmuster revidieren

Das Revidieren von Lebensmustern verändert die Wirkung eines Ankers (oder die Reaktion auf einen Reiz), den ein Schüler einmal gehabt hat. Beispiel einer solchen Reaktion kann etwa die negative Einstellung zu einem Fach sein, in dem der Schüler entweder negative Erfahrungen gemacht oder die positiven oder neutralen Erfahrungen verdrängt hat und sich nur an die negativen erinnert.

Das Revidieren von Lebensmustern ist eine Technik des Integrierens von Ankern, die den Schüler befähigt, in seinem Leben zurückzugehen, um sich mit dem Ursprung seiner Reaktion und den folgenden Situationen zu beschäftigen, in denen die gleiche Reaktion immer wieder erzeugt wurde. **Das Revidieren von Lebensmustern gliedert sich in folgende Schritte:**

1. Ankern Sie den negativen Zustand (die Reaktion im gegenwärtigen Zustand) des Schülers kinästhetisch und heben Sie dann den Anker wieder auf. Als Ausnahme von dieser Anweisung ist der Anker festzuhalten, wenn der Schüler Schwierigkeiten hat, sich an andere Beispiele eines Zustands zu erinnern, wie in Schritt 2 gefordert.

2. Sagen Sie dem Schüler, er solle in der Zeit zurückwandern und sich andere Augenblikke ins Gedächtnis rufen, in denen er die gleiche Reaktion hatte, und sagen Sie ihm, er solle sich an das erste Mal, als diese Reaktion auftrat, erinnern. Lassen Sie den Schüler mit dem Kopf nicken, um zu signalisieren, wann die Reaktion jeweils auftrat. Verwenden Sie den gleichen K-Anker, indem Sie leicht auf die gleiche Stelle tippen, um jede Reaktion zu ankern.

3. Etablieren Sie einen neuen, positiven Anker, indem Sie die Hand des Schülers halten. Fragen Sie ihn: "Wenn du damals gewußt hättest, was du heute weißt, was für zusätzliche Wahlmöglichkeiten oder Ressourcen hättest du dann nutzen können?" Drücken Sie die Hand jedesmal, wenn er eine Wahlmöglichkeit oder Ressource nennt.

4. Ohne den Handanker loszulassen, bitten Sie den Schüler, sich ein Bild von jenem jüngeren Menschen, der in ihm steckt, zu machen. Weisen sie ihn an, dem jüngeren zu sagen, was für ihn gut zu wissen wäre, damit er sich anders fühlen und/oder anders handeln könnte.

5. Lassen Sie den Schüler in die früheste Zeit zurückwandern, in der er seiner Erinnerung nach die negative Reaktion erlebte. Dann bitten Sie ihn, sich jede Erfahrung, von der frühesten bis zur jüngstvergangenen, zu vergegenwärtigen. Jedesmal wenn er in eine Erfahrung eintritt, soll er mit dem Kopf nicken. Integrieren Sie die Anker, indem Sie zur gleichen Zeit den Handanker drücken und gleichzeitig leicht auf den negativen tippen.

6. Heben Sie alle Anker auf und lassen Sie den Schüler im Geiste zum nächsten Mal, wenn die Reaktion auftreten kann, wandern. Um den Erfolg dieser Technik zu testen, beobachten Sie das sensorische Feedback des Schülers. Dabei soll sich entweder das Fehlen einer negativen Rückmeldung oder es sollen sich Aspekte des positiven Ankers zeigen. (Vereinfachte Schritte zum Revidieren von Lebensmustern auf S. 215.)

Szenario zur Illustration des Revidierens von Lebensmustern

L: "Helen, du hast gesagt, daß du jedesmal, wenn du vor einer Prüfung stehst, Angstgefühle hast, und zwar solange du denken kannst. Stimmt das?"

S: "Ja."

L: "Und du hast auch gesagt, daß du dich entspannt und zuversichtlich fühlen möchtest, wenn du vor einer Prüfung stehst."

S: "Ja."

L: "Um dir zu helfen, bei einer Prüfung entspannter zu sein, werde ich deinen Arm berühren und deine Hand halten müssen."

S: "O.K."

L: "Wenn es dich irgendwann stören sollte, sag es mir bitte; es ist allerdings wichtig für den Erfolg unseres Versuchs, daß ich deinen Arm berühren und deine Hand halten darf."

(Während die sensorische "Karte" angelegt wird, etabliert der Lehrer einen K-Anker für die Reaktion auf den gegenwärtigen Zustand, indem er den Arm der Schülerin berührt. Danach wird der Anker aufgehoben.)

L: "Helen, ich möchte dich in der Zeit zurückwandern lassen; bitte ruf dir andere Zeiten ins Gedächtnis zurück, in denen du auch diese Angstgefühle vor einer Prüfung gehabt hast. Jedesmal wenn du dir eine solche Situation vergegenwärtigst, nicke mit dem Kopf."

(Der Lehrer ankert jede Situation, indem er den K-Anker des gegenwärtigen Zustandes leicht berührt. Nachdem das Ankern beendet ist, hält der Lehrer die Hand der Schülerin.)

L: "Welche Ressourcen würden dir helfen können, dein gewünschtes Ziel zu erreichen?"

(Wenn nötig, erklären Sie und geben Sie Beispiele.)

S: "Ich glaube, zuversichtlich und entspannt zu sein und den Stoff gut im Gedächtnis zu haben, das könnten wirklich hilfreiche Ressourcen sein."

(Der Lehrer drückt jedesmal, wenn die Schülerin eine Ressource nennt, sanft ihre Hand. Er hält den Handanker weiter fest.)

L: "Helen, ich möchte, daß du dir ein Bild, eine Vorstellung von der jüngeren Person machst, die du warst, als du diese Angst erlebtest; und sag dieser jüngeren Person, was sie wissen müßte, um dieses Gefühl nicht mehr zu haben und nicht mehr so zu handeln."

(Der Lehrer gibt der Schülerin reichlich Zeit, diese Aufgabe auszuführen.)

L: "Jetzt, Helen, möchte ich dich zu dem ersten Mal zurückwandern lassen, als du diese unerwünschten Gefühle erlebt hast, und dann zu dem letzten Mal, wo du dich so gefühlt hast. Jedesmal wenn du dir eine Erfahrung vergegenwärtigst, nick bitte mit dem Kopf."

(Jedesmal wenn die Schülerin in eine Erfahrung eintritt, integriert der Lehrer die Anker, indem er den Handanker drückt und zugleich den negativen Anker leicht berührt. Danach hebt er alle Anker auf.)

L: "In Ordnung, Helen. Jetzt möchte ich, daß du dir das nächste Mal, wenn du vor einer Prüfung stehst, vorstellst. Höre, was du da hören würdest, sieh, was du sehen würdest, und fühle, was du fühlen würdest."

(Der Lehrer beobachtet das sensorische Feedback, um festzustellen, ob die Technik des Revidierens von Lebensmustern erfolgreich war.)

Dissoziation

Wie der Ausdruck besagt, kann die Technik der Dissoziation angewandt werden, um einen Schüler vor der Erfahrung starker Gefühle, die er zu vermeiden wünscht, zu bewahren. In diesem Sinne kann ein Schüler sich von den Gefühlen "dissoziieren" und leichter mit dem Leben fertig werden. Die einzelnen Schritte sind:

1. Helfen Sie dem Schüler, ein positives, gewünschtes Ziel festzulegen.

2. Bitten Sie den Schüler, eine neutrale oder dissoziierte Situation auszuwählen, und ankern Sie sie kinästhetisch. Eine dissoziierte Situation ist eine neutrale Situation, mit der wenig interne kinästhetische Gefühle verbunden sind. Das kann eine derart einfache Erfahrung sein wie etwa, die Straße hinunterzugehen.

3. Bitten Sie den Schüler, sich den "verfahrenen", gegenwärtigen Zustand *(stuck state)* zu vergegenwärtigen.

4. Holen Sie den Schüler mit dem neutralen oder dissoziierten Anker aus dem Stuck state heraus. Der Anker soll so lange gehalten werden, bis das sensorische Feedback anzeigt, daß die Dissoziation eingetreten ist.

5. Lassen Sie den Schüler Ressourcen auswählen, die ihm beim Neutralisieren oder Dissoziieren der verfahrenen Situation helfen würden. Ankern Sie die Ressourcen mit dem gleichen Anker, den Sie für den dissoziierten oder neutralen Zustand verwendet haben.

6. Bitten Sie den Schüler, sich den Stuck state zu vergegenwärtigen, und integrieren Sie den dissoziierten Anker.

7. Beobachten Sie das sensorische Feedback des Schülers und stellen Sie fest, ob die Technik der Dissoziation erfolgreich war. (Vereinfachte Schritte zur Dissoziation finden sich auf S. 216)

Einige sensorische Hinweise, die anzeigen, wann ein Schüler Dissoziation erfährt:

a) flacher Atem im oberen Brustraum

b) Augen nach oben gerichtet

c) bewegliches Gesicht

d) keine Körperbewegung

e) Kopf leicht nach hinten geneigt

f) Schultern nach hinten

Szenario zur Illustration der Dissoziation

Der Schüler hat Angstgefühle, wenn er mit einem bestimmten Lehrer zu tun hat.

L: "Tim, wenn ich dich richtig verstanden habe, möchtest du dich ganz kühl und ruhig fühlen, wenn du etwas mit Mr. Thomas zu tun hast."

S: "Ja, sicher möchte ich das."

L: "Ich möchte, daß du dich an eine Zeit erinnerst, in der du etwas tatest, das mit wenig Gefühlen verbunden war, sozusagen etwas Neutrales wie etwa Die-Straße-Hinuntergehen oder In-der-Sonne-Liegen. Kannst du dich an so eine Situation erinnern?"

S: "Ja."

(Der Lehrer ankert die neutrale oder dissoziierte Erfahrung. Wahrscheinlich wird ein kinästhetischer Anker der geeignetste sein.)

L: "Tim, ich möchte, daß du dir die letzte Begegnung mit Mr. Thomas vergegenwärtigst."

(Durch Beobachtung des sensorischen Feedbacks des Schülers wird der Lehrer sagen können, wann der Schüler in der verfahrenen Situation ist. Dann holt er ihn aus dem Stuck state heraus, indem er den neutralen Anker aktiviert. Sensorisches Feedback wird anzeigen, wann dies erreicht ist.)

L: "Tim, was für Ressourcen würden dir helfen, dein gewünschtes Ziel zu erreichen, daß du dich ganz kühl und ruhig fühlst, wenn du mit Mr. Thomas zusammen bist?"

S: "Es würde sicher helfen, wenn ich mich entspannen könnte. Ich wollte, ich könnte mehr lachen und mich stark fühlen."

(Der Lehrer ankert die Ressourcen mit dem gleichen Anker, den er für den dissoziierten oder neutralen Zustand verwendet hat.)

L: "Tim, ich möchte, daß du dir nochmals die letzte Begegnung mit Mr. Thomas vergegenwärtigst."

(Der Lehrer beobachtet das sensorische Feedback und aktiviert dann den Anker unter gleichzeitiger Integration des dissoziierten Ankers. Das sensorische Feedback zeigt die erfolgreiche Dissoziation an. Unter Umständen kann der Lehrer auch Anweisungen zum Future pacing geben. Den "Härtetest" wird natürlich erst die nächste Begegnung mit Mr. Thomas bringen.)

Anwendung emotionsverändernder Techniken bei Grundschülern

Lernen Sie, positive Anker bei Ihren Schülern zu etablieren. Beobachten Sie ihre Zugangshinweise, wenn sie sich glücklich, froh, erfolgreich usw. fühlen, und wenn sie sich auf einem Höhepunkt befinden, ankern Sie das Gefühl mit einem Lächeln, einem Nicken, einem Blinzeln, einer Berührung, einem Wort, einem Laut oder einer Kombination davon. Machen Sie den Anker reproduzierbar und versuchen Sie, das Gefühl wiederzubeleben, wenn es für die Schüler von Nutzen ist, dieses positive Gefühl zu haben. Lehren Sie die Schüler, ihre eigenen Anker zu etablieren und regelmäßig anzuwenden. Wenn nötig, kann auch das Stapeln von Ankern Teil des Prozesses sein.

Die Technik des Integrierens von Ankern kann bei Grundschülern auf verschiedene Weise angewandt werden. Wenn die eigenen, individuellen Anker eines Schülers stark sind und Ressourcen enthalten, die zu seinem gewünschten Ziel passen, kann der Lehrer ihn in den Stuck state versetzen und den eigenen Anker des Schülers aktivieren. Das führt dann zur Integration der Anker. Der Schüler muß dann einen neuen individuellen Anker entwickeln, der die gleiche Funktion wie der alte übernimmt. Ein anderer Vorschlag für den Lehrer: Seinen eigenen positiven Anker für einen bestimmten Schüler zu aktivieren, wenn sich der Schüler in einem Stuck state befindet. Wenn der Anker des Lehrers für den Schüler stark genug ist, kann auch dies zur Integration der Anker führen. (Der Lehrer würde dann einen neuen Anker für diesen Schüler etablieren müssen.) Die Technik des "Integrierens von Ankern in 30 Sekunden" kann für manche Situationen ein geeignetes, leichtes und erfolgreiches Verfahren sein.

Wenn nötig, kann die formalisierte Technik des Integrierens von Ankern für die Anwendung bei Grundschülern leicht abgewandelt werden, in erster Linie durch Vereinfachung der Sprache und des Verfahrens. Auf diese Weise kann es beschleunigt werden. Das Verfahren läßt sich schneller durchführen, nachdem es mehrmals praktiziert worden ist. Die Technik des Revidierens von Lebensmustern und die Technik der Dissoziation werden am besten in der angegebenen Form durchgeführt.

Übung 40:
Handlungen oder Wörter verstärken

Ziel: *Ankern zur Verstärkung bestimmter Handlungen anwenden lernen.*

A verläßt die Gruppe.

B soll eine bestimmte Handlung oder eine Reihe von Wörtern bei A verstärken, entweder durch positive oder durch negative Verstärkung. (B kann sich dazu eine Handlung oder ein Wort aussuchen, nachdem A zu sprechen begonnen hat.) Beispiel einer positiven Strategie wäre etwa, durch das Lächeln oder Nicken mit dem Kopf oder Sich-Vorbeugen usw. eine bestimmte Bewegung oder ein Wort zu verstärken. Negative Verstärkung wäre etwa, durch unpassendes Lachen, Unterbrechungen oder Stirnrunzeln usw. eine bestimmte Bewegung oder ein Wort zu verstärken.

C beobachtet und fungiert als Schiedsrichter.

Die Rollen tauschen.

Ergänzungsübung 40

Ziel: *Anker zur Verstärkung bestimmter Verhaltensweisen bei Schülern anwenden lernen.*

Der Lehrer wählt bei einem Schüler eine Verhaltensweise aus, die er verstärken möchte.

Mit einem oder mehreren Ankern verstärkt er die Verhaltensweise.

Übung 41:
Neue Verhaltensweisen formen

Ziel: *Anker verwenden lernen, um neue Verhaltensweisen zu formen.*

A verläßt den Raum oder begibt sich außerhalb der Hörweite der Gruppe.

B legt fest, wie er das Verhalten von A steuern will (zum Beispiel daß er A dazu bringt, seinen Kopf nach rechts oder nach links zu neigen usw.). Dann ruft er A zurück und verwickelt ihn in ein Gespräch, während er sein Verhalten formt.

C beobachtet und stellt fest, ob die Formungstechnik funktioniert hat.

Die Rollen tauschen.

Ergänzungsübung 41

Wiederholung von Ergänzungsübung 40.

Übung 42:
Einen individuellen Anker etablieren

Ziel: *Einen Anker etablieren lernen.*

Wählen Sie einen bestimmten Zustand, den Sie gern erreichen möchten. Verwenden Sie die gleiche Ankerungstechnik wie auf S. 124 oder, falls der Zustand dafür geeignet ist, den Anker für einen "State of Excellence". Testen Sie den Anker, um sicher zu sein, daß er funktioniert.

Ergänzungsübung 42

Ziel: *Schülern beim Entwickeln von Ankern helfen.*

Der Lehrer wählt einen Schüler aus und hilft ihm, einen Anker zu entwickeln.

Wenn nötig, hilft er ihm, Anker zu stapeln.

Übung 43: Schülern beim Etablieren ihres individuellen Ankers helfen

Ziel: *Schülern helfen, einen Anker zu etablieren.*

Helfen Sie einem Schüler, mit der auf S. 124 f. beschriebenen Technik einen positiven Anker seiner Wahl zu entwickeln. Lassen Sie ihn den Anker testen.

Ergänzungsübung 43

Wiederholung von Ergänzungsübung 42.

Übung 44: Anker stapeln

Ziel: *Anker stapeln lernen.*

A wählt einen Zustand, den er durch Stapeln von Ankern zu verändern wünscht.

B führt die Schritte durch, die der Technik des Stapelns von Ankern vorausgehen müssen, und hilft dann A bei der Durchführung des Verfahrens, Anker zu stapeln.

C beobachtet.

Die Rollen tauschen.

Ergänzungsübung 44

Wiederholung von Ergänzungsübung 42.

Übung 45: Anker integrieren

Ziel: Anker integrieren lernen.

A wählt eine Reaktion, die er zu ändern wünscht und die für die Technik des Integrierens von Ankern geeignet ist.

B führt die Schritte durch, die der Technik des Integrierens von Ankern vorausgehen müssen, und geleitet dann A durch diese Technik.

C beobachtet.

Die Rollen tauschen.

Ergänzungsübung 45

Ziel: Die Technik des Integrierens von Ankern bei einem Schüler anwenden.

Der Lehrer wählt einen Schüler aus, der eine für das Integrieren von Ankern geeignete Reaktion zeigt. Er führt das Verfahren des Integrierens von Ankern durch.

Übung 46: Lebensmuster revidieren

Ziel: Die Technik des Revidierens von Lebensmustern anwenden lernen.

A wählt eine Reaktion, die für die Technik des Revidierens von Lebensmustern geeignet ist.

B führt die Schritte durch, die der Technik des Revidierens von Lebensmustern vorausgehen müssen, und geleitet A durch diese Technik.

C beobachtet.

Die Rollen tauschen.

Ergänzungsübung 46

Ziel: Die Technik des Revidierens von Lebensmustern bei einem Schüler anwenden.

Der Lehrer wählt einen Schüler aus, der ein für das Revidieren von Lebensmustern geeignetes Problem hat, und wendet die Technik an.

Übung 47: Dissoziation von einem Stuck state

Ziel: Einen Stuck state neutralisieren. (Ein Stuck state ist ein negativer Zustand, in dem dem Betreffenden die Ressourcen oder die Kenntnisse fehlen, seinen Zustand in einem positiven Sinne zu verändern.)

Phase I

A wählt einen früher erlebten Stuck state und stellt sich vor, er wäre wieder in diesem Zustand.

B hilft A, das Wesen des Stuck state zu erkennen, indem er beschreibt, was er sieht, während

Ergänzungsübung 47

Ziel: Die Dissoziationstechnik bei einem Schüler anwenden.

Der Lehrer wählt einen Schüler aus, der sich von einem intensiven Gefühl dissoziieren möchte, und wendet die Dissoziationstechnik an.

er A seine Haltung fühlen usw., also das gesamte sensorische Ensemble durchleben läßt.

C beobachtet.

Phase II

B zieht A von der Stelle, an der er steht, fort und dreht ihn herum oder dissoziiert ihn auf andere Weise von dem Zustand.

A berichtet B, was er jetzt sieht und fühlt, zum Beispiel was jetzt anders ist als zu der Zeit, als er er in dem Stuck state war.

C stellt fest, daß A tatsächlich aus dem Stuck state heraus ist.

Die Rollen tauschen.

Übung 48: Stuck states überwinden

Ziel: Stuck states überwinden lernen.

Phase I

A konstruiert/erinnert eine hilfreiche Verhaltensweise, die er anwenden könnte, wenn er in einem Stuck state ist. Er visualisiert ein Bild von sich selbst, wie er diese Verhaltensweise darstellt.

Dann tritt er in den Stuck state ein, vergegenwärtigt sich das geistige Bild seines hilfreichen Verhaltens und überlagert damit die Physiologie seines Stuck state. Wenn das geistige Bild der neuen Verhaltensweise in Ordnung zu sein scheint, geht er in das Bild hinein und hat die neue Erfahrung.

B hilft A, den Stuck state zu überwinden, indem er beschreibt, was er sieht.

C beobachtet.

Phase II

A wählt sich eine Modellperson vom gleichen Geschlecht wie er selbst und visualisiert, wie diese Person mit der verfahrenen Situation fertig geworden wäre. Er geht in das Bild hinein, wechselt dann zu dem Stuck state über und tut so, als ob er diese Person sei, die mit seinem Stuck state fertig wird.

Ergänzungsübung 48

Ziel: Einem Schüler beim Überwinden eines Stuck state helfen.

Der Lehrer wählt einen Schüler aus, der Schwierigkeiten beim Überwinden eines Stuck state hat.

Er läßt den Schüler eine hilfreiche Verhaltensweise wählen, die er in einem bestimmten Stuck state anwenden könnte. Der Schüler tritt in den Stuck state ein, vergegenwärtigt sich das geistige Bild seines hilfreichen Verhaltens und überlagert damit die Physiologie seines Stuck state. Wenn das geistige Bild der neuen Verhaltensweise gut zu sein scheint, geht der Schüler in das Bild hinein und hat die neue Erfahrung.

Darauf wählt sich der Schüler ein Modell vom gleichen Geschlecht und visualisiert, wie diese Person mit der verfahrenen Situation fertiggeworden wäre. Er geht in das Bild hinein, tritt dann in den Stuck state ein und tut so, als ob er diese Person sei, die mit seinem Stuck state fertig wird.

Dann wählt sich der Schüler ein Modell vom anderen Geschlecht und folgt den gleichen Anweisungen wie im vorigen Absatz.

B beschreibt A, welche Veränderungen er in dessen Verhalten beobachtet.

C beobachtet.

Phase III

A wählt sich eine Modellperson des anderen Geschlechts und folgt den gleichen Anweisungen wie in Phase II.

B und C folgen gleichfalls denselben Anweisungen.

Die Rollen tauschen.

Übung 49: Dissoziation	**Ergänzungsübung 49**

Ziel: Die Dissoziationstechnik lernen.

A wählt eine Situation, in der eine Dissoziation hilfreich wäre. B führt die Schritte durch, die dieser Technik vorausgehen müssen, und geleitet dann A durch die Technik.

C beobachtet.

Die Rollen tauschen.

Wiederholung von Ergänzungsübung 47.

Ankern in der Klasse

Hier zehn weitere praktische Möglichkeiten, Anker in der Klasse zu etablieren:

1. Etablieren Sie bei notorischen Schwätzern Ankerpunkte (durch Standort, Haltung oder andere Anker), um sie zum Thema zurückzubringen.

2. Etablieren Sie eine bestimmte Stelle, von der aus stets alle Anweisungen gegeben werden.

3. Schaffen Sie einen ruhigen Platz, zu dem ein Schüler gehen kann, wenn er übererregt ist.

4. Schaffen Sie sich Ihren eigenen Anker, um in einen bestimmten Zustand, zum Beispiel Entspanntsein, zu kommen, der hilfreich für Sie wäre.

5. Ankern Sie einzelne Schüler oder die ganze Klasse, um Prüfungsangst zu mildern oder zu vermeiden.

6. Etablieren Sie eine Ecke im Klassenraum, die zur Lösung von Problemen bestimmt ist.

7. Verwenden sie einen visuellen Anker (zum Beispiel eine Comicfigur), um Ihre Stimmung am Beginn jedes Tages zu signalisieren.

8. Entwickeln Sie verschiedene visuelle Anker (drei oder vier Gesten) und einige auditive Anker (Geräusche, Tonfall, Wörter oder eine Kombination davon), um sie bei passender Gelegenheit anzuwenden.

9. Etablieren Sie eine bestimmte Stelle, an der Sie stets neuen Stoff lehren.

10. Lehren Sie die Schüler, einen Anker für sich selbst zu entwickeln.

Zusammenfassung

Emotionsverändernde Techniken (Ankern, Anker stapeln, Anker integrieren, Lebensmuster revidieren und Dissoziation) sind dazu bestimmt, einem Schüler, der bei einem bestimmten Reiz ein genau vorhersehbares Verhalten an den Tag legt, mehr Wahlmöglichkeiten zu geben. Diese Wahlmöglichkeiten können bestehen in der Entwicklung positiverer Reaktionen auf Gefühle wie Prüfungsangst und negative Einstellungen oder im Verändern einer Reaktion, die lange Zeit ein Teil seines Lebensmusters war, oder im Dissoziieren von Gefühlen, die durch einen bestimmten Reiz ausgelöst wurden. Diese Techniken sind, ebenso wie die im nächsten Kapitel besprochenen, äußerst wirkungsvoll. Verwenden Sie sie mit Liebe und Respekt, und die Entwicklung Ihrer Schüler wird wirklich erstaunlich sein!

Kapitel 17

Techniken grundlegender Verhaltensänderung

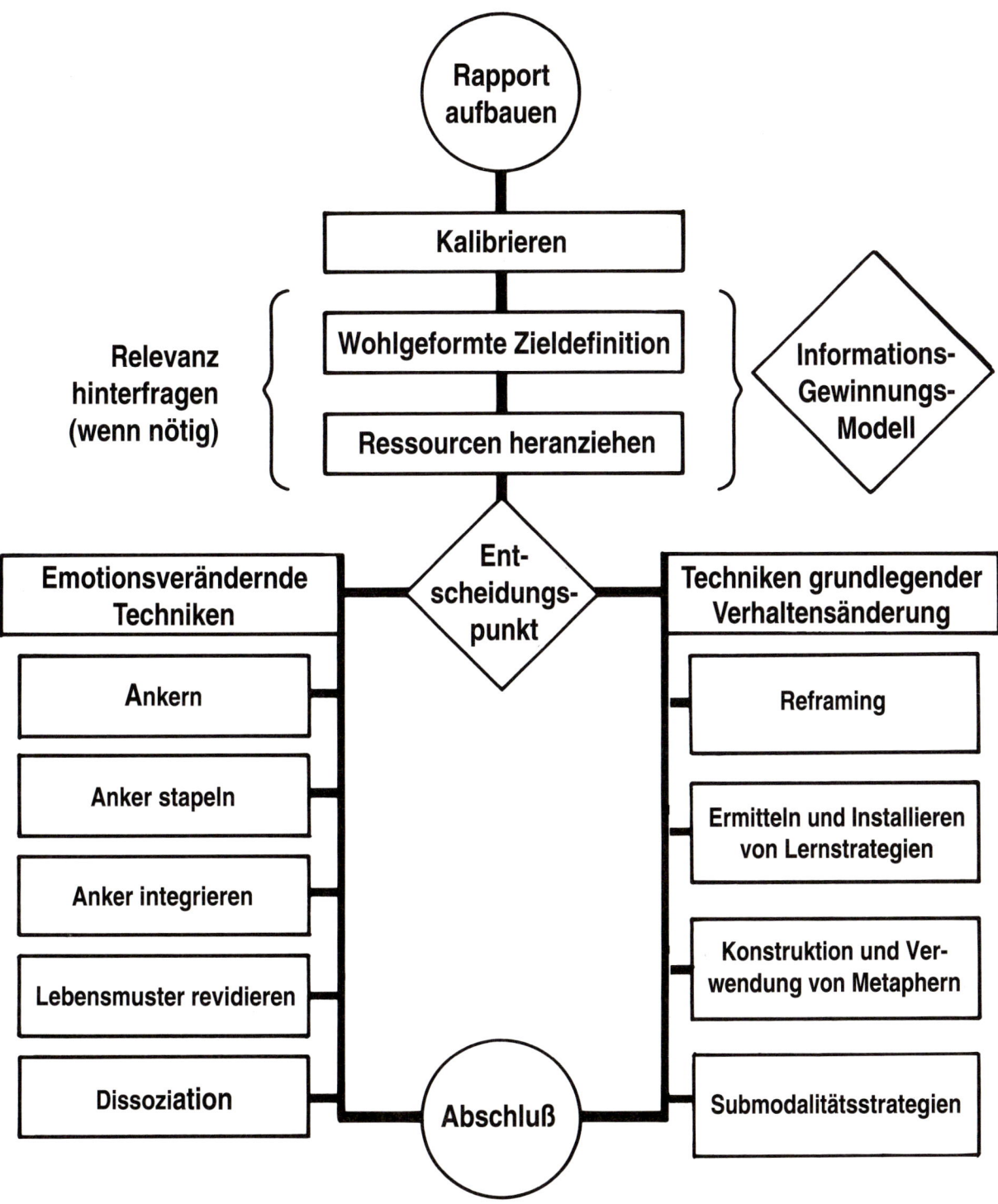

Eine Collegestudentin fragte mich einmal, ob ich ihr bei einem Problem, das mit ihrem Studium zusammenhing, helfen könne. Sie hatte einen Chemiekurs belegt, den sie für ihr Hauptfach brauchte, aber immer wieder verschlief sie und versäumte den Unterricht oder

kam in völlig aufgelöstem Zustand zu spät. Schließlich wurde ihr klar, daß dieses Verhalten die Noten in dem Kurs gefährdete, und sie wollte ihr Verhalten ändern, ehe ihre Noten absanken. Als Ergebnis wünschte sie sich, den Konflikt mit sich selbst zu bereinigen, so daß sie ihre Leistungen verbessern und den Kurs erfolgreich abschließen könne. Da diese Situation mit einem sekundären Gewinn verbunden zu sein schien (sie blieb bei ihrem Verhalten, obgleich ein Teil von ihr wußte, daß dies nicht zu ihrem Besten war), entschied ich mich für die Reframing-Technik. Mit dieser Technik lassen sich Konflikte zwischen inneren Teilen der Persönlichkeit bereinigen. In diesem Fall bestand der Konflikt zwischen dem Teil von ihr, der um ihre Gesundheit, und dem Teil, der um ihr Studium besorgt war. Der gesundheitsorientierte Teil wollte sie veranlassen, sich selbst etwas Gutes zu tun, indem sie sich so viel Schlaf gönnte, wie sie für ihr Wohlbefinden für nötig hielt. Der ausbildungsorientierte Teil wünschte, daß sie Erfolg hätte, wenn auch auf Kosten des langen Schlafens. Das Dilemma war interessant, denn wofür sie sich auch entschied, es ging auf Kosten eines ihrer Teile. Die Reframing-Technik half ihr, einige neue Wege zu entdecken, wie sie den Bedürfnissen beider Teile gerecht werden konnte, so daß sie ihre Schulziele erreichen und gleichzeitig eine ausreichende Portion Schlaf bekommen konnte. Eine Studentin aus demselben Kurs verifizierte, daß sie seit der Sitzung bei mir pünktlich zum Unterricht kam und voll dabei war. Die Studentin war in der Lage, ihr Verhalten zu verändern, als Resultat einer fünfzehnminütigen Sitzung bei mir!

Worum geht es?

Welche Reaktionen eines Schülers erfordern "Techniken grundlegender Verhaltensänderung"? Was sind "Techniken grundlegender Verhaltensänderung"? Wie werden sie angewandt?

Techniken grundlegender Verhaltensänderung werden angewandt in Situationen, in denen **ein bestimmtes Ziel in mehr als einem Kontext angestrebt** wird. Diese Situationen können gegeben sein durch Reaktionen auf Reize, die schon lange im Schulleben des Schülers existieren, wie unüberwindliche Prüfungsangst, geringe Motivation, negative Einstellung zur Schule, schwache Leistungen und unpraktische oder fehlende Lernstrategien zur Bewältigung des Stoffes.

Die fünf wichtigsten Techniken grundlegender Verhaltensänderung sind:

1. Reframing
2. Ermitteln von Lernstrategien
3. Installieren von Lernstrategien (Kapitel 19)
4. Verwenden von Metaphern (Kapitel 20)
5. Submodalitätsmuster (Kapitel 21)

Ehe diese Techniken angewandt werden, müssen alle Schritte vom Aufbau des Rapports bis zum Entscheidungspunkt durchgeführt sein.

Reframing

Reframing kann die Reaktionen eines Schülers auf eine real existierende Erfahrung, die mit einem sekundären Gewinn verbunden ist, verändern. Es kommt vor, daß ein Schüler nicht nur ein unerwünschtes Verhalten an den Tag legt und weiß, daß dieses Verhalten nicht zu seinem Vorteil ist, sondern daß er durch das unerwünschte Verhalten auch etwas gewinnt. Dieser Gewinn kann völlig unbewußt sein, erschwert aber die Veränderung. Es kann sich dabei um solche Verhaltensweisen handeln wie fehlende Motivation, jede Art unerwünschter, längere Zeit andauernder Reaktionen, Verhaltensweisen, die auf schwer zu steuernde

Gewohnheiten deuten, und Verhaltensweisen, die auf Drogenmißbrauch zurückgehen. Sekundärer Gewinn kann auch die häufig auftretenden psychosomatischen Symptome eines Schülers umfassen.

Reframing durch einen einzigen Satz

Eine besondere Art des Reframing ist das "Reframing durch einen einzigen Satz". Das Reframing durch einen einzigen Satz kann angewandt werden, um die Bedeutung eines bestimmten Reizes zu verändern. In diesem Fall ist der Reiz akzeptabel, aber die Reaktion nicht. Der Schüler kann beispielsweise sagen: "Teufel, was ist diese Arbeit schwer!" Oder: "Ich habe Angst, daß ich es nicht schaffe." (Um zu sehen, wie das Reframing durch einen einzigen Satz die Bedeutung dieser Aussage verändert, betrachten Sie die Spalte "Bedeutungsveränderung".)

Das Reframing durch einen einzigen Satz kann ferner angewandt werden, um den "Kontext" zu verändern. Kontextveränderung heißt, daß durch die Aussage des Lehrers bestimmte Reaktionen des Schülers mit einem Bündel neuer, anderer Begleitumstände oder Situationen verknüpft werden. Sie kann dazu führen, daß der Schüler seine Betrachtungsweise eines Sachverhalts ändert, und die veränderte Betrachtungsweise kann zu einer Verhaltensänderung führen. (Beispiele von Kontextveränderungen finden Sie in der Spalte "Kontextveränderung".) Die veränderte Betrachtungsweise kann dazu führen, daß der Schüler seine Situation neu bewertet, und kann überraschende und schnelle Veränderungen hervorbringen.

Bedeutungsveränderung	Kontextveränderung
S: "Teufel, was ist diese Arbeit schwer!"	S: "Teufel, was ist diese Arbeit schwer!"
L: "Ja, das ist sie, aber du wirst eine Menge dabei lernen und eine persönliche Befriedigung gewinnen, wenn du so schwer gearbeitet hast und mit einer so schwierigen Aufgabe fertig geworden bist."–	L: "Ja, das ist sie. Kannst du dich an eine Zeit erinnern, in der du schwer gearbeitet und dabei gefunden hast, daß es sich für dich gelohnt hat?"
S: "Ich habe Angst, daß ich es nicht schaffe."	S: "Ich habe Angst, daß ich es nicht schaffe."
L: "Ich verstehe, was du da sagst. Jemand hat mal gesagt: 'Angst ist eine Einladung zum Lernen.'"	L: "Ich verstehe, was du da sagst. Hat es jemals eine Zeit gegeben, in der deine Angst, es nicht zu schaffen, dich dazu gebracht hat, die Sache irgendwie erfolgreich zu bewältigen?"–
S: "Ich mache niemals irgend etwas richtig!"	S: "Ich mache niemals irgendwas richtig!"
L: "Ich kann dein Gefühl verstehen. Oft kommt der Erfolg gerade dann, wenn die Dinge aussichtslos zu sein scheinen."	L: "Ich kann dein Gefühl verstehen. Kannst du dich an eine Situation erinnern, in der du dasselbe Gefühl hattest, aber irgenwie doch schließlich Erfolg hattest?"

Die einzelnen Schritte beim Reframing

Wenn die verschiedenen Arten des Ankerns nicht den Erfolg haben, das Verhalten des Schülers zu verändern, kann es sein, daß dieses mit einem sekundären Gewinn verbunden ist. Dann sollten Sie die Reframing-Technik anwenden. Die folgenden neun Schritte illustrieren das Reframing-Verfahren:

1. **Der Schüler soll das Verhalten, das er zu verändern wünscht, identifizieren und in positiver Art formulieren. Weisen Sie ihn an, dem internen Teil, der das Verhalten verursacht, ein Etikett zu verpassen.** Das Etikett kann ein Buchstabe, eine Zahl, eine Farbe oder ein Deckname sein.

   Wenn der Schüler nicht gleich versteht, was mit "Teil" gemeint ist, hat der Lehrer verschiedene Möglichkeiten, den Begriff zu erklären. Wenn irgend möglich, benutzen Sie das Modell des Schülers von der Welt, um ihn zu erklären. Er kann zum Beispiel so erklärt werden, daß bestimmte Teile für die verschiedenen Körperfunktionen verantwortlich sind: Herzschlag, Blutdruck usw. Wenn der Schüler ein guter Sportler ist, knüpfen Sie die Erklärung an die Tatsache, daß er seine sportlichen Leistungen vollbringt, ohne sein Verhalten immerfort bewußt wahrzunehmen. Wenn er alt genug ist, um Auto zu fahren, entwickelt er auch hierfür unbewußte Verhaltensweisen. Wenn der Schüler das verstanden hat, kann der Lehrer sagen: "Das ist es, was ich mit 'Teil' meine, jener unbewußte Motivator."

2. **Bitten Sie den Schüler, sich nach innen zu wenden und stillschweigend zu fragen, ob der Teil von ihm, der das Verhalten verursacht (benutzen Sie das Etikett), bereit ist, Kontakt aufzunehmen.** Es kann hilfreich sein zu erklären, daß der Teil verschiedene Wege wählen kann, um Kontakt aufzunehmen: Der Schüler kann vielleicht eine interne Stimme hören; vor seinem geistigen Auge kann eine Farbe erscheinen; ein Finger kann zucken; oder es kann ein Gefühl auftreten. Wenn sich kein deutliches sensorisches Signal zeigt, fragen Sie den Schüler, ob er eine Antwort bekommen hat.

   Falls sich ein sensorisches Signal zu zeigen scheint, bitten Sie den Schüler, die Stärke des Signals zu intensivieren und sich zu vergewissern, daß es das gesuchte ist. Falls der Teil aus irgendeinem Grund keinen Kontakt aufnimmt, sagen Sie dem Schüler, er solle den Teil fragen, warum er keinen Kontakt aufnehmen will. Das genügt im allgemeinen als Anreiz, um die Kommunikation zu eröffnen, und das sensorische Signal kann dann bestimmt werden.

   Wenn das Signal des Schülers nicht auditiv ist, weisen Sie ihn an, sich eine visuelle Vorstellung seines sensorischen Signals zu machen. Es können dann direkte Fragen gestellt werden, und manchmal ergeben sich direkte Antworten, durch die das Verfahren außerordentlich vereinfacht wird.

3. **Bitten Sie den Schüler, dem Teil in Ihrem Namen zu danken, und veranlassen Sie ihn, wenn möglich, sich auch selbst für das von ihm erzeugte Verhalten zu danken.** Dem Dank liegt die Annahme zugrunde, daß der Teil für sein Handeln eine positive Absicht gehabt hat, obgleich das Verhalten negativ erscheint.

4. **Sagen Sie dem Schüler, er solle den Teil fragen, was er eigentlich für ihn zu tun versucht habe.** Wenn er eine negative Antwort gibt, zum Beispiel "um mir selbst zu schaden", soll der Schüler fragen, was denn die positive Absicht war, wenn er "sich selbst schaden" wollte. (Wenn auch nach mehrfachen Versuchen keine Antwort erfolgt – das ist selten –, dann gibt es die Möglichkeit, die restlichen Schritte durchzuführen, als ob alles wie geplant gelaufen wäre. Sollte die Antwort ausbleiben, weisen Sie den Schüler darauf hin, daß er unbesorgt sein kann; die Information wird ihm unbewußt gegeben.)

5. Bitten Sie den Schüler, mit seinem kreativen Teil Verbindung aufzunehmen und ihn zu bitten, ihm mindestens drei neue Wahlmöglichkeiten anzugeben, die der positiven Absicht des ursprünglichen Teils dienlich sind.

Wenn der Schüler Schwierigkeiten hat, seinen kreativen Teil zu identifizieren, fragen Sie ihn, ob es jemals eine Zeit gegeben hat, in der er kreativ war. Die Anwort dürfte positiv ausfallen, und Sie können dem Schüler sagen, daß das sein kreativer Teil ist. Wenn er dann immer noch Schwierigkeiten hat, den kreativen Teil zu identifizieren, gibt es die Möglichkeit, einen zu "schaffen". Sie stellen dem Schüler Fragen nach seinen Aktivitäten; dadurch wird ein kreativer Teil geschaffen. "Hast du jemals etwas Ungewöhnliches oder aus dem Rahmen Fallendes getan? Erzähl mir davon!" Ein derartiges Gespräch wird häufig zu Erfahrungen führen, bei denen Kreativität am Werk ist. Der Lehrer kann dem Schüler helfen zu verstehen, daß sein kreativer Teil die außergewöhnliche Erfahrung erfolgreich gemacht hat und daß dies der Teil ist, mit dem jetzt Verbindung aufgenommen werden soll.

In den seltenen Fällen, in denen mehrere Versuche, neue Alternativen zu ermitteln, keinen Erfolg zu bringen scheinen, versuchen Sie eine der folgenden Möglichkeiten:

a) "Denk mal nach, welche Alternativen es geben könnte."

b) "Wenn du Alternativen wüßtest, wie würden sie aussehen?"

c) "Ich möchte, daß du heute nacht die Alternativen träumst und mir morgen darüber berichtest."

d) "Vergegenwärtige dir jemanden, der sich in dieser Situation erfolgreich verhält. Was tut dieser Mensch?"

6. Sagen Sie dem Schüler, er solle den ursprünglichen Teil fragen, ob er diese neuen Wahlmöglichkeiten akzeptiert und ausprobieren will. Wenn es Einwände gibt, soll der Schüler den Teil fragen, warum dieser etwas dagegen hat.

Es kann notwendig werden, zu Schritt 5 zurückzugehen, um noch mehr Wahlmöglichkeiten zu erhalten. Wenn es keinen Kontakt mit dem ursprünglichen Teil gegeben hat und auch weiterhin nicht gibt, dann sagen Sie dem Schüler, daß diese neuen Alternativen auf der unbewußten Ebene entwickelt worden sind und daß es mit ihnen ebenso gut, wenn nicht besser, gehen wird, als wenn sie bewußt entwickelt worden wären. Dieser Augenblick ist geeignet für einen guten auditiven Anker, wie zum Beispiel ein Senken der Stimme, welcher für den Schüler ein Signal darstellt, daß es jetzt an der Zeit ist, die Information unbewußt zu entwickeln und zu integrieren.

7. Lassen Sie den Schüler fragen, ob irgendwelche anderen Teile Einwände gegen die neuen Wahlmöglichkeiten haben. Falls es Einwände gibt, sollen sie behandelt werden, als wenn sie von dem ursprünglichen Teil erhoben würden. Beginnen Sie mit dem Verfahren noch einmal bei Schritt 4.

8. Wenn es keinen unmittelbaren Test gibt, ob das gewünschte Verhalten jetzt auf Abruf zur Verfügung steht, lassen Sie den Schüler ein Future pacing durchführen zu dem nächsten Mal, wenn er mit einer ähnlichen Situation konfrontiert sein wird. Lassen Sie sich von dem Schüler berichten, was passiert, und beobachten Sie, ob es eine Beziehung zwischen seinen verbalen Aussagen und seinem sensorischen Feedback gibt. Dies ist der beste Test, den man machen kann, ehe der Ernstfall eintritt.

9. Lassen Sie den Schüler froh und zuversichtlich und mit Befriedigung darauf zurückblicken, wie jeder Teil mit ihm zusammengearbeitet hat, und lassen Sie ihn sich bei ihnen bedanken. (Vereinfachte Schritte zum Reframing finden Sie auf S. 217.)

Szenario zur Illustration des Reframing

Lynn hatte angegeben, daß sie es seit der Grundschule trotz größter Anstrengungen nicht geschafft habe, ihre Schulleistungen zu verbessern und daß dies zu einem Problem für sie geworden sei, das sie zu bewältigen wünsche. Der Lehrer kannte Lynn gut genug, um zu wissen, daß es stimmte, was sie sagte.

L: "Lynn, wenn ich dich richtig verstehe, wünschst du dir die Fähigkeit, deine Schulleistungen zu verbessern. Ist das richtig?"

S: "Ja, ich gäbe viel darum, bessere Noten zu bekommen, damit ich zum College gehen kann."

L: "Gut. Laß uns dem Teil, der für deine Unfähigkeit verantwortlich ist, ein Etikett geben: einen Decknamen, eine Farbe, einen Buchstaben, eine Zahl – was du willst."

S: "Ich denke, ich werde ihn 'Zero' nennen."

L: "Fein. Willst du jetzt in dich hineingehen und Zero fragen, ob er bereit ist, Kontakt mit dir aufzunehmen? Die Bereitschaft kann sich ausdrücken in Form eines Bildes, eines sensorischen Signals wie Wärme oder Kälte, oder du kannst etwas wie eine innere Stimme hören."

(Der Lehrer wartet, bis die Schülerin mit Zero Kontakt aufgenommen hat.)

S: "Zero sagt: O.K."

(Sollte Zero jetzt keinen Kontakt aufnehmen wollen, sagt der Lehrer der Schülerin, sie solle Zero fragen, warum er die Kommunikation ablehnt. Wenn sie aber ein Signal – außer einem internen auditiven (eine Stimme oder einen Gedanken) – erhält, sagt der Lehrer, sie solle den Teil bitten, das Signal zu intensivieren, damit man sicher ist, daß es sich um eine Kommunikation mit diesem Teil handelt.)

L: "Lynn, ich möchte, daß du Zero fragst, was er für dich zu tun versucht hat."

S: "Zero sagt, er habe Angst gehabt, ich würde mich so sehr auf meine Studien konzentrieren, daß ich darüber die angenehmen Seiten des Lebens versäumen würde."

L: "Zero hat also versucht, dir zu helfen, obgleich du seine Bemühungen nicht durchweg zu schätzen wußtest. Wenn du Zero dafür danken willst, dann tu es bitte. Ich möchte Zero ebenfalls für seine Bemühungen danken. Bedenke, daß Zero immer für dich da sein wird, wenn du ihn brauchst. (Pause) Jeder von uns hat einen kreativen Teil. Willst du jetzt mit deinem kreativen Teil Kontakt aufnehmen und ihn bitten, dir mindestens drei neue Wahlmöglichkeiten anzugeben, die deinen Bedürfnissen dienlich sind?"

S (überlegt eine Weile und sagt dann): "O.K., ich habe jetzt fünf Wahlmöglichkeiten."

(Da dies ein entscheidender Schritt ist, vergewissern Sie sich, daß es sich um gute Wahlmöglichkeiten handelt.)

L: "Gut! Frag jetzt Zero, ob er bereit ist, diese fünf neuen Wahlmöglichkeiten zu akzeptieren, um damit seinen Absichten zu dienen."

S: "Zero ist bereit, es mit ihnen zu versuchen."

L: "Ausgezeichnet! Willst du nun wieder in dich hineingehen und fragen, ob es noch andere Teile gibt, die als Verursacher dieses Verhaltens eine Rolle spielen? Wenn es welche gibt, bitte auch sie, die Wahlmöglichkeiten zu akzeptieren."

S: "Nein, es sind keine anderen Teile beteiligt."

L: "Lynn, frag bitte, ob irgendwelche anderen Teile etwas gegen diese neuen Wahlmöglichkeiten haben."

S: "Nein, es gibt keine Einwände."

L: "Lynn, jetzt möchte ich, daß du in die Zukunft wanderst und an das nächste Mal denkst, wenn du normalerweise durch Zero gestört werden würdest. Was passiert jetzt?"

(Der Lehrer beobachtet das sensorische Feedback, um den Erfolg des Reframings zu testen.)

S: "Toll! Ich habe die Arbeit tatsächlich geschafft und habe sie sogar gut gemacht!"

L: "Lynn, bedanke dich bei allen Teilen, sowohl in deinem wie in meinem Namen."

Ermitteln von Lernstrategien

Der Mensch organisiert seine subjektiven Erfahrungen durch einfache und komplexe Arrangements von sensorischen Systemen. Diese Arrangements heißen "Lernstrategien". Jeder von uns verarbeitet seine subjektiven Erfahrungen, und dabei treten unsere sensorischen Systeme automatisch nacheinander in Aktion. Der eine trifft seine Entscheidungen etwa, indem er von dieser Reihenfolge Gebrauch macht: $V^i \longrightarrow A^i_d \longrightarrow K^i \longrightarrow$ Abschluß (visuell: Bild, auditiv: interner Dialog, kinästhetisch: interne Gefühle). Ein anderer benutzt vielleicht eine leicht abgewandelte Folge, um seine Entscheidung zu treffen: $A^i_d \longrightarrow V^i \longrightarrow K^i \longrightarrow$ Abschluß. Jedes sensorische System (V, A oder K) wird als Komponente der Strategiesequenz betrachtet. Die vollständige Sequenz bildet in ihrem Zusammenwirken eine Lernstrategie.

Lernstrategien erlauben den Menschen, ein Verhalten zu entwickeln und durchzuführen. Sie werden zu Hunderten erzeugt und reichen von dem, was man zum Frühstück ißt und wie man das tut, bis hin zur Planung von komplexeren Verhaltensweisen und Aufgaben. Als Beispiel einer möglichen Lernstrategie könnten Sie zum Erlernen des vorliegenden Stoffes folgendermaßen vorgehen:

1. **Lesen Sie jedes Kapitel.** Sie können sich eine Zeit aussuchen, in der es Ihnen leicht fällt, sich auf das Lesen des Buches zu konzentrieren.

2. **Hören Sie innerlich die Worte.** Beim Lesen des Buches können Sie die Worte innerlich hören.

3. **Beobachten Sie Ihre internen Gefühle.** Der Leser kann sich selbst beobachten, um festzustellen, was sein Körper in bezug auf den Inhalt dessen, was er liest, fühlt.

4. **Führen Sie die Übungen auf sensorischer Grundlage durch und wenden Sie die Fertigkeiten an.**

   Wenn alle internen Gefühle positiv geantwortet haben, wird der Leser die Fertigkeiten wahrscheinlich zunächst mit den Kollegen praktizieren, die mit ihm die Übungen durchgeführt haben, ehe er sie bei seinen Schülern anwendet.

   Diese Sequenz ließe sich folgendermaßen darstellen: $V^e \longrightarrow A^i_d \longrightarrow K^i \longrightarrow$ Abschluß (visuell: extern, auditiv: interner Dialog, kinästhetisch: intern, mit einem Abschluß in Gestalt der Entscheidung, die praktischen Übungen durchzuführen).

   Die meisten Schüler haben mindestens eine Überlebensstrategie für die Schule entwickelt, die sie befähigt, neuen Stoff zu lernen und mit der Schule zurechtzukommen. Es geschieht aber häufig, daß eine erfolgreiche Strategie für eine bestimmte Situation entwickelt und dann auch bei anderen Situationen angewandt wird, in denen sie sich als weniger erfolgreich oder sogar als völlig verfehlt erweist. Das Peter-Prinzip, das die Menschen auf die Höhe der Inkompetenz führt, mag dadurch jetzt in einem neuen Licht erscheinen. Lehrer haben es in der Welt der Erziehung schon vielfach am Werk gesehen. Häufig wird ein erfolgreicher Lehrer Schulleiter. Der Leitgedanke bei der Ernennung zum Schulleiter ist, daß die guten Strategien für den Unterricht, die er als Lehrer benutzt hat, automatisch auch gute Strategien für einen Schulleiter seien. Wenn der Lehrer aber nicht flexibel ist und über andere Strategien verfügt, die in dieser neuen Situation erfolgreich sein können, wird er sehr bald zu einem entsetzlichen Schulleiter werden.

Schüler, die als langsame Lerner eingestuft werden (von den Hirngeschädigten abgesehen), haben vielleicht einfach nur ungeeignete Lernstrategien, die sich so verändern lassen, daß ein effizienteres Lernen möglich wird. Die meisten Lernstrategien laufen unbewußt ab. Daher muß der Lehrer, bevor er sie modifizieren kann, fähig sein, sie zu identifizieren. Lernstrategien setzen sich aus einzelnen Schritten oder Sequenzen zusammen. Jeder Schritt ist mit dem vorausgehenden verknüpft, so ähnlich, wie wenn man die Wagen einer Kindereisenbahn aneinanderhängt. Die einfachste Lernstrategie, die den Schüler befähigt, sein Ziel zu erreichen, verdient allemal den Vorzug.

Der Unterschied zwischen einer erfolglosen und einer erfolgreichen Lernstrategie ist durch folgende spezifischen Bedingungen bestimmt:

1. Die Strategie muß alle wichtigen sensorischen Systeme (V, A und K) beteiligen.

2. Die Lernstrategie muß ein bestimmtes Ziel haben.

3. Die Lernstrategie muß einen geordneten, schrittweisen Ablauf, einen Vergleichs- und einen Entscheidungspunkt haben.

4. Die Lernstrategie sollte mindestens drei Wahlmöglichkeiten haben.

5. Die Lernstrategie sollte eine externe Kontrollmöglichkeit haben – etwas, das eine Beziehung zur Außenwelt herstellt. Das kann von einer zeitlichen Begrenzung bis zur Anweisung an den Schüler gehen, sich am Ende der Lernstrategie zu fragen, ob er darin drei Wahlmöglichkeiten entwickelt hat. Diese letzte externe Kontrolle dient als eine Art Future pacing.

Zwar gibt es immer Ausnahmen von diesen Bedingungen, bei den meisten erfolgreichen Lernstrategien aber sind sie erfüllt.

Die **Analyse zweier Lernstrategien**, die von zwei verschiedenen Erwachsenen verwendet wurden, um eine Entscheidung zu treffen, soll die Bedingungen illustrieren.

Beispiel 1: Bei der ersten Lernstrategie ($V^e \longrightarrow V^{er} \longrightarrow A^i_d \longrightarrow V^{er} \longrightarrow V^k \longrightarrow K^i \longrightarrow$ Abschluß) läuft folgendes ab: Der Betreffende ...

V^e – sieht etwas, einen Gegenstand, einen Bericht usw.;

V^{er} – ruft die Erinnerung an eine Zeit herauf, wo er eine ähnliche Entscheidung getroffen hat;

A^i_d – spricht mit sich selbst darüber;

V^{er} – vergegenwärtigt sich das vergangene Bild oder die Bilder, die mit der Situation zusammenhingen;

V^k – konstruiert ein Bild von sich selbst, wie er die Entscheidung trifft;

K^i – prüft seine internen Gefühle, um zu entscheiden, ob seine Entscheidung sich gut anfühlt.

Vergleicht man diese Lernstrategie mit den Bedingungen erfolgreicher Lernstrategien, so sieht man, daß alle wichtigen sensorischen Systeme integriert sind, daß sie ein bestimmtes Ziel und einen geordneten, schrittweisen Ablauf hat. Der Vergleichspunkt erscheint in dem Abschnitt V^{er} —> A^i_d —> V^{er} der Lernstrategie. Der Betreffende vergegenwärtigt sich ein visuelles Bild, wiederholt ein vergangenes Gespräch und vergegenwärtigt sich noch einmal das gleiche visuelle Bild. Dann konstruiert er ein visuelles Bild (V^k). Der Entscheidungspunkt wird erreicht, wenn er seine Gefühle prüft (K^i). Solange man den Kontext der Situation und die aktuelle Entscheidung nicht kennt, ist es schwer festzustellen, ob die Strategie drei Wahlmöglichkeiten und eine externe Kontrollmöglichkeit hat.

Beispiel 2:   Bei der zweiten Lernstrategie (V^e oder A^e —> K^i/K^i_{er} —> V^k/V^{er} —> K^i —> A^i_d —> K^i —> Abschluß) geht es um die Entscheidung, ein bestimmtes Buch zu kaufen. Der Betreffende ...

V^e oder A^e – sieht ein bestimmtes Buch angezeigt und/oder liest eine Besprechung des Buches oder hört jemand anderen von dem Buch sprechen;

K^i/K^i_{er} – vergleicht seine gegenwärtigen Gefühle in bezug auf das Buch mit seinen erinnerten Gefühlen in bezug auf Bücher über diesen Gegenstand, um die Stärke seines Interesses zu bestimmen;

V^k/V^{er} – vergleicht sich selbst, wie er jetzt das Buch kauft, mit früheren Fällen, wo er ein Buch kaufte;

K^i – prüft seine Gefühle in bezug auf den Kauf des Buches;

A^i_d – spricht mit sich selbst über die Wahlmöglichkeiten: Er kann das Buch kaufen oder nicht kaufen; oder er kann sich entscheiden, es nicht jetzt, sondern zu einem späteren Zeitpunkt zu kaufen; oder er kann jemand anders bitten, es für ihn zu kaufen; oder er kann sich von einem Freund eine Kopie ausleihen; oder er kann es in der Bibliothek lesen; oder er kann sich fragen, was es noch für Wahlmöglichkeiten gibt; oder er kann sich entscheiden, die Entscheidung zu vertagen;

K^i – prüft noch einmal seine Gefühle in bezug auf die Wahlmöglichkeiten und entscheidet sich dann.

Die Übungen auf sensorischer Grundlage am Ende dieses Kapitels können Ihre Wahrnehmungsfähigkeit schärfen, um die nötigen Informationen (Aussagemuster, Zugangshinweise) zur Identifizierung einfacher Lernstrategien zu gewinnen.

Das Ermitteln einfacher Lernstrategien beginnt mit dem Anfang der Strategie.
Die folgenden Schritte werden beim Ermitteln einer Strategie hilfreich sein:

1. Stellen Sie Rapport her.

2. Geleiten Sie den Schüler durch die Lernstrategie, die Sie zu ermitteln suchen, indem Sie ihn diese wieder durchgehen lassen und ihn beobachten.

3. Achten Sie auf Augenbewegungen des Schülers und stellen Sie, wenn erforderlich, Fragen, um die Lernstrategiesequenz zu klären.

Szenario zur Illustration des Ermittlungsverfahrens

In der Überzeugung, daß ein Schüler, der Schwierigkeiten beim Rechtschreibtest hat, eine ungeeignete Lernstrategie verwendet, entschließt sich der Lehrer, die Lernstrategie des Schülers zu ermitteln, mit der er sich an die richtige Schreibweise von Wörtern zu erinnern versucht.

L: "Johnny, ich möchte sehen, ob ich herausfinden kann, warum du Schwierigkeiten
     hast, dich an die richtige Schreibweise von Wörtern zu erinnern. Willst du mir zeigen,
     wie du daran gehst, die richtige Schreibweise eines Wortes zu lernen?"

S: "Ja."

L: "Hier sind einige Wörter. Laß uns gleich das erste nehmen."

     (Der Schüler blickt auf das erste Wort. (V^e))

L: "Johnny, tu bitte so, als ob du dieses Wort jetzt für deinen wöchentlichen Test lernen
     wolltest. Zeige mir, wie du das machen würdest."

     (Johnnys Augen bewegen sich, von ihm aus gesehen, nach unten links (A^i_d), zeigen also
     an, daß er mit sich selbst spricht. Dann versucht er, das Wort richtig zu schreiben,
     schafft es aber nicht. (K^e))

Um seine Beobachtung zu verifizieren, läßt der Lehrer den Schüler versuchen, sich
weitere Wörter zu vergegenwärtigen. Johnnys Antwort bleibt sich immer gleich. Johnnys
Lernstrategiesequenz ist:

$$V^e \longrightarrow A^i_d \longrightarrow K^e \longrightarrow \text{Abschluß.}$$

Seine Schwierigkeit liegt in der Tatsache, daß seine Lernstrategie eine auditive Komponente verwendet, aber keine visuelle Komponente besitzt. (Gute Rechtschreiber
visualisieren die Wörter und haben keine auditive Komponente.)

Fahren Sie jetzt fort, Lernstrategien zu ermitteln, indem Sie die folgende Aufgabe ausführen.

Aufgabe G: Ermitteln einer Lernstrategie

---

*Suchen Sie sich einen Partner. (Es kann hilfreich sein, einen Dritten zu beteiligen, der die Augen-
bewegungen zu identifizieren hilft.) Kalibrieren Sie die Augenbewegungsmuster Ihres Partners.
Wählen Sie eine oder mehrere der folgenden Situationen. (Je mehr Praxis Sie haben, desto besser
werden Sie beim Ermitteln der Strategien sein.) Ermitteln Sie die Strategie Ihres Partners für die
gewählte(n) Situation(en). Zeichnen Sie die Informationen auf.*

1. Wie treffen Sie die Entscheidung in bezug auf den Kauf eines bestimmten Gegenstandes?

2. Wie lernen Sie?

3. Wie motivieren Sie sich zum Rasenmähen oder zur Erledigung einer anderen Aufgabe?

*4. Rufen Sie sich eine Zeit ins Gedächtnis, in der Sie etwas Schöpferisches taten.
Beschreiben Sie die Schritte, die Sie dabei ausführten.*

5. Wie wählen Sie die gesellschaftlichen Aktivitäten aus, an denen Sie teilnehmen?

Mittlerweile sollten Sie sich schon beträchtlich sicherer im Ermitteln von Strategien fühlen. Um weitere Praxis zu gewinnen, wählen Sie einen oder mehrere Schüler aus, die einen bestimmten Stoff gut bewältigen, und ermitteln ihre Strategien auf die gleiche Weise wie bei der praktischen Aktivität. Dann ermitteln Sie die Strategien einiger Schüler, die nicht so gut sind, und vergleichen diese Strategien mit denen der Schüler, die auf demselben Gebiet gute Leistungen zeigen. Welche(n) Unterschied(e) finden Sie? In manchen Fällen müssen die Schüler nur eine Sequenz ihrer Strategien verändern oder eine Sequenz hinzufügen, um bessere Leistungen zu erzielen.

Installieren von Lernstrategien

Die Verfahren zum Ermitteln und Installieren einer Lernstrategie sind eng miteinander verknüpft. Das Installierungsverfahren besteht aus:

1. allen Schritten vom Rapportaufbau bis zum Entscheidungspunkt;

2. verschiedenen Wahlmöglichkeiten:

    a) den Schüler eine Aufgabe wählen lassen, die er erfolgreich bewältigt, und dann diese erfolgreiche Strategie sowie die erfolglose Strategie ermitteln und beide miteinander vergleichen;

    b) die erfolglose Strategie mit der Absicht ermitteln, eine oder mehrere Komponenten zu verändern, um sie erfolgreich zu machen;

    c) eine Strategie installieren, die sich bereits als erfolgreich hinsichtlich des Zieles erwiesen hat.

Lernstrategien werden installiert durch Wiederholen und durch Ankern. Strategien durch Wiederholen installieren heißt, daß die einzelnen Schritte einstudiert werden: Der Schüler wird durch die Schritte geführt, bis er sie automatisch anwendet, wenn er die betreffende Strategie benötigt. Im allgemeinen wird dieses Verfahren mit dem Setzen eines Ankers kombiniert. Dilts (*Strukturen subjektiver Erfahrung*, Paderborn 1989, S. 246-249) diskutiert eine Fallstudie, in der zum Installieren einer Lernstrategie Wiederholen und Ankern angewandt werden. Ein kleines Mädchen hatte Schwierigkeiten beim Lesen und bei der Rechtschreibung. Es brachte ständig die Wortbilder durcheinander, und ein Spezialist hatte eine Dyslexie (Lesestörung) diagnostiziert. Da die Fähigkeit der internen Visualisierung sowohl für das Lesen als auch für die Rechtschreibung von wesentlicher Bedeutung ist, beschloß der Lehrer, die Fähigkeit des Mädchens, interne Bilder zu erzeugen, zu prüfen. Das Mädchen war fähig, eine Anzahl vom Lehrer vorgeschlagener Bilder zu erzeugen und zu beschreiben. Der nächste Schritt war, seine Lese- und Rechtschreibstrategie zu ermitteln. Der Lehrer hielt dem Mädchen eine Karte mit Worten und Sätzen vor und bat es, sie zu lesen und dann jedes Wort zu buchstabieren. Die Augen des Kindes wanderten, von ihm aus gesehen, nach unten links (A^i_d), glitten nach rechts hinüber (K^i) und wieder zurück nach links (A^i_d). Seine Strategie verzichtete also völlig auf eine visuelle Komponente, die ein wichtiger Abschnitt jeder erfolgreichen Lese- und Rechtschreibstrategie ist!

Oft empfiehlt sich ein Spiel außerhalb der Lernstrategie-Installierung, besonders wenn man mit kleinen Kindern arbeitet. Das Mädchen stimmte einem Vorschlag des Lehrers zu, mit Karten zu spielen, ein Spiel, das Spaß machte und nicht verlangte, daß man lesen oder buchstabieren zu lernen versuchte. Der Lehrer hielt eine Karte hoch, und während er von links nach rechts auf jeden einzelnen Buchstaben zeigte, sollte das Kind erst jeden Buchstaben und dann jedes Wort aussprechen. Diese Sequenz kann dargestellt werden als: $V^e \longrightarrow A^e_d$. Das Kind wurde danach angewiesen, auf das ganze Wort zu schauen, es laut auszusprechen, dann nach unten rechts zu blicken und vom Gefühl her festzustellen, ob die Laute, die es aussprach, ein wirkliches Wort ergaben. Wenn Gefühle und Worte nicht zueinander paßten, sollte es noch einmal auf die Buchstaben schauen, sie auf andere Art aussprechen und feststellen, wie es sich in bezug auf die neue Aussprache und das Wort fühlte.

Jedesmal wenn es das Wort richtig aussprach und las, ankerte der Lehrer den Erfolg durch ein Lächeln, wobei er in anerkennendem Ton sagte: "Gut!" und sein Handgelenk drückte. Dann zeigte er ihm eine Karte, legte sie wieder hin und ließ es die Augen nach oben links (V^{er} – das Mädchen war normal rechtshändig) richten, bis es die soeben hochgehaltene Karte visualisieren konnte. Nachdem es die Buchstaben visualisiert hatte, sollte es sie in einer anderen Farbe sehen, die es selbst wählen konnte. Wenn es die Buchstaben deutlich sah, sollte es sie laut vorlesen (nicht buchstabieren), so, wie es sie visualisierte. Wenn das Mädchen Schwierigkeiten hatte, half ihm der Lehrer, indem er den Finger von links nach rechts bewegte. Danach sollte es die Wörter visualisieren, die Farbe der Wörter verändern, wenn es Lust dazu hatte, die Buchstaben laut aussprechen, wieder auf die Buchstabenfolge schauen, das Wort aussprechen und die Richtigkeit seiner Gefühle zu all dem feststellen, indem es die Augen nach unten rechts wandern ließ. Wenn es jeden Schritt erfolgreich durchgeführt hatte, wurde der Anker gesetzt (Lächeln, "gut", Druck auf das Handgelenk).

Wenn das Kind im weiteren Verlauf des Spiels irgendeine Schwierigkeit hatte, ließ der Lehrer die Visualisierung oder die Aussprache vor seinem geistigen Auge auftauchen, indem er sein Handgelenk drückte. Das Kind wurde angewiesen, sich jedes Wortbild oder seine Aussprache einfach durch einen Druck auf das Gelenk zu vergegenwärtigen. Der Lehrer berichtete, daß das Kind, obgleich es gelegentlich einen Buchstaben ausließ, während des ganzen Spiels keine Wörter oder Buchstaben durcheinanderbrachte. Das Kind war ein großes Stück weitergekommen und, wichtiger noch, fühlte sich wohl dabei!

Beachten Sie, daß der Nachdruck auf dem Lernprozeß, nicht auf dem Stoff lag; die Lernerfahrung war einfach ein Spiel, und jede Schwierigkeit, die die Schülerin hatte, wurde behandelt, indem man ihre Augenbewegungsmuster veränderte. Ihre ursprüngliche Strategie $V^e \longrightarrow A^i_d \longrightarrow K^i \longrightarrow A^i_d$ war ebenso wie die Rechtschreibstrategie $A^i_d \longrightarrow K^i \longrightarrow A^i_d$ für das Erreichen des jeweiligen Ziels ungeeignet. Es wurden zwei neue Lernstrategien installiert. Diese Komponenten enthielten eine Sehen-Lesen-Strategie ($V^e \longrightarrow A^e_d \longrightarrow K^i \longrightarrow V^e \longrightarrow$ Abschluß) und eine Buchstabierstrategie ($V^i \longrightarrow A_d \longrightarrow K^i \longrightarrow V^i \longrightarrow$ Abschluß).

Grinder berichtet (in: Bandler/Grinder, *Neue Wege der Kurzzeit-Therapie*, Paderborn 1987, S. 147) über den ähnlichen, aber einfacheren Fall eines Kindes, das Rechtschreibschwierigkeiten hatte. Grinder gab dem Jungen eine Liste mit zehn Wörtern, die er ansehen sollte; dann sollte er versuchen zu sagen, was die Wörter bedeuten – statt sie zu buchstabieren. Da der Visualisierungsprozeß des Jungen nicht gut entwickelt war, hatte er Schwierigkeiten, Grinders Anweisungen auszuführen. Grinder beschloß, eine persönliche Erfahrung des Jungen mit der Buchstabieraufgabe zu kombinieren. Er fragte ihn, wer sein Lieblingsheld aus "Star Wars" sei. Der Junge antwortete, das sei Wookie. Grinder ließ ihn die Wörter in Wookies Mund visualisieren und in Druckbuchstaben aufschreiben. Der Junge war jetzt fähig, die Wörter rasch zu lernen! (Dies ist ein ausgezeichnetes Beispiel, wie man das Modell des Jungen von der Welt mit der Lernerfahrung verbinden kann.).

Anwendung der Techniken grundlegender Verhaltensänderung bei Grundschülern

Der wichtigste Rat hinsichtlich der Anwendung der formalisierten Reframing-Techniken bei Grundschülern ist, sie so einfach wie möglich zu gestalten. Machen Sie einen Spaß oder ein Spiel daraus. Wenn Sie flexibel genug sind, mit der Technik zu experimentieren, werden

Sie zu einer praktischen Reframing-Technik kommen, die für die Bedürfnisse des Schülers und letztlich auch für Ihre Lernziele die richtige ist.

Weiter oben in diesem Kapitel wurden einige Vorschläge zum Ermitteln und Installieren von Lernstrategien bei Elementarschülern gemacht. Das folgende Kapitel gibt einige spezifische Strategien wieder, die man installieren kann, um Kindern zu helfen, Rechtschreibung und Mathematik leichter zu lernen und kreativ zu schreiben.

Übung 50:
Reframing durch einen einzigen Satz

Ziel: *Reframing durch einen einzigen Satz entwickeln.*

A, B und C vergegenwärtigen sich öfter wiederkehrende Situationen in ihrer Unterrichtspraxis, bei denen Reframing durch einen einzigen Satz hilfreich sein kann.

Sie entwickeln für diese Situation geeignete Reframings, die die Bedeutung und/oder den Kontext verändern.

Die Reframings werden ausgetauscht und kritisch begutachtet.

Ergänzungsübung 50

Ziel: *Reframing durch einen einzigen Satz in Situationen in der Klasse anwenden.*

Der Lehrer wendet bei einem Schüler, wenn nötig, Reframing durch einen einzigen Satz an.

Er achtet besonders auf das sensorische Feedback und das nachfolgende Verhalten des Schülers.

Übung 51: Reframing

Ziel: *Die Reframing-Technik lernen.*

A wählt eine Reaktion, die mit einem sekundären Gewinn verbunden ist.

B führt die Schritte durch, die dem Reframing vorausgehen müssen, und geleitet A durch die einzelnen Schritte.

C beobachtet.

Die Rollen tauschen.

Ergänzungsübung 51

Ziel: *Die Reframing-Technik bei einem Schüler anwenden.*

Der Lehrer wählt einen Schüler aus, der sein Verhalten zu ändern wünscht. Das zu verändernde Verhalten muß mit einem sekundären Gewinn verbunden sein.

Der Lehrer geleitet den Schüler durch die Reframing-Schritte.

Übung 52: Lernstrategien ermitteln

Ziel: Lernen, Lernstrategien zu ermitteln.

A wählt eine Strategie (vorzugsweise eine, die mit Lernen zu tun hat), die er ermitteln möchte.

B ermittelt die Strategie.

C beobachtet.

Die Rollen tauschen.

Ergänzungsübung 52

Ziel: Eine Lernstrategie bei einem Schüler installieren.

Der Lehrer wählt einen Schüler aus und installiert bei diesem Schüler durch Wiederholen und/oder Ankern eine Lernstrategie.

Zusammenfassung

Der Schwerpunkt der heutigen Erziehung liegt häufig auf dem Darbieten von Informationen, statt die Schüler zu lehren, wie man einen Stoff lernt. Das Markenzeichen einer liberalen Erziehung aber ist: Lernen, um eine allseits gebildete Persönlichkeit zu werden, die fähig ist, das Gelernte im täglichen Leben anzuwenden. Wenn Lehrer imstande wären, die Kinder zu lehren, wie man lernt, indem sie die Verfahren des Ermittelns und Installierens von Lernstrategien anwendeten, könnte das Ziel der Schüler, allseits gebildet zu sein, Wirklichkeit werden.

Die Lernstrategien, das heißt die Sequenzen von Arbeitsschritten der sensorischen Systeme zur Verarbeitung subjektiver Erfahrungen, laufen im allgemeinen unbewußt ab. Erfolgreiche Strategien beteiligen alle sensorischen Systeme, haben bestimmte Ziele, haben einen geordneten, schrittweisen Ablauf, haben einen Vergleichs- und einen Entscheidungspunkt, haben mindestens drei Wahlmöglichkeiten und haben eine externe Kontrollmöglichkeit, die als Verbindung zur Außenwelt dient. Lernstrategien werden ermittelt, indem man Fragen stellt und die Augenbewegungen des Schülers beobachtet. Der Lehrer sollte das Ermittlungsverfahren am Ende der Strategie beginnen und sich dann zum Anfang vorarbeiten. Das Installieren von Strategien geschieht am häufigsten durch eine Kombination von Wiederholen und Ankern. Bis die Fachleute universelle Strategien entwickelt haben, die einfache und effektive Wege eröffnen, wird der Lehrer die Lernstrategien erfolgreicher Schüler studieren müssen. Er kann in erheblichem Maß dazu beitragen, daß die Schüler ihren Stoff leichter bewältigen, wenn er sie solche Strategien lehrt.

Kapitel 18

Spezifische Lernstrategien

Der Schultag war zu Ende, und der Meister war in nachdenklicher Stimmung. Er blickte auf den Tag zurück und entsann sich der Befriedigung, die er empfunden hatte, als er bei einem Schüler, der Schwierigkeiten mit einem Stoff hatte, eine Lernstrategie installiert hatte. Wie froh war der Schüler gewesen, daß er jetzt fähig war, seine Arbeit in kurzer Zeit korrekt zu erledigen! Der Meister erlaubte seinen Gedanken, zu seinen frühen Tagen als Lehrer zurückzuwandern, als er weder das Wissen noch das Geschick hatte, das er jetzt besaß. Er entsann sich, wie erschöpft und frustriert er sich gefühlt hatte, weil er sich so sehr bemüht hatte, seinen Schülern beim Lernen zu helfen, aber die Resultate waren bestenfalls mäßig gewesen. Als er in die Zukunft blickte, überkam ihn ein Gefühl der Vorfreude und des Interesses, wenn er an die vielen Schüler dachte, die von seiner Erfahrung profitieren würden.

Worum geht es?

Welche spezifischen Lernstrategien für Mathematik, Rechtschreibung und kreatives Schreiben gibt es?

In diesem Kapitel werden verschiedene spezifische Lernstrategien vorgestellt. Sie eignen sich vorzüglich für den Zweck, den sie zu erreichen suchen. Mit der Zeit werden noch andere Strategien für andere Stoffgebiete zur Verfügung stehen. Bis es soweit ist, werden Lehrer mit besonders guten Schülern den Wunsch haben, die Strategien dieser Schüler zu ermitteln und sie bei Schülern zu installieren, denen solche Strategien fehlen.

Mathematische Gleichungen memorieren

Diese besondere Lernstrategie kann ebenso bei Erwachsenen wie bei jüngeren Schülern angewandt werden. Das Diagramm der Strategie sieht so aus:

$V^e \longrightarrow V^{er} \longrightarrow K^e \longrightarrow V^{er} \longrightarrow K^e \longrightarrow V^e \longrightarrow V^{er} \longrightarrow K^e \longrightarrow V^e \longrightarrow V^{er} \longrightarrow K^e \longrightarrow$ Abschluß

1. Lassen Sie den Schüler eine Lieblingsfarbe wählen.

2. V^e – Der Schüler blickt auf eine mathematische Gleichung, die ihm schriftlich vorgelegt wird. (Zum Beispiel: 2 + 2 = 4)

3. V^{er} – Der Schüler läßt seine Augen in die V^{er}-Stellung wandern, sieht die Gleichung in seiner Lieblingsfarbe und vergegenwärtigt sich die Gleichung.

4. K^e – Die Schüler schreibt die Visualisierung hin.

5. V^{er} – Der Schüler bringt seine Augen in die V^{er}-Stellung und vergegenwärtigt sich die Gleichung rückwärts in seiner Lieblingsfarbe:

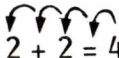

(Ziel des Rückwärtsmemorierens ist, die Schüler zum Visualisieren der Gleichung anzuregen. Wenn dieser Schritt nichts bringt, lassen sie ihn aus.)

6. K^e - Der Schüler schreibt die Gleichung rückwärts hin.

7. V^e – Es wird eine Liste angelegt, die außer der gegebenen Gleichung verschiedene ähnliche Gleichungen enthält.

8. Ver – Der Schüler bringt seine Augen in die V^{er}-Stellung und vergegenwärtigt sich die Gleichung in seiner Lieblingsfarbe.

9. K^e – Der Schüler schreibt die richtige Gleichung hin.

10. V^e – Es wird eine andere Liste, die außer der gegebenen Gleichung verschiedene ähnliche Gleichungen enthält, zur Vervollständigung vorgelegt.

    Beispiel: 4 + 1 = ___

                        2 + 2 = ___

                        3 + 3 = ___

11. V^{er} – Der Schüler bringt seine Augen in die Ver-Stellung und vergegenwärtigt sich die richtige Gleichung in seiner Lieblingsfarbe.

12. K^e – Der Schüler schreibt die richtige Gleichung und ihre Lösung auf ein Blatt Papier.

Die Rechtschreibung von Wörtern memorieren

Die Rechtschreibstrategie ist bis auf einige Abweichungen die gleiche wie das Mathematikmuster. Die besten "Rechtschreiber" visualisieren die Wörter, sie sprechen sie nicht aus. Daher gibt es keine auditive Komponente bei dieser Strategie und auch keine Komponente, das Wort rückwärts zu visualisieren. Die Strategie läßt sich so darstellen:

V^e —> V^{er} —> K^e —> V^{er} —> K^e —> V^e —> V^{er} —> K^e —> V^e —> V^{er} —> K^e —> Abschluß

1. Lassen Sie den Schüler eine Lieblingsfarbe wählen.

2. V^e – Der Schüler visualisiert das ganze Wort oder einen Teil des Wortes. (Es kann für den Anfänger leichter sein, "to chunk down" und die Schreibweise von nur drei bis vier Buchstaben auf einmal zu visualisieren. Zum Beispiel: "Glau - ben". Schritt 2 bis 4 werden dann wiederholt, bis das ganze Wort gelernt ist.)

3. V^{er} – Der Schüler bringt seine Augen in die V^{er}-Stellung und sieht oder vergegenwärtigt sich den Teil des Wortes, den er gerade lernt, oder das ganze Wort.

4. K^e – Der Schüler schreibt das Wort hin.

5. V^{er} – Der Schüler bringt seine Augen wieder in die V^{er}-Stellung und visualisiert das Wort in seiner Lieblingsfarbe. Er schreibt es rückwärts hin:

G l a u b e n

(Ziel des Rückwärtsmemorierens ist, die Schüler zum Visualisieren des Wortes anzuregen. Wenn dieser Schritt nichts bringt, lassen Sie ihn aus.)

6. Ke – Der Schüler schreibt das Wort rückwärts hin.

7. Ve – Der Schüler prüft eine Liste von Wörtern.

    Beispiel:

    a) glaupen

    b) klauben

     c) glauben

     d) glaubän

     e) glaubin

     f) glouben

8. V^{er} – Der Schüler bringt seine Augen in die V^{er}-Stellung und erkennt die richtige Schreibweise des Wortes auf der Liste.

9. K^e – Der Schüler schreibt das richtige Wort hin.

10. V^e – Der Schüler prüft einen Satz, der das Wort enthält.

    Beispiel: "Wie schreibst du 'glauben'?"

11. V^{er} – Der Schüler bringt seine Augen in die V^{er}-Stellung und vergegenwärtigt sich das Wort in seiner Lieblingsfarbe.

12. K^e – Der Schüler berichtigt das Wort, wenn es falsch geschrieben ist, oder er macht einen Haken hinter den Satz, wenn das Wort richtig geschrieben ist.

Diese Gedächtnisfertigkeiten verbessern sich durch Übung eher als durch Immer-wieder-Lesen des mathematischen Problems oder des betreffenden Wortes. Wenn die Erinnerungs-fähigkeit des Schülers sich verbessert, wird er auch unter dem Streß eines Examens eine genauere Erinnerung haben.

Eine Lernstrategie für kreatives Schreiben

Kreatives Schreiben kann Freude machen und zu einem ziemlich einfachen Prozeß werden, wenn man folgende Strategie verwendet:

$$V^k \longrightarrow A^k \longrightarrow K^i \longrightarrow A^i_d \longrightarrow K^e \longrightarrow \text{Abschluß}$$

1. V^k – Der Schüler bringt seine Augen in die V^k-Stellung und denkt darüber nach, welche Reaktionen er bei seinen Lesern auslösen möchte.

2. A^k – Der Schüler bringt seine Augen in die A^k-Stellung und horcht auf die Leute oder Geräusche, die mit der Reaktion verbunden sind, die er bei seinen Lesern auslösen möchte. Er prüft die verschiedenen Aspekte des Geschehens in dem Bemühen, einige sinnvolle Laute und Geräusche zu hören, die die gewünschte Reaktion erzeugen kön-nen.

3. K^i – Der Schüler bringt seine Augen in die K^i-Stellung, um die verschiedenen Gefühle, die mit dem Geschehen verknüpft sind, zu sichten, so daß er die wirksamsten auswäh-len kann, um die Reaktionen hervorzurufen, die er sich bei seinen Lesern wünscht.

4. A^i_d – Der Schüler bringt seine Augen in die A^i_d-Stellung und spricht mit sich selbst darüber, welche Worte am besten geeignet sind, die gewünschten Reaktionen bei sei-nen Lesern auszulösen. Er kann sich fragen, was die verschiedensten Leute und/oder Charaktere wohl zu diesem Thema sagen würden. Er kann sich fragen, ob seine Über-prüfung, was zu dem Thema zu sagen ist, ihm irgendwelche Ideen eingibt, was man außerdem noch dazu sagen könnte.

5. K^e – Der Schüler schreibt seinen Aufsatz.

Motivationsstrategie

Wenn man den Schülern den Stoff in den wichtigsten sensorischen Systemen (V, A und K) darbietet, werden sie automatisch durch die Bilder, Klänge und Gefühle, die solch ein Unterricht erzeugt, motiviert. Auch kommt es automatisch zur Motivation, wenn man die hauptsächlichen Lernstrategien der Schüler umkehrt. Wenn ihre Strategie V —> A —> K —> Abschluß ist, kann man die Strategie umkehren, indem man die Schüler fragt, welches Gefühl es sein würde (K), einen Film über einen bestimmten Stoff anzuhören (A) und anzuschauen (V). Diese Umkehrung der Strategie hat den Effekt, die Schüler an den Anfang ihrer Lernstrategie zu bringen, so daß sie stark motiviert werden, die Aufgabe vollständig zu erledigen. Schüler können auch auf nichtwissenschaftlichem Gebiet ihre eigenen Motivationsstrategien haben, die man ermitteln und auf wissenschaftliche Gebiete übertragen kann. Zum Beispiel kann man bei Schülern, die hervorragende Leistungen im Sport zeigen und dafür stark motiviert sind, während sie wenig motiviert sind, im Unterricht Gutes zu leisten, ihre sportliche Motivationsstrategie ermitteln und für die wissenschaftliche Arbeit installieren, so daß sie auch hier stärker motiviert werden. Wie bei den zuvor in diesem Kapitel besprochenen Strategien wird auch die Installation der Motivationsstrategie durch Wiederholen und durch Ankern erreicht.

Übung 53: Eine Lernstrategie installieren

Ziel: *Lernen, eine Lernstrategie bei einem Freund, einem Familienmitglied oder einem Kollegen zu installieren.*

A sucht sich eine Lernstrategie aus, die er zu integrieren wünscht.

B installiert die Lernstrategie.

C beobachtet.

Die Rollen tauschen.

Ergänzungsübung 53

Ziel: *Eine Lernstrategie bei einem Schüler installieren lernen.*

Der Lehrer wählt einen Schüler aus, für den die Installation einer vollständigen Lernstrategie oder einer Komponente einer Lernstrategie von Nutzen sein kann. (Die Lernstrategie kann durch den Lehrer oder irgend jemand anders ermittelt werden.)

Der Lehrer kann die Strategie ermitteln, wenn er die Komponenten der Strategie prüfen will, oder er kann einfach eine installieren.

Er testet die Strategie, nachdem sie installiert worden ist.

Zusammenfassung

In diesem Kapitel wurden spezifische Lernstrategien für Mathematik, Rechtschreibung und kreatives Schreiben vorgeschlagen. Es wurden eine Motivationsstrategie und Wege zu ihrer Installation besprochen. Vergessen Sie nicht, daß Wiederholen und/oder Ankern das Installieren von Lernstrategien unterstützen und die Schüler befähigen, schneller selbständig zu arbeiten. Sie sollen ermutigt werden, Strategien zu ermitteln und, wo sie benötigt werden, zu installieren. Das Ermitteln und Installieren von Lernstrategien kann eine überaus lohnende und interessante Erfahrung sein!

Kapitel 19

Weitere Lernstrategien

Jeff Stokes war während der gesamten Grundschulzeit ein ausgezeichneter Schüler gewesen. Obwohl er äußerst gewissenhaft war und jeden Abend stundenlang an seinen Hausaufgaben saß, bekam er auf dem Gymnasium von Jahr zu Jahr größere Schwierigkeiten. Seine Noten lagen nur noch zwischen 3 und 4. Die Eingangsexploration zeigte nur zwei Problemgebiete: Erstens machte Jeff sich Sorgen wegen seiner Leistung und verbrachte viel Zeit damit, seine Gefühle zu ergründen und mit sich selbst zu sprechen. Zweitens konnte er sich beim Lesen keine bildhaften Vorstellungen machen.

Jeff hatte insgesamt acht Sitzungen bei einem Berater von New Learning Pathways™. Schon nach wenigen Sitzungen wurde ihm klar, wie wichtig es ist, sich beim Lesen bildhafte Vorstellungen zu machen. Jeff war ganz verblüfft über die unmittelbare Wirkung bildhafter Vorstellungen auf seine Fähigkeit, etwas zu verstehen. Er hörte auf, sich Sorgen zu machen, ob er den Stoff auch verstehen würde, und die Schularbeiten wurden sogar interessant für ihn. Am Ende des Quartals lagen seine Noten zwischen 2 und 3. Letzten Sommer berichtete Jeff, das vergangene Jahr sei das allerleichteste überhaupt gewesen, und im letzten Zeugnis habe er lauter Einsen und Zweien gehabt.

Darcy hatte nach einer Reihe von Tests, die sowohl visuelle als auch auditive Wahrnehmungsschwierigkeiten anzeigten, zwei Jahre lang Nachhilfeunterricht bekommen. Obwohl man immer wieder mit ihr gepaukt hatte, konnte sie anscheinend nicht richtig phonetisch wahrnehmen. Sie lag im Lesen um mehr als zwei Jahre hinter dem Durchschnitt zurück. Darcy hatte oft Bauchschmerzen vor der Schule und sagte, sie hasse das Lesen. Die Eingangsexploration zeigte, daß sie beim Lesen nur wenig visualisierte. Sie hatte anscheinend auch Schwierigkeiten, visuell zu fokussieren. Um dies zu testen, stellte sich der Berater in einem Abstand von 2 m vor sie hin und benutzte Wortkarten mit großen Druckbuchstaben. Binnen zehn Minuten hatte Darcy leicht und freudig acht schwierige Wörter lesen gelernt. Sie war sogar in der Lage, fünf von ihnen richtig zu schreiben. (Ihre Liste bestand aus drei- und vierbuchstabigen Wörtern.) Mit Hilfe einiger in diesem Kapitel beschriebener Strategien und einer Sehtherapie begann das Lernen für Darcy richtig spannend zu werden. Ihre Bauchschmerzen verschwanden, und ihre Zeugnisnoten kletterten in eineinhalb Jahren steil nach oben. Jetzt, ein Jahr später, gehört Darcy zu den Besten der Klasse, und Lesen ist eines ihrer Lieblingsfächer.

Worum geht es?

Welche weiteren Lernstrategien gibt es? Aus welchen Schritten bestehen diese Strategien?

New Learning Pathways™, eine in Colorado und Kalifornien angesiedelte Gemeinschaft von NLP-Erziehungsberatern, hat sich das Motto gewählt: "Wir glauben nicht an 'Lernbehinderung'." In den fünf Jahren ihres Bestehens haben ihre Begründerinnen, Mary Jane Brownell und June Jackson, NLP-Lernstrategien entwickelt und mit großem Erfolg bei Schülern angewandt, die als "lernbehindert" galten. Sie haben herausgefunden, daß viele dieser Schüler in Wirklichkeit nur schlechte Lernstrategien oder visuelle Probleme haben, die bei einer allgemeinen Augenuntersuchung oft nicht erkannt werden. Sie konnten diesen mit ineffektiven Lernstrategien ausgestatteten Schülern helfen, die fehlenden Komponenten zu ermitteln und die Strategien so zu verändern, daß ihnen das Lernen leichter fällt.

Nach Möglichkeit arbeitet *New Learning Pathways*™ auf der Basis einer Erfolgsgarantie mit einer festgelegten Anzahl von Sitzungen: In den meisten Fällen wird das Erreichen eines bestimmten Ziels garantiert. Falls der Schüler die erwarteten Fortschritte beim Lernen nicht macht, werden unentgeltlich weitere Sitzungen angesetzt oder das Geld zurückerstattet.(6) Beispielsweise garantiert *New Learning Pathways*™ Fortschritte in phonetischer Analyse, Auffassungsgabe, Merkfähigkeit und Leseverständnis (Analogien) durch acht einstündige Sitzungen im Verlauf von acht Wochen. Diese Garantie beruht auf einem Prä- und Posttest mit Hilfe des *Woodcock Reading Mastery* und des *Ekwall Reading Inventory*.

Die Eltern spielen eine wichtige Rolle bei der Garantie. Am Ende jeder Lernsitzung werden die Eltern darin unterwiesen, wie sie die eben gelernte Strategie des Kindes durch Übung festigen können. Während der ganzen Zeit, in der *New Learning Pathways*™ mit dem Schüler arbeitet, müssen die Strategien zu Hause täglich fünfzehn bis zwanzig Minuten lang geübt werden. (Wenn von den Eltern niemand in der Lage ist – sei es aus Zeitmangel oder wegen mangelnder Geduld –, mit dem Kind zu arbeiten, kann jemand anders entsprechend unterwiesen werden. Das kann ein Nachbar, ein älterer Schüler, Großvater oder Großmutter sein. Die betreffende Person muß Rapport mit dem Schüler, einen liebevollen Sinn für Humor und den festen Glauben haben, daß der Schüler lernen *kann*.) Vorausgesetzt, die Strategien werden während der acht Wochen konsequent geübt, garantiert *New Learning Pathways*™ den Erfolg.

Nachdem durch die wöchentlichen Sitzungen die Anfangsziele erreicht sind, werden monatliche "Auffrischungs"-Sitzungen über drei bis sechs Monate angesetzt. Diese Sitzungen helfen dem Schüler, die erforderlichen Fähigkeiten in sein Schulleben zu integrieren. Sobald der Schüler und seine Eltern mit der Integration zufrieden sind, ermöglicht das mit monatlichen Sitzungen strukturierte Programm dem Schüler und seinen Eltern, die erforderlichen Anpassungen vorzunehmen, so daß die neue Lernstrategie erfolgreich auf den Schulalltag übertragen werden kann.

Bei den in diesem Buch dargestellten Lernstrategien von *New Learning Pathways*™ handelt es sich um eine Erstveröffentlichung.

Die Eingangsexploration

Zu Beginn der Arbeit mit einem Schüler wird jeweils eine Eingangsexploration durchgeführt. Sie hat folgende Ziele:

1. Rapport aufbauen.

2. Informationen über das dominante Repräsentationssystem des Schülers gewinnen, um das anfängliche Pacing zu ermöglichen.

    Das geschieht durch Beobachtung seiner Körperhaltung, durch Hören auf seine Aussagemuster usw.

3. Überprüfen, inwieweit die Lernziele des Schülers mit den Zielen der Eltern übereinstimmen. Beide – Eltern und Schüler – werden gefragt, was sie sehen und hören wollen. Die Eltern können beispielsweise sagen: "Wir wünschen uns nur, daß er seine Einstellung zur Schule positiv verändert." Daraufhin werden sie gefragt: "Was müßten Sie sehen und hören, um sicher zu sein, daß Ihr Sohn oder ihre Tochter eine positive Einstellung zur Schule gewonnen hat?" Der Schüler kann etwa sagen: "Ich möchte, daß Mami und Papi mir nicht immerfort im Nacken sitzen." Er wird dann gefragt: "Was sollen sie denn tun? Was würdest du sehen und hören, wenn sie dich unterstützten und weniger nervten?"

4. Grundlegende Strategien des Schülers für Mathematik, Lesen, Befolgen von Anweisungen und Rechtschreibung ermitteln.

Das wird erreicht, indem man dem Schüler wie folgt Aufgaben stellt: Einen kurzen Abschnitt lesen, um seine Verständnisstrategie zu ermitteln; Anweisungen befolgen; Wörter buchstabieren; Lösung einiger mathematischer Aufgaben. Die Beobachtung der Physiologie des Schülers liefert Informationen über seine Lernstrategien. Beispielsweise gibt die Beobachtung der Augenbewegungen während des Schreibens Aufschluß darüber, ob er eine visuelle oder eine auditive Rechtschreibstrategie verwendet. (Zur Erarbeitung von Strategien siehe Kapitel 18.)

5. Die grundlegenden visuellen Lernfähigkeiten überprüfen.

Wenn es irgendwelche Fragen hinsichtlich der visuellen Fähigkeiten des Schülers gibt, wird ein Sehtest mit ihm durchgeführt. (Siehe dazu den nächsten Abschnitt.)

Sehprobleme und Sehtherapie

Schätzungsweise 75 bis 90 Prozent aller Lernvorgänge in der Schule beanspruchen das Sehvermögen. Jede Beeinträchtigung dieses Vermögens kann zu Lernschwierigkeiten führen. Die meisten Kinder werden mit organisch gesunden Augen geboren. Sehen aber ist ein erlernter Vorgang und besteht aus mehr als der vollen Sehkraft. Das Sehen befähigt den Menschen, Lichtinformationen wahrzunehmen, zu analysieren, zu verarbeiten, zu speichern und darauf zu reagieren. Kinder können womöglich eine volle Sehkraft und trotzdem beträchtliche visuelle Schwierigkeiten haben. Daher ist es von wesentlicher Bedeutung, daß das Sehen – unser wichtigster Sinn – ausreichend entwickelt und gestärkt wird, um Sehproblemen vorzubeugen.

Welche visuellen Fähigkeiten sind für die Schule erforderlich?

1. Beweglichkeit der Augen (einen Gegenstand verfolgen, fixieren)

2. Zusammenspiel der Augen (Normalsichtigkeit, Fokus)

3. Auge-Hand-Koordinationsfähigkeiten

4. Visuelle Gestaltwahrnehmung (visuelles Vergleichen, bildhafte Vorstellung, Visualisierung).

An welchen Symptomen erkennt der Lehrer Schüler mit Problemen bei visuellen Anforderungen?

1. Ein Auge bewegt sich manchmal nach innen oder nach außen.

2. Besonders nach dem Lesen oder wenn die Arbeit ständig nahe vor die Augen gehalten wird, treten Kopfschmerzen auf.

3. Verschwommene Bilder, Doppeltsehen und/oder Augenschmerzen.

4. Der Schüler verliert häufig die Textstelle, die er gerade liest.

5. Der Schüler muß beim Lesen einen Finger oder ein Lesezeichen benutzen.

6. Der Schüler läßt kurze Wörter und/oder einzelne Buchstaben aus.

7. Der Schüler liest dieselbe Zeile zweimal hintereinander.

8. Ein Auge ist geschlossen, oder der Schüler schielt, oder er schließt ein Auge oder beide Augen.

9. Der Kopf ist geneigt.

10. Das Buch wird zu nahe vor die Augen gehalten, oder der Schüler beugt sich zu weit über das Buch auf dem Tisch.

11. Der Schüler schreibt krakelig, ordnet die Worte schlecht an und kann die Linien nicht einhalten.

12. Über sieben Jahre alte Schüler verwechseln rechts und links.

13. Ähnlichkeiten und Unterschiede werden durcheinandergebracht.

14. Der Schüler erkennt das gleiche Wort in der nächsten Zeile nicht wieder.

15. Wenn der Schüler lange liest, läßt das Leseverständnis nach.

16. Der Schüler macht Fehler beim Abschreiben.

17. Der Schüler hat Schwierigkeiten, einen Ball zu fangen oder zu treffen.

18. Der Schüler besitzt eine schlechte Koordinationsfähigkeit.

Die meisten Schüler zeigen nicht gleichzeitig alle diese Symptome. Wenn aber ein Schüler mehrere Symptome zeigt, sollte er untersucht werden, um zu prüfen, ob er eine Brille, Kontaktlinsen oder eine Sehtherapie benötigt.

Die Sehtherapie hat die Aufgabe, visuelle Fähigkeiten zu entwickeln, um eine optimale Sehleistung zu erreichen. Sie beugt einer Reihe von Sehproblemen vor, unterstützt die Entwicklung visueller Fähigkeiten, steigert die Leistungsfähigkeit des Sehvermögens und hilft, bestehende Sehprobleme zu heilen. Sehtherapie ist eine besondere Form der Augenheilkunde, die von Augenärzten durchgeführt wird.

Eltern, die einen Augenarzt konsultieren, sollten ihm folgende Fragen stellen:

1. Führen Sie eine vollständige Testreihe zur Prüfung des Nahsehvermögens durch?

2. Führen Sie wissenschaftlich begründete Tests zur Prüfung der visuellen Wahrnehmungsfähigkeit durch?

3. Führen Sie in Ihrer Praxis auch Sehtherapien durch? Wenn nicht, können Sie uns einen Arzt empfehlen, der sie praktiziert?

4. Werden Sie uns einen schriftlichen Bericht zusenden, aufgrund dessen wir unser Kind verstehen und ihm helfen können?

5. Werden Sie das Kind im Laufe des Schuljahres erneut untersuchen, um seine Fortschritte zu beurteilen?

Schüler mit Sehproblemen werden oft falsch eingestuft oder mißverstanden. Viele Schüler, bei denen "Lernbehinderung", "Dyslexie", "Verhaltensprobleme", "Schwerfälligkeit" usw. diagnostiziert werden, haben unerkannte Sehprobleme. Mangelhaftes Sehvermögen ist vielleicht nicht das einzige Problem, muß aber unbedingt beachtet werden. Jährliche Untersuchungen des Sehvermögens sind bei Kindern ab drei Jahren zu empfehlen. Erwachsenen wird empfohlen, alle zwei Jahre ihr Sehvermögen überprüfen zu lassen.

Schritte zur Verhaltensänderung

Die meisten Pädagogen stimmen darin überein, daß ein Mensch, der neue Denkweisen erlernen möchte, eine Reihe von Schritten ausführen muß, um diese neue Art des Denkens zu verinnerlichen. *New Learning Pathways*™ setzt voraus, daß Menschen, die neue Verhaltensmuster erlernen, bestimmte Schritte ausführen müssen, bevor die Veränderung eintritt. (Manche Lehrer müssen daran erinnert werden, daß sich dieser Prozeß der Verinnerlichung einer neuen Art des Denkens völlig von der Strategie unterscheidet, mit der ein Schüler auswendig gelernten Stoff speichert.) Der Veränderungsprozeß kann dadurch begünstigt werden, daß der Mensch, der sich ändern möchte, fest an die Möglichkeit eines Fortschritts glaubt und auf den Erfolg jedes Schrittes vertraut.

Schritt 1 besteht darin, neue Informationen zu sammeln, Bücher zu lesen, an Workshops teilzunehmen, mit anderen Menschen zu sprechen usw. Der Mensch beschließt, sich zu verändern.

In Schritt 2 verhält sich der Mensch noch auf die alte Weise, wird sich aber hinterher darüber klar, daß es wieder die alte (unerwünschte) Verhaltensweise war. (In diesem Moment muß man ihn beglückwünschen! Er ist über Schritt 1 hinausgekommen.)

In Schritt 3 ist sich der Mensch während des Verhaltensprozesses dessen bewußt, daß er sich zwar noch auf die alte Weise verhält, es aber anders machen will. (Abermaliger Glückwunsch! Er ist jetzt auf dem richtigen Wege.)

In Schritt 4 trifft der Mensch während des Verhaltensablaufs eine bewußte Entscheidung, sich anders zu verhalten. Zwar gelingt es ihm immer besser, aber er stößt noch auf mancherlei Schwierigkeiten.

In Schritt 5 ist das neue Verhalten automatisiert, und der Mensch bemerkt, daß er genauso handelt, wie er es sich wünscht. In diesem Stadium wird das neue Verhalten in die anderen Ressourcen des betreffenden Menschen integriert. Er kann jetzt seine Kreativität darauf verwenden, das neue Verhalten auf seine eigene, einzigartige Weise zum Ausdruck zu bringen.

(Glückwunsch, gut gemacht! Vergessen Sie nicht, die neue Fähigkeit gebührend zu feiern!)

Eine Strategie, durch die Lernbehinderung erzeugt wird

Wenn ein Schüler, der früher einmal versagt hat, vor einer neuen Aufgabe steht, können die alten, schmerzhaften Erlebnisse wieder auftauchen und Streß erzeugen. Negative Bilder und Klänge aus der Vergangenheit stürzen den Schüler in ein negatives K und in negative Selbstgespräche (A^i_d). Diese Strategie hindert den Schüler daran, externe Informationen angemessen zu verarbeiten. Solange ein Schüler diese Strategie anwendet, wird ein Test daher keinerlei Schlüsse auf seine tatsächliche Begabung zulassen.

Strategie für das Befolgen von Anweisungen

Bei vielen Schülern, die Schwierigkeiten haben, mündliche Anweisungen zu befolgen, zeigt ein Test Probleme mit visuellen oder auditiven Sequenzen an. Man kann häufig beobachten, daß diese Schüler in interne Dialoge oder internes K verwickelt sind. Schüler, denen es leicht fällt, Anweisungen zu befolgen, machen sich eine visuelle Vorstellung davon, wie sie die Aufgabe ausführen können. Das befähigt sie zu "sehen", ob sie noch mehr Informationen brauchen, ehe sie beginnen. Unmittelbares mentales Feedback sorgt für einen "Probelauf", der Fehler eliminiert, bevor sie gemacht werden. Wenn man demnach den Schüler in einen visuellen Zustand versetzt, in dem er sich selbst die Anweisungen befolgen sieht, bringt man ihn automatisch in eine ressourcevolle Physiologie und weg von den negativen Gefühlen.

Wenn ein Lehrer diese Strategie vermitteln will, sollte er eine Aufgabe wählen, bei der er sicher ist, daß der Schüler sie erfüllen kann. (Schriftliche Anweisungen müssen vom Schüler gelesen und verstanden werden können, mündliche Anweisungen müssen bei der Wortwahl ein angemessenes Niveau haben.)

Zu Anfang gibt der Lehrer einfache Anweisungen, die nur einen Schritt erfordern. Während er spricht, blickt der Schüler nach oben und sieht sich selbst (V^k). Hat der Schüler diese einfachen Anweisungen begriffen und die Aufgabe erledigt, gibt der Lehrer Anweisungen für komplexere, sequentielle Aufgaben. In kurzer Zeit werden diese Bewegungen automatisiert sein. Zu Beginn ist es hilfreich, einige spielerische oder spaßige Anweisungen unter die ernsthaften zu mischen. (Beispielsweise: "Zähl bis fünf. Klatsch in die Hände. Hock dich hin und quake wie ein Frosch.") Diese Technik hilft, die Aufmerksamkeit des Kindes wachzuhalten.

Mündliche Anweisungen

1. Geben Sie dem Schüler eine Anweisung.

2. Sagen Sie ihm, er solle nach oben rechts blicken und sich selbst dabei sehen, wie er die Anweisung befolgt (vorausgesetzt, die V^k-Position des Schülers ist normal).

3. Der Schüler führt die Anweisung aus.

Schriftliche Anweisungen

1. Der Schüler beginnt damit, eine einfache Ein-Schritt-Anweisung zu lesen, und geht dann unmittelbar zu Schritt 2 über.

2. Der Schüler blickt nach oben rechts und sieht sich selbst dabei, wie er das Geschriebene ausführt (wieder vorausgesetzt, die V^k-Position ist normal).

3. Der Schüler führt die Anweisung aus.

Falls sich Fragen ergeben, während der Schüler sich selbst die Anweisung befolgen sieht, sollte er eine Erklärung bekommen und das Verfahren wiederholen. Sobald der Schüler das nötige Zutrauen gewonnen hat, werden weitere Anweisungen gegeben. Schon bald kann der Schüler sich ein Bild davon machen, wie er zwei, drei oder mehr Aufgaben hintereinander der Reihe nach erfolgreich erledigt.

Strategie für das sinnentnehmende Lesen

New Learning Pathways™ hat großen Erfolg mit der folgenden Lernstrategie für das sinnentnehmende Lesen gehabt. Schüler, die diese neuen Strategien gelernt haben, sind in ihren Leistungen nicht selten um zwei oder drei Jahre weitergekommen.

Jeder Lehrer hatte wahrscheinlich schon Schüler, die sich mit den Wortklängen abmühten; die zwar "die Wörter lesen" konnten, aber nicht verstanden, was sie gelesen hatten. Die Merkfähigkeit kann so schwach sein, daß die Schüler schon im nächsten Satz nicht mehr wissen, was sie im vorigen gelesen haben. Wenn der Lehrer die Augenbewegungen dieser Schüler als Reaktion auf Verständnisfragen (A^{er} oder A^k) beobachtet, wird er feststellen, daß sie den auswendig gelernten Klang der Wörter wiederzufinden versuchen. Sie versuchen, eine auditive Wortfolge zu speichern, ohne sie in bildhafte Vorstellungen zu transferieren. Ein solcher Schüler sagt oft: "Ich kann mich nicht erinnern, wie es sich *anhörte*."

Schüler, die in der Vergangenheit wenig visualisiert haben, neigen zu Vorstellungen, die nur wenige Einzelheiten enthalten und von geringer Qualität sind. Sie lassen möglicherweise einen ihrer Sinne völlig ungenutzt. Vielleicht lassen sie sogar die Submodalitäten, die wichtigsten Komponenten unserer Sinne, unbeachtet. Hier folgt eine
Auswahlliste von Submodalitäten:

visuell	auditiv	kinästhetisch	O/G
Formen	Lautstärke	Struktur	Geschmack
Farbe	Tonhöhe	Temperatur	Geruch
schwarz/weiß	Sprechtempo	Geschwindigkeit	
Bewegung	Zahl der Klänge	Gefühle	
Größe	Lokalisierung	Druck	
Perspektive	Rhythmus	Lokalisierung	

Vernachlässigt der Schüler ein sensorisches System oder wichtige Submodalitäten in einem sensorischen System, kann der Lehrer ihm helfen, sich deutlichere Vorstellungen zu machen, indem er ihm Fragen stellt, in denen viele Submodalitäten vorkommen. Durch Erheben der Stimme und schnelleres Sprechtempo wird der Schüler unbewußt zu visuellen Vorstellungen angeregt. (Kapitel 21 beschäftigt sich ausführlicher mit Submodalitäten.)

Eine wirksame Strategie für das sinnentnehmende Lesen setzt voraus, daß externe Wörter konstruierte Vorstellungen (V^k) stimulieren und in vielen Gehirnregionen gespeichert werden. Je mehr Sinne beim Verstehen beteiligt sind, desto mehr "Sinn" gewinnt das Gelesene. Ziel der Leseverständnisstrategie von *New Learning Pathways*^{TM} ist es, einen neuralen Weg zu etablieren, der den Prozeß vom Wort zum Bild automatisiert. Diese Strategie ist so effektiv, daß in kürzester Zeit dramatische Veränderungen erfolgen.

Die einzelnen Schritte zum sinnentnehmenden Lesen

1. Der Lehrer wählt einen wirklich interessanten und *anspruchsvollen* Lesestoff, um ihn dem Schüler *vorzulesen.*

   Die körperliche Verfassung des Schülers soll das Visualisieren stimulieren. Er soll aufrecht sitzen und in V^k-Richtung blicken, wenn er den "Film" in seinem Geiste sieht, während der Lehrer ihm vorliest.

2. Nach einigen Sätzen hält der Lehrer an und stellt spezifische Fragen hinsichtlich der Bilder, die der Schüler sich gemacht hat. Wenn die Antworten zutreffend und genau sind, kann die Anzahl der Sätze bis zur nächsten Befragung erhöht werden.

3. Nach dieser anspruchsvollen Übung kann der Schüler "getestet" werden, um ihm zu beweisen, daß er sich wirklich großartige Bilder machen kann und daß die Antworten *in* genau diesen Bildern stecken.

   Dieser "Test" hat die Form von Fragen über das, was der Lehrer dem Schüler vorgelesen hat. Die meisten Schüler verschaffen sich Zugang zu ihrem V^k, um die Fragen zu beantworten. (Andere können defokussieren und vor sich hin starren.)

4. Wenn die Antworten noch ungenau sind, ist zuviel Stoff gleichzeitig vorgelegt worden. Der Lehrer sollte dann zurückgehen und häufiger anhalten, um Fragen zu stellen, ehe

er weitergeht. Dieses Verfahren wird die Fähigkeit des Schülers, zu visualisieren und zu verstehen, erhöhen und seine Zuversicht stärken.

5. Wenn der Schüler die optimale Fähigkeit erreicht hat zu verstehen, was der Lehrer vorliest, ist er in der Lage, ebenso vorzugehen, wenn er selbst laut liest.

    Jetzt sollte der Lehrer Inhalte von etwas bescheidenerem Anspruch auswählen. Es geht jetzt darum, ein Verständnis zu entwickeln, das den Hauptakzent auf die Visualisierungsfähigkeit des Schülers legt und von dem ausschließlichen Vertrauen auf eine auditive Strategie wegführt.

6. Der Lehrer beginnt mit einzelnen Sätzen, geht dann zu *zwei* Sätzen über usw. und erhöht so allmählich die Stoffmenge zwischen den Fragen. Der Schüler blickt in seine V^k-Richtung und sieht, was er gelesen hat. Wenn er "getestet" wird, benutzt er seine V^{er}-Richtung, um sich zu erinnern, was er gelesen hat.

7. Hausaufgabe: Der Lehrer veranlaßt den Schüler, sich einen Helfer zu suchen (nicht notwendigerweise die Eltern), der jeden Abend 15 Minuten lang die Übungen mit ihm weiterführt.

8. Das gleiche Verfahren wird wiederholt, während der Schüler leise liest.

Eine typische ineffektive Lesestrategie vernachlässigt V^k mit seinen Submodalitäten (abgekürzt: sm). Eine erwünschte Lesestrategie würde so aussehen: $V^e \longrightarrow A^i_d \longrightarrow V^k_{sm}$. Später, bei schnellerem Lesen, würde A^i_d wegfallen.

Kontextanalyse

Außer ihrem Verständnisproblem haben diese Schüler meist auch nur geringe Fähigkeiten zur Kontextanalyse. Sie überlesen ein ganz aus dem Rahmen fallendes Wort, das nicht dahingehört, und bemerken den Fehler nicht. Hat ein Schüler aber eine reiche, detaillierte Vorstellung, die Farbe, Klang und Bewegung (V, A, K) umfaßt, wird es ihm völlig unmöglich sein, Worte zu überlesen, die offenbar keinen Sinn ergeben, weil sie ihm in dem Bild, das er sich gemacht hat, fremd vorkommen. Lautet ein Satz beispielsweise: "Die Kinder lösten die mathematischen Aufgaben auf dem Skateboard", so ist ihm aufgrund seiner früheren bildlichen Vorstellungen sofort bewußt, daß es [im Englischen] statt "skateboard" natürlich "blackboard" (= Tafel) heißen muß, und er wird ganz von selbst dieses Wort einsetzen. (Oft wird die nonverbale Reaktion des Schülers bei einem solchen nicht passenden Wort die sein, daß er sogleich auf den vorangegangenen Text zurückgeht.) Darin besteht das Wesen der Kontextanalyse.

Behandlung visueller Fokussierungsprobleme

Wenn ein Schüler ein Fokussierungsproblem zu haben scheint, können die folgenden Empfehlungen hilfreich sein. (Sie sind nicht als Ersatz für eine fachgerechte Therapie gedacht, können solchen Schülern aber ein Erfolgserlebnis verschaffen, während sie in Behandlung sind oder noch darauf warten.)

1. Sorgen Sie für eine zentrale Fokussierungsposition für V^{er} und V^k. Diese Position läßt den Schüler geradeaus oder leicht nach oben blicken. Sie eignet sich nicht für lange, ausgedehnte Arbeiten, **weil Schüler mit visuellen Fokussierungsproblemen sich oft unwohl fühlen, wenn sie ihre Augen in peripherer Position zu halten versuchen.**

2. Treten Sie 1,5 bis 2 m vom Schüler zurück und präsentieren Sie ihm neue Wörter oder phonetische Muster. Benutzen Sie einen dicken Filzstift für Wortkarten, auf denen Wörter mit etwa 2 cm hohen Buchstaben stehen. Auch vergrößerte Buchseiten können von Nutzen sein.

3. Halten Sie die Bücher senkrecht oder lassen Sie den Schüler das Buch aufrecht an einen Bücherstapel auf dem Tisch lehnen. Ziel ist, den Schüler zu veranlassen, daß er beim Lesen geradeaus blickt statt nach unten. (Es gibt einen preiswerten Buchhalter aus Plexiglas auf dem Markt, der für diesen Zweck gut geeignet ist.)

4. Lassen Sie den Schüler beim Lesen eine Markierung benutzen.

5. Schreiben Sie kurze Zeitungsartikel oder Geschichten in großen Buchstaben auf Pappschilder. Der Schüler kann sie mit nach Hause nehmen und in seinem Zimmer aufstellen.

Die Buchstabierstrategie

Die Buchstabierstrategie von *New Learning Pathways*™ enthält viele NLP-Komponenten. Sie ist für die Anwendung bei einzelnen Schülern konzipiert, kann aber auch in einer regulären Klasse angewandt werden. Der Lehrer wird möglicherweise beide in diesem Buch beschriebenen Strategien ausprobieren, um zu sehen, welche seinen Bedürfnissen am besten entspricht. Die einzelnen Schritte sehen folgendermaßen aus:

1. Rapport aufbauen

Der Lehrer sollte seine eigenen Strategien benutzen, um den Schüler in einen entspannten Zustand zu versetzen, und dann die NLP-Techniken des "Pacing" und "Leading" hinzunehmen, die in Kapitel 9 beschrieben wurden. Wenn der Rapport nach einiger Zeit nachläßt, soll der Lernprozeß sofort unterbrochen und zunächst der Rapport wiederhergestellt werden.

2. Kalibrieren

Ermitteln Sie die V^{er}-Position des Schülers, indem Sie Fragen stellen, die eine visuelle Erinnerung erfordern. Wenn es unklar bleibt, wo der Schüler Bilder am besten erinnert, sollte der Lehrer ihn periodisch beobachten und so die Ermittlung durchführen.

3. Ankern

Lassen Sie den Schüler nach einem erfolgreichen Augenblick in seinem Leben suchen, in dem er ein wirklich positives Gefühl zu sich selbst hatte (zum Beispiel Radfahren lernen, ein Tor schießen, bei einem Wettbewerb einen Preis gewinnen usw.)

Wenn das nonverbale Feedback anzeigt, daß das Kind ein solches Erlebnis gefunden hat, ankern Sie dieses durch eine bestimmte Berührung, eine Geste oder ein verändertes Sprechtempo.

Wenn nötig, ankern Sie auf die gleiche Weise einige weitere positive und ressourcenreiche Erlebnisse. Wenn der Schüler Erfolg hat, wird der positive Anker aktiviert. Dadurch wird der Erfolg bekräftigt.

Hilfreich ist es auch, die "alte" Buchstabierstrategie des Schülers getrennt durch eine Berührung, eine Geste, den Tonfall oder langsameres Sprechen zu ankern.

4. Die V-K-Strategie installieren

<u>Das Wort encodieren:</u> Um einen Anfangserfolg zu sichern, sollen die als erste gewählten unbekannten Wörter leicht, interessant und gut strukturiert sein. Die Wörter sollen mit einem Filzstift auf eine große Karte geschrieben werden; die Karte soll in das V^{er}-Feld des Schülers gehalten werden. Der Schüler soll mit seinen Augen die Buchstaben nachziehen und dabei auf die Gestalt des Wortes und die Buchstaben mit Ober- und

Unterlänge achten. Ganz besonders soll er auf Doppelbuchstaben und auf die Anfangs- und Endbuchstaben des Wortes achten.

In diesem Augenblick brechen Sie ab und stellen einige Fragen nach dem internen Bild des Schülers. Kann er mit offenen oder geschlossenen Augen deutlicher sehen? Wenn er Schwierigkeiten hat, sich ein Bild zu machen, bitten Sie ihn: "Vergegenwärtige dir, wie das Wort aussah!" oder: "Stell dir einfach vor, wie das Wort aussah!" Eine weitere Möglichkeit ist es, den Schüler das Wort auf einen Bildschirm setzen zu lassen. (Geben Sie dem Schüler niemals die Möglichkeit, das Bild nicht zu sehen, indem Sie etwa fragen, ob er es sehen kann.) Wenn nötig, intensivieren Sie das Bild mit Hilfe einiger Submodalitäten aus diesem Kapitel oder aus Kapitel 21.

Nehmen Sie die Karte fort und fragen Sie den Schüler: "Ist dein Bild klar genug? Sobald es ganz klar ist, schreib es hin!"

<u>Nutzanwendung (utilization):</u> Alle Reaktionen sollen dazu benutzt werden, das gewünschte Ziel einer visuellen Repräsentation des Wortes zu erreichen. Die alte, "auditive" Buchstabierstrategie kann aufgewertet werden, indem man dem Schüler sagt, er könne die alte Strategie unbesorgt weiterverwenden, wenn er ein Wort schreiben muß, das er vorher noch nie gesehen hat. Die V-K-Strategie aber wird die besten Rechtschreibergebnisse bringen.

Nutzen Sie auch die "Fehler" des Schülers, um ihm ein klareres Bild des Wortes oder ein Gefühl dafür zu verschaffen, ob es richtig aussieht. Wenn ein Schüler beim Versuch, das Wort im Gedächtnis zu speichern, zur alten, "auditiven" Strategie zurückkehrt, sagen Sie: "Wenn du dich das Wort aussprechen hörst, dann laß es dich daran erinnern, daß du dir eine klares Bild machen sollst."

5. Überprüfung

Lassen Sie den Schüler kurz auf jede Karte vor ihm schauen und diese dann mit dem visuell erinnerten Bild des Wortes vergleichen, um sich zu vergewissern, ob beide miteinander übereinstimmen.

Falls es dabei irgendwelche Zweifel gibt, ob der Schüler das Wort encodiert hat, zeigen Sie die Karte noch einmal vor. (In manchen Fällen kann auch ein "chunking down" des Wortes nötig werden.)

Der Schüler soll das Wort hinschreiben. Natürlich soll er dabei, wenn nötig, auf die visuelle Vergegenwärtigung des Wortes zurückgreifen.

<u>Kinästhetische Überprüfung:</u> Der Schüler soll das vollständige Wort mit dem Bild in seinem Gedächtnis daraufhin vergleichen, ob es richtig geschrieben ist. Sagen Sie ihm: "Sieh nach, ob es sich richtig anfühlt."

Manche Schüler werden keinen inneren Sinn dafür haben, ob das Wort "richtig oder falsch aussieht". Eine Möglichkeit, diese kinästhetische Methode zu entwickeln, besteht darin, auf das körperliche Feedback zu achten, wenn der Schüler das Wort falsch schreibt. Halten Sie ihn dazu an, auf dieses Feedback aus seinem Körper zu achten. Manche Schüler zucken zurück, schneiden eine Grimasse oder neigen den Kopf, wenn das Wort, das sie hingeschrieben haben, nicht mit ihrem inneren Bild übereinstimmt.

Wenn das Wort "richtig aussieht" und "sich richtig anfühlt", ankern Sie die richtige Antwort und gestatten Sie ihm noch einen Blick auf die Karte. Wenn die Antwort falsch ist, bringen Sie die Karte noch einmal in das V^er-Feld des Schülers und wiederholen Sie das Verfahren.

Die Problemlösungsstrategie

Die Problemlösungsstrategie kann vom Lehrer in kurzen Beratungssituationen angewandt werden, um einem Schüler zu helfen. Diese Strategie kombiniert die rechts- und linkshemisphärische Gehirntätigkeit, um zu einer Bewußtwerdung der *Strategien* (besonders wichtig für die Logik) und der *Möglichkeiten* zu führen. Je mehr Wahlmöglichkeiten ein Mensch in einer gegebenen Situation hat, desto wahrscheinlicher wird er das gewünschte Resultat erzielen. Die einzelnen Schritte sehen folgendermaßen aus:

1. Zielbestimmung:

Helfen Sie dem Schüler, ein positives Ziel zu bestimmen.

2. Gewünschte Ergebnisse:

Fragen Sie den Schüler: "Wenn du das Problem gelöst hast, was wirst du dann sehen?" (Seine Augen sollten dabei in die V^k-Position gehen.)

Dann fragen Sie: "Wenn du das Problem gelöst hast, was wirst du dann hören?" (Seine Augen sollten in die A^k-Position gehen.)

Schließlich die letzte Frage: "Wenn du das Problem gelöst hast, was wirst du dann fühlen?" (Seine Augen sollten in die K-Richtung gehen.)

3. Frühere Handlungsweise ... zukünftige Ziele:

Fragen Sie den Schüler: "Wie könntest du absolut sicherstellen, daß das gleiche Problem *wieder* auftritt?" (Seine Augen sollten in die V^{er}- und dann in die V^k-Position gehen.) Diese Frage sollte zu Heiterkeit, Neugier und Ressourcenfülle führen. Niemand hat je einen Schüler versuchen lassen, ein Problem *heraufzubeschwören*. Offenbar sind Schüler (wie alle Menschen) darin *kompetent*, sich ihre eigenen Probleme zu schaffen.

Wenn die Strategie durchgeführt wird, werden die Komponenten der Ursache des Problems evident, und zugleich muß der Schüler die Verantwortung für den Teil von ihm übernehmen, der das Problem geschaffen hat. Das ist eine wirksame und doch behutsame Loslösung von der Einbildung, ein hilfloses "Opfer" zu sein.

4. Verfahren:

Sagen Sie zu dem Schüler: "Nehmen wir jetzt mal an, du beobachtest dich selbst in einem Film und siehst, was du in dieser Situation anders machen könntest." (Die Augen des Schülers sollten in seine V^k-Position gehen.)

Es kann nötig werden, den Schüler daran zu erinnern, daß im Film die Handlungen wechseln, andere Figuren auftreten, neue "Kulissen" verwendet, Kostüme gewechselt, die Beleuchtung verändert werden kann usw. und daß Szenen eingefügt oder gestrichen werden können.

Wenn die ersten Möglichkeiten noch schlimmer sind als das Problem, um so besser! Die möglichen Resultate werden entsprechend auch schlimmer sein, und der Schüler kann das unmittelbar sehen. Das ist eine wunderbare Gelegenheit für Ausgelassenheit, Übertreibungen usw. Wenn dann praktische Ideen auftauchen, wird es Zeit, zum nächsten Schritt überzugehen.

5. Entscheidung:

Sagen Sie zu dem Schüler: "Such dir jetzt die beste Möglichkeit oder die besten Möglichkeiten aus und stell dir vor, du handelst danach."

"Was siehst du jetzt?" (Seine Augen sollten in die V^k-Position gehen.)

"Was sagst du zu dir?" (Die Augen sollten in die A^i_d-Position gehen.)

"Was hörst du um dich herum?" (Die Augen sollten in die A^k-Position gehen.)

"Wie fühlst du dich jetzt?" (Die Augen sollten in die K-Position gehen.)

Das ist eine realitätsbezogene Probe; sie läßt den Schüler oftmals einfache Änderungsmöglichkeiten erkennen, die für die neue Handlungsweise wichtig werden können, bevor er sich auf sie einläßt; falls irgendwelche Änderungen eingebaut werden müssen, wiederholen Sie einfach Schritt 5 mit den neuen Varianten.

Sollte sich keine der Ideen als passend erweisen, kehren Sie zu Schritt 4 zurück und wiederholen die letzten Schritte.

Übung 54: **Eine Lernstrategie installieren**	**Ergänzungsübung 54**

Ziel: Eine Lernstrategie bei einem Freund, einem Familienmitglied oder einem Kollegen installieren lernen.

A wählt eine Lernstrategie, die er lernen möchte.

B installiert die Lernstrategie.

C beobachtet und hilft.

Die Rollen tauschen.

Ziel: Eine der Lernstrategien aus diesem Kapitel installieren lernen.

Der Lehrer wählt einen Schüler aus, für den das Installieren einer der Lernstrategien dieses Kapitels von Nutzen sein kann, und installiert die Strategie.

Zusammenfassung

Die Lernstrategien von *New Learning Pathways*™ sind sorgfältig ausgearbeitet und bei vielen Schülern erprobt. Dem Lehrer wird wärmstens empfohlen, die Strategien mit seinen Schülern auszuprobieren und, soweit erforderlich, der jeweiligen Situation anzupassen. Der Lehrer sollte auf allerlei schnelle, positive Veränderungen gefaßt sein!

Kapitel 20

Metaphern

Eines Abends kam ein Bauer an einem Schacht vorbei. Aus der Tiefe des Schachts hörte er einen Hilferuf. "Was ist los?" rief er nach unten, und eine Stimme antwortete: "Ich bin Lehrer und unglücklicherweise in diesen Schacht gefallen. Ich kann allein nicht heraus-kommen." – "Ganz cool bleiben, ich geh 'n Seil oder 'ne Leiter holen", erwiderte der Bauer. "Einen Moment noch, bitte!", sagte der Lehrer. "Ihre Grammatik und Ihre Ausdrucksweise sind verbesserungsbedürftig; würden Sie das bitte freundlicherweise ändern." – "Wenn Ihnen das am wichtigsten ist", versetzte der Bauer ärgerlich, "dann schlage ich vor, Sie warten da drin, bis ich richtig sprechen gelernt habe", und ging seines Weges.

Worum geht es?

Was sind "Metaphern"? Wie werden sie verwendet? Wie konstruiert man sie?

Im Laufe der Zeiten sind immer wieder Anekdoten, Parabeln und Geschichten benutzt worden, um Menschen zu belehren und zu beeinflussen. Diese Anekdoten, Parabeln und Geschichten werden auch Metaphern genannt. Sie können benutzt werden, um etwas zu veranschaulichen, um einen Schüler zu veranlassen, etwas zu tun oder etwas zu vermei-den, oder um mit dem Widerstand eines Schülers fertigzuwerden.(7)

Metaphern mögen verschwommen und belanglos erscheinen oder auf der bewußten Ebene keinen Sinn ergeben, aber wenn sie richtig konstruiert und vorgetragen werden, wird jeder Schüler unbewußt und automatisch wie ein Computer seine Erlebnisse und Modelle abtasten, um dieser neuen Erfahrung einen Sinn zu geben. Schüler verarbeiten das, was sie hören, bewußt oder häufiger noch unbewußt und übertragen die Information auf ihre individuelle Situation. Darum können Metaphern als tiefgreifende Hilfen für eine Veränderung wirken.

Der Mensch versucht meist auf zwei Wegen, Veränderungen herbeizuführen: indem er mit anderen redet und sie überzeugt, daß eine Veränderung vorteilhaft für sie wäre, oder indem er Erfahrungen vermittelt, die die andere Person betreffen. Erfahrungen erzeugen am ehesten Veränderungen im Menschen. Metaphern verschaffen dem Schüler stellvertretende interne Erfahrungen. Diese sind nicht bedrohlich, und so sind den metaphorischen Analo-gien keine Grenzen gesetzt, außer durch die Phantasie und das Geschick des Erzählers.

Die grundlegenden Schritte beim Konstruieren von Metaphern

1. Die Situation identifizieren

Der Lehrer stellt fest, was den Schüler daran hindert, ein bestimmtes Ziel zu erreichen. Von besonderer Bedeutung sind dabei die internen und externen Verhaltensweisen des Schülers. (Interne Verhaltensweisen wären Komponenten einer Lernstrategie – etwa wenn der Schüler sich ein Bild macht und mit sich selbst spricht: $V^i \longrightarrow A^i_d$.)

2. Die nötigen Informationen sammeln

Verwenden Sie die folgenden Fragen, um sicherzugehen, daß Sie sachdienliche Infor-mationen bekommen:

a) Wer ist daran beteiligt?

b) Was geschieht genau?

c) Welche Veränderungen sollen Schüler Ihrer Meinung nach vornehmen?

d) Was wollen Schüler Ihrer Meinung nach verändern? (Manchmal weiß der Schüler nicht, was er tun soll. Außerdem müssen die Veränderungen vom Schüler kontrolliert werden können, innerhalb seines Handlungsspielraums liegen.)

e) Wie sind Schüler in der Vergangenheit mit der Situation fertig geworden, oder was hindert sie an einem effizienten Umgang mit der Situation?

3. Die Metapher konstruieren

a) Den Kontext entfalten

Bei der Entwicklung von Metaphern werden bestimmte Vorannahmen verwendet, etwa in Form von Annahmen, die der Lehrer in seiner Analogie macht. Solche Annahmen können den Glauben des Lehrers einschließen, daß er das Problem des Schülers identifiziert hat und die erforderlichen Informationen besitzt, um ihm bei der Lösung seines Problems helfen zu können. Außerdem sind in jede Metapher Hinweise eingebaut, die den Schüler beeinflussen sollen. Ein letzter Gesichtspunkt ist, daß die Vorannahmen Teil der Erfahrungen der betreffenden Schüler sein müssen.

Die Metapher soll *Identifizierungsmöglichkeiten* bieten. Der Schüler muß sich zu der Geschichte in Beziehung setzen können.

Die Metapher soll *verlockend* klingen. Sie soll dem Denken des Schülers eine neue Richtung geben, wenn auch nur für den Augenblick. Verlockende Geschichten können Erwartung, Verwirrung, Sehnsucht oder Erregung auslösen.

Die metaphorische Analogie kann nie ein genaues Abbild der Realität sein. Sie soll Ähnlichkeiten zwischen ihrem Kontext und dem Problemkontext des Schülers deutlich machen. Die Analogie soll folgerichtig sein, das heißt sie soll Schritt für Schritt auf ihr Ziel zugehen, statt mit einem Riesensprung direkt im Ziel zu landen.

b) Die Metapher konstruieren

Die Metapher soll alle Informationen enthalten, die bis zu diesem Zeitpunkt diskutiert worden sind. Sie kann entweder zu einem erwünschten Ziel führen oder das Ende offenhalten und dem Schüler selbst die Entscheidung über das Endergebnis überlassen.

Metaphern sind auf eine spätere Veränderung hin angelegt. Ihre unmittelbare Wirkung ist zwar wichtig, aber eine Veränderung wird meist nicht unmittelbar eintreten. Da der Schüler ähnliche Verhaltensmuster hat, die in anderen Kontexten wirken, kann die Metapher auch Verhaltensänderungen in diesen Kontexten bewirken.

4. Die Metapher erzählen

Die Metapher wird am besten unmittelbar persönlich erzählt, nicht schriftlich oder telefonisch, weil der Lehrer das sensorische Feedback und andere Reaktionen des Schülers berücksichtigen muß, um diesen gegebenenfalls seine Metapher anzupassen. Pacing ist ein wesentlicher Bestandteil des Erzählens von Metaphern.

Wie alle anderen Fertigkeiten erfordert auch das Konstruieren und Erzählen von Metaphern Übung. Die Ergebnisse lohnen aber die Mühe, die man zur Beherrschung dieses Verfahrens aufwenden muß!

Übung 55: Die Konstruktion von Metaphern analysieren

Ziel: Lernen, wie Metaphern konstruiert sind.

A, B und C wählen eine der in diesem Buch verwendeten Metaphern. Jeder analysiert diese Metapher, um festzustellen, wie die grundlegenden Schritte der Metapherkonstruktion befolgt worden sind.

Die Feststellungen werden ausgetauscht.

Ergänzungsübungen 55 und 56

Ziel: Eine Metapher konstruieren und in der Klasse erzählen.

Der Lehrer wählt eine Situation, die sich zur Konstruktion und anschließenden Verwendung einer Metapher eignet. Er konstruiert und erzählt die Metapher und beobachtet eine Zeitlang alle daraufhin erfolgenden Veränderungen.

Übung 56: Metaphern konstruieren

Ziel: Metaphern konstruieren lernen.

Phase I

A, B und C wählen eine Situation oder ein Erlebnis, das für die Anwendung einer Metapher geeignet erscheint. Sie konstruieren gemeinsam eine Metapher für diese Situation.

Phase II

A, B und C wählen eine Situation oder ein Erlebnis, für das jeder gern eine Metapher entwickeln möchte. Jeder konstruiert eine geeignete Metapher. Die Metaphern werden ausgetauscht und kritisch beurteilt.

Zusammenfassung

Wenn Lehrer mehr Metaphern verwenden würden, öffnete sich für sie und ihre Schüler ein neues, weites Erfahrungsgebiet. Metaphern sind äußerst wirksame Hilfsmittel für langfristige Veränderungen. Richtig konstruierte Metaphern können erstaunliche Wirkungen hervorbringen. Es wird daher für den Lehrer von großem Nutzen sein, wenn er im voraus Situationen bedenkt, in denen Metaphern nützlich sein können, und sich verschiedene Metaphern konstruiert, die er bei solchen Gelegenheiten verwenden kann. Anfangs wird die Konstruktion von Metaphern schwierig erscheinen; wenn die erforderlichen Fertigkeiten aber erst einmal ausgefeilt und eingeübt sind, wird die Konstruktion mehr Freude machen und interessanter werden. Beim Erzählen von Metaphern sollte man auf die sensorischen Reaktionen der Schüler eingehen.

Kapitel 21

Submodalitätsstrategien

Der Schüler traf den Meister beim Lesen ausgerechnet einer landwirtschaftlichen Zeitschrift an. Einigermaßen verwirrt fragte er ihn, warum in aller Welt er eine Zeitschrift lese, die seinem eigenen Gebiet so fern liege. Der Meister erwiderte: "Ich fand diesen Artikel faszinierend. Er beschreibt eine neue Methode, Korn anzubauen, die den Ertrag steigert und gleichzeitig die Kosten senkt. Außerdem erinnert er mich daran, daß wir Menschen oft in eine Falle geraten, indem wir denken, wir wüßten schon alles auf unserem Spezialgebiet. Dann kommt auf einmal eine neue Entwicklung oder Technik, die viel schneller zu den gewünschten Ergebnissen führt, und wir erkennen, wie wenig wir in Wirklichkeit wissen." – "Ich denke, das ist sehr frustrierend", sagte der Schüler. "Im Gegenteil", erwiderte der Meister, "es ist eine große Herausforderung. Solange wir lernen, sind wir lebendig. Der Bauer kann uns mancherlei lehren. Die Art, wie wir die Saat ausbringen und ihr Wachstum fördern, wirkt sich direkt auf das aus, was wir ernten."

* * *

Richard Bandler, der Mitbegründer des NLP, ist als der "schöpferische Genius des NLP" bezeichnet worden. Diese Charakterisierung wird besonders evident in seinem neuesten Werk. Bandler erinnert uns daran, daß Verhaltensänderungen im Leben der meisten Menschen ein fortlaufender, kontinuierlicher Prozeß sind. Dieser Veränderungsprozeß geht leicht und natürlich und meist unbewußt vor sich. Bandlers Wissensdurst hat ihn zur Entdeckung weiterer Prozesse geführt, die unser Gehirn durchführt, um Veränderungen hervorzubringen. Connirae und Steve Andreas haben vor kurzem die Leitung der Organisation, Systematisierung und Lehre von Bandlers Werk übernommen. Im Einvernehmen mit Bandler experimentieren sie weiter mit seinen Techniken, verfeinern sie und entwickeln neue Veränderungsstrategien. (8)

Beim NLP ging es stets darum, mehr über die subjektiven Lernerfahrungen zu lernen. Unser Lernen ist zu einem großen Teil objektiv; es geht darum, Fakten zu lernen und wie diese Fakten den Schülern am besten beizubringen sind. Auch kümmert es sich mehr um die Schüler mit Lernschwierigkeiten als um die, die einen bestimmten Stoff *gut* lernen. *Wie* der Schüler lernt, wie er Informationen verarbeitet, wurde meist ignoriert. Wenn der Schüler das aber weiß, wird er eine bessere Kontrolle über seine eigenen Erfahrungen haben und damit auch über das, was er lernt. Wie wir in Kapitel 17 gesehen haben, hat der Schüler Lernstrategien, die er benutzt, um einen Stoff zu lernen oder um wenigstens zu versuchen, ihn zu lernen. Wenn der Lehrer bereits eine gute Lernstrategie für einen bestimmten Stoff ermittelt hat, kann er die Strategie eines Schülers mit Lernschwierigkeiten ermitteln und diese Strategie dann so verändern, daß dadurch das Lernen erleichtert wird. – Dieses Kapitel ergänzt das in Kapitel 17, 18 und 19 Erarbeitete und schlägt neue Techniken vor, die zu einem effizienteren Lernen führen.

Worum geht es?

Was sind Submodalitäten und Submodalitätsstrategien? Wie kann man sie nutzen?

Submodalitäten

Der Ausdruck "Modalitäten" wird im NLP verwendet, um die Komponenten unserer Wahrnehmungssysteme zu beschreiben. Wir verarbeiten Informationen durch die verschiedenen Modalitäten unserer Wahrnehmungssysteme: des visuellen, auditiven und kinästhetischen.

Submodalitäten sind sozusagen Unterkomponenten in jeder Modalität. Hier folgen einige Beispiel von Submodalitäten. (9)

Visuelle Submodalitäten

Helligkeit	farbig	Deutlichkeit/Schärfe
Größe	schwarzweiß	Standbild/Film
Lokalisierung	Entfernung	assoziiert/dissoziiert

Der visuelle Teil im Erleben eines Schülers kann hell oder dunkel sein. Die Erfahrung kann als groß, klein oder irgendwie dazwischen wahrgenommen werden. Die Lokalisierung bezieht sich darauf, wo sie sich im Blickfeld des Schülers befindet. Sie kann sich oben rechts, oben links, gerade vor dem Schüler, unten rechts, unten links, zur Rechten oder zur Linken befinden. Sie kann farbig oder schwarzweiß sein. Entfernung heißt, das sie sich nah oder weit entfernt vom Schüler befindet. Das Bild kann deutlich oder verschwommen sein. Es kann als Standbild oder als Film erscheinen. Ein assoziiertes Erlebnis sieht der Schüler mit seinen eigenen Augen, er ist an ihm beteiligt, er ist in dem Erlebnis. Ein dissoziiertes Erlebnis sieht er als von sich abgetrennt, auch wenn er Subjekt des Erlebens ist. Er kann beispielsweise eine Erfahrung, an der er beteiligt war, im Geiste wieder vor sich sehen, aber so, als wenn er einen Film über sich selbst betrachten würde. Er wäre dann von dem Erlebnis und ebenso von den damit verbundenen Gefühlen abgetrennt, ein außenstehender Beobachter.

Auditive Submodalitäten

Tonhöhe	intern/extern	Worte/Klänge
Geschwindigkeit	Lokalisierung	Assoziation/Dissoziation
Rhythmus	Entfernung	
Klangfarbe	Lautstärke	

Der Schüler kann eine auditive Komponente zu einer visuellen Erfahrung oder eine rein auditive Erfahrung haben. Tonhöhe bezieht sich darauf, ob ein Klang oder eine Stimme hoch oder tief ist. Der Schüler kann die Klangfarbe, die spezifische Qualität einer Stimme oder eines Klangs wahrnehmen. Ein Klavier und eine Violine können den gleichen Ton spielen, aber die Klangfarbe ist in beiden Fällen verschieden. Geschwindigkeit bezieht sich auf die Geschwindigkeit eines Geräusches oder einer Stimme. Sie kann schnell oder langsam sein oder irgendwie dazwischenliegen. Rhythmus bezieht sich auf den Takt oder den Akzent. Lokalisierung bezieht sich darauf, wo der Klang oder die Stimme im Raum wahrgenommen wird. Entfernung bezieht sich darauf, ob sie nah oder weit entfernt vom Schüler ist. Ein Klang kann laut oder leise sein. Der Schüler kann Worte und/oder Klänge hören. Die Erfahrung kann intern und/oder extern sein. Der Schüler kann Teil des Erlebens (assoziiert) sein, oder er kann es als außenstehender Zuhörer (dissoziiert) wahrnehmen.

Kinästhetische Submodalitäten

Druck	Struktur	Dauer
Temperatur	Bewegung	Lokalisierung

Druck kann physisch durch eine kinästhetische Aktivität auf den Schüler ausgeübt werden, oder er kann sich aufgrund einer selbsterzeugten Spannung "bedrückt" fühlen. Auch die Temperatur kann er bei kinästhetischen Aktivitäten wahrnehmen. Struktur bezieht sich auf das, was er bei der Berührung der Oberfläche eines Gegenstandes fühlt. Manche kinästhetischen Erlebnisse schließen Bewegung ein. Die Dauer eines kinästhetischen Erlebnisses kann verschieden sein. Lokalisierung bezieht sich darauf, wo das Erlebnis im Körper gefühlt wird. (10)

Um die Bedeutung der Submodalitäten anschaulich zu erleben, tun Sie bitte folgendes: Denken Sie zunächst an ein erfreuliches Erlebnis. Denken Sie dann an ein unerfreuliches Erlebnis. Vergleichen Sie die beiden Erfahrungen anhand der Liste visueller Submodalitäten. Was stellen Sie fest? Wenn Ihr erfreuliches Erlebnis kleiner, weiter entfernt und dunkler ist, achten Sie darauf, was geschieht, wenn sie es näherrücken, heller und größer machen. Was geschieht, wenn Sie das unerfreuliche Erlebnis kleiner machen und weiter wegrücken?

Die Submodalitäten sind dafür verantwortlich, wie unser Gehirn unsere Erfahrungen ordnet und kodiert. Wenn bei einer starken Erfahrung einige Submodalitäten abgeschwächt oder verändert werden, wird oftmals die Reaktion auf die Erfahrung schwächer. Wenn bei einer neutralen Erfahrung einige Submodalitäten verändert oder hinzugefügt werden, kann die Reaktion stärker werden.

Versuchen Sie es mit einem anderen Experiment: Nehmen Sie eine unangenehme Erinnerung und lassen Sie einen kurzen Film von der Erfahrung ablaufen ... Dann beginnen Sie am Ende des Films, gehen in den Film hinein und lassen ihn in 1 bis 2 Sekunden rückwärts ablaufen ... Nun denken Sie wieder an die unangenehme Erinnerung. Wie erscheint sie Ihnen jetzt?

Denken Sie an ein anderes unangenehmes Erlebnis. Machen Sie einen Film daraus, und sobald der Film beginnt, fügen Sie Ihren Lieblingsmarsch oder Zirkusmusik hinzu. Wenn Sie Ihren Film beendet haben, drehen Sie die Musik auf volle Lautstärke ... Nun denken Sie an die unangenehme Erinnerung. Wie erscheint sie Ihnen jetzt?

Das nonverbale Verhalten des Schülers zeigt, welche Submodalitäten er gerade aktualisiert. Wenn er ein Bild heller macht, bewegt sich sein Kopf nach hinten und aufwärts. Wenn ein Bild näherkommt, bewegt sich der Kopf gerade nach hinten. Achten Sie auf weitere Anzeichen, wie Submodalitäten das sensorische Feedback beeinflussen.

Veränderung von Submodalitäten

Das Verändern von Submodalitäten ist eine grundlegende Methode, um eine Art des Erlebens in eine andere zu verwandeln. Dieser Abschnitt beschreibt, wie man diese Methode bei Schülern anwendet, um ihnen zu helfen, lernbegieriger, interessierter, stärker motiviert zu werden oder einen bestimmten Gegenstand besser zu verstehen. Die grundlegende Methode wurde, ebenso wie die speziellen Informationen über Verstehen und Motivation, Richard Bandlers Buch *Veränderung des subjektiven Erlebens* [s. Literaturverzeichnis] entnommen und hier auf den pädagogischen Kontext zugeschnitten.

Interesse/Lerneifer wecken

Die Veränderung von Submodalitäten kann in Situationen angewandt werden, in denen einem Schüler der Lerneifer oder das Interesse fehlt, das er sich für ein bestimmtes Thema wünscht. Er erledigt zwar seine Arbeit, langweilt sich aber dabei. Um die Submodalitätsveränderung vorzunehmen, läßt der Lehrer den Schüler zunächst an das Thema denken, an dem er mehr Interesse haben möchte. Dann soll der Schüler an etwas denken, das ihn interessiert oder sogar fasziniert. Der Lehrer identifiziert die Unterschiede in den Submodalitäten der beiden Erfahrungen. Dann testet er die Submodalitäten eine nach der anderen, um herauszufinden, welche den Schüler lernbegierig machen. Anschließend verändert er die Submodalitäten der "langweiligen" in die der "interessanten" Erfahrung. Auf diese Weise verwandelt sich die Reaktion des Schülers auf das, was ihn gelangweilt hat, in Interesse und Lerneifer.

Szenario zur Illustration des Weckens von Interesse/Lerneifer

Jim hatte großes Interesse an Sozialkunde, aber nur geringes Interesse an der Mathematik. Seine Mathematiknoten waren daher nicht so gut, wie er es sich wünschte. Er fragte seine Lehrerin, was er tun könne, um ein Interesse an Mathematik zu bekommen. Sie sagte ihm, sie glaube ihm helfen zu können. Sie wählte die Technik der Submodalitätenveränderung, um ihm zu helfen.

L: "Jim, erinnere dich bitte an eine Zeit, in der dein Interesse für Sozialkunde besonders groß war."

S: "O.K. Ich erinnere mich an ein Projekt, das ich wirklich sehr interessant fand."

L: "Jetzt möchte ich, daß du dich an eine Zeit erinnerst, zu der du dich bei Mathematik besonders gelangweilt hast."

S: "Das ist überhaupt nicht schwer!"

L: "Gut. Vergleichen wir mal die beiden Vorstellungen. Ist eins der beiden Bilder heller als das andere?"

S: "Ja, das Bild vom Sozialkundeprojekt ist heller."

L: "Ist ein Bild größer?"

S: "Ja, das Sozialkundebild ist größer."

L: "Ist ein Bild näher?"

S: "Ja, dasselbe Bild."

L: "Ist ein Bild deutlicher?"

S: "Ja, dasselbe Bild."

L: "Gibt es irgendwelche anderen Unterschiede zwischen den beiden Bildern?"

S: "Ja. Das Sozialkundebild ist wie ein Film und farbig."

L: "Ausgezeichnet. Jetzt vergegenwärtige dir bitte das Mathematikbild und mache es heller. Wird es dadurch interessanter?"

S: "Ein kleines bißchen."

L: "Schau auf das Mathematikbild, so wie es gewöhnlich ist, und rück es näher an dich heran. Wird es dadurch interessanter?"

S: "Ja."

L: "Sieh wieder auf das ursprüngliche Mathematikbild und mach es deutlicher. Wird es dadurch interessanter?"

S: "Etwas."

L: "Nimm das alte Mathematikbild und verwandle es in einen Farbfilm. Wird es dadurch interessanter?"

S: "Ja!"

L: "Nimm das alte Mathematikbild, rück es näher an dich heran und verwandle es in einen Farbfilm. Wird es durch diese Veränderungen interessanter?"

S: "Ja, tatsächlich!"

L: "Um die Mathematik für dich interessant zu machen, mußt du dir Bilder von ihr machen, die nah vor dir stehen und wie ein Farbfilm anzusehen sind."

Die Submodalitätsveränderung eignet sich am besten für eine Behandlung, wenn der Schüler eben anfängt, sich bei dem Stoff zu langweilen. Zeigt er bereits eine starke Aversion, müssen andere Techniken hinzugenommen werden.

Verständnis für Lerninhalte

Wenn der Lehrer weiß, wie ein Schüler die Dinge versteht und wodurch er in Verwirrung gerät, kann er bei diesem Schüler einen Lernvorgang auslösen. *Wenn ein Schüler über genügend Informationen verfügt, um ein Thema zu verstehen, sie aber nicht so geordnet hat, daß sie ihm ein Verstehen ermöglichen, wird er verwirrt.* Besitzt der Schüler nach Meinung des Lehrers genügend Informationen, um einen bestimmten Stoff zu verstehen, zeigt aber trotzdem noch mangelndes Verständnis, kann der Lehrer ihn veranlassen, an etwas anderes aus dem gleichen Stoffgebiet zu denken, das er versteht. Der Lehrer hilft ihm dann, die Unterschiede in den Submodalitäten der beiden Zustände zu ermitteln. Durch das Ermitteln der Unterschiede in den Submodalitäten kann der Lehrer dem Schüler helfen, die verwirrenden Daten neu zu ordnen, nämlich in eine Ordnung, die ihn zum Verstehen führt.

Szenario zur Illustration der Verbesserung des Verständnisses von Lerninhalten

Billy ist verwirrt, weil er nicht versteht, wie das "Wahlmännerkollegium" bei der Wahl des amerikanischen Präsidenten vorgeht. Der Lehrer fragt Billy aus und glaubt, daß er genügend weiß, um die Arbeit des Kollegiums zu verstehen, die *Anordnung* der Informationen ihn aber am Verstehen hindert.

L: "Billy, du verstehst doch, wie der Gouverneur gewählt wird."

S: "Ja, das verstehe ich."

L: "Wenn du einmal daran denkst, wie der Gouverneur gewählt wird, und dann, wie das Wahlmännerkollegium vorgeht, was siehst du in jedem der beiden Fälle?"

S: "Ich habe für jeden Fall ein Bild."

L: "Ich würde gern wissen, welche Unterschiede zwischen den beiden Bildern bestehen. Ist eines heller als das andere?"

S: "Das Bild, wie der Gouverneur gewählt wird, ist heller und größer als das andere."

L: "Sind die Bilder farbig?"

S: "Das eine ja. Das Bild vom Wahlmännerkollegium ist schwarzweiß, das andere farbig."

L: "Ist ein Bild näher?"

S: "Nein. Sie sind beide gleich nah."

L: "Hast du irgendwelche anderen Unterschiede bemerkt?"

S: "Ja, das Wahlmännerbild ist verschwommen, das andere ist klar."

L: (Der Lehrer macht mit jeder Submodalität des Wahlmännerbildes das gleiche wie in der vorigen Übung. Er stellt fest, daß die nötigen Submodalitäten für eine Veränderung des Bildes groß, heller, klar und farbig sind.)

"Großartig! Schau jetzt bitte auf das Wahlmännerbild. Mach es hell. Mach es groß. Mach es deutlich und mach es farbig."

(Der Lehrer gibt Billy reichlich Zeit, diese Veränderungen vorzunehmen.)

"Helfen dir diese Veränderungen irgendwie, das Kollegium zu verstehen?"

S: "Ich sehe jetzt die Zusammenhänge besser. Ich will den Abschnitt im Buch, der das alles erklärt, noch einmal lesen, und Ihnen dann darüber berichten. Das wird eine gute Probe sein, ob ich wirklich alles verstanden habe."

Motivation

Die meisten Lehrer machen sich große Sorgen um die mangelnde Motivation einiger ihrer Schüler. Wer hat nicht im Lehrerzimmer schon Klagen über Schüler gehört, die ihre Hausaufgaben nicht machen, ihre Projekte nicht durchführen oder nicht lesen, was sie lesen sollten? Wenn man weiß, wie sich ein Schüler selbst motiviert, und wenn man in der Lage ist, diese Information auf Gebiete anzuwenden, bei denen es ihm an Motivation fehlt, so ist das eine der besten Methoden zur Verhaltensänderung. Die gebräuchlichsten Methoden der Schüler, um sich selbst zu motivieren, nutzen die Angst, was passieren wird, wenn etwas nicht erledigt ist, und die Freude über eine gut bewältigte Aufgabe. Manche kreativen Schüler benutzen eine Kombination dieser beiden Motivationen.

Wie bei den vorigen Submodalitätsstrategien gibt der Schüler dem Lehrer Informationen. Der Lehrer läßt den Schüler etwas benennen, wozu er stärker motiviert sein möchte. Dann sucht der Schüler etwas Ähnliches, zu dem er schon motiviert ist. Der Lehrer bestimmt die Unterschiede in den Submodalitäten der beiden Situationen. Durch Ausnutzung der Submodalitätsunterschiede zwischen der Situation, in der der Schüler motiviert ist, und derjenigen, in der er nicht motiviert ist, kann der Schüler auch in der fraglichen Situation motiviert werden. Um den Erfolg zu sichern, soll der Schüler eine deutliche Vorstellung von dem haben, was er erreichen will. Achten Sie darauf, daß auch die Submodalität "assoziiert/dissoziiert" geprüft wird. Sie gehört oft zu den für eine Motivation relevanten Submodalitäten. Für manche Arten von Motivation ist ein assoziiertes Bild besser geeignet; weitreichende Motivation erzielt man besser mit einem dissoziierten Bild. Unerläßlich ist ein Future Pacing der Veränderung und die Beobachtung des sensorischen Feedbacks des Schülers, um den Erfolg der Veränderung festzustellen.

Szenario zur Illustration der Motivierungsstrategie

Debra hat immer alle ihre Hausaufgaben gemacht, außer denen für Sozialkunde. Durch ein Gespräch mit ihr wurde dem Lehrer bewußt, daß ihr die nötige Motivation für diese Aufgaben fehlte. Da Debra daran lag, auch ihre Sozialkundeaufgaben richtig zu machen, beschloß er, die Methode der Submodalitätsveränderung anzuwenden und ihr so zu helfen, motiviert zu werden.

L: "Debra, nach dem, was du mir gesagt hast, möchtest du erreichen, daß du deine Sozialkundeaufgaben gut machst."

S: "Ja, ich fühle mich aber meist nicht danach."

L: "Welche Aufgaben machst du regelmäßig, auch wenn es nicht immer besonderen Spaß macht?"

S: "Die Englischaufgaben mache ich regelmäßig."

L: "Was siehst du, wenn du daran denkst, deine Englischaufgaben zu machen? Und was siehst du, wenn du daran denkst, deine Sozialkundeaufgaben zu machen?

Welche Unterschiede entdeckst du zwischen den beiden Bildern? Was fehlt in dem Sozialkundebild, das im Englischbild vorhanden ist? Zum Beispiel: Sind beide hell? Haben sie die gleiche Größe? Erscheinen sie als Film oder als Standbild? Bist du *in* den Bildern, oder betrachtest du sie von außen? Befinden sie sich nah oder weit entfernt von dir? Wenn du auf sie schaust, siehst du sie an verschiedenen Stellen?"

(In der realen Situation müßten diese Fragen einzeln gestellt werden.)

S: "Das Englischbild ist heller und größer. Es ist wie ein Film. Es ist nah und befindet sich gerade vor mir. Das Sozialkundebild ist dunkel und klein. Es ist ein Standbild und hat einen Rahmen. Es ist weit entfernt, und ich sehe es links von mir."

L: "Hörst du irgendwelche Klänge bei einem der Bilder? Sprichst du mit dir selbst in einem der Bilder?"

S: "Beim Englischbild höre ich mich sagen: 'Ich werde mich freuen, wenn ich das richtig hingekriegt habe.' Beim Sozialkundebild höre ich mich sagen: 'Es wird ewig dauern, bis ich das erledigt habe.'"

L: "Gibt es Unterschiede zwischen den Stimmen?"

S: "Die Englischstimme ist weich und freundlich, die andere ist hart und gemein."

L: (Der Lehrer verfährt mit jeder Submodalität des Sozialkundebildes wie in der vorigen Übung.)

"Ich gebe dir jetzt ein paar Anweisungen. Führ sie so schnell aus, wie du kannst. Hol bitte das Sozialkundebild wieder zurück. Nimm den Rahmen weg und stell es genau vor dir auf. Mach es groß. Mach es hell. Verwandle es in einen Film. Sieh das Bild mit deinen eigenen Augen. Höre die gleiche weiche, freundliche Stimme sagen: 'Ich freu mich schon, wenn ich das richtig hingekriegt habe.'"

(Der Lehrer beobachtet Debras sensorisches Feedback, um sicher zu sein, daß es das gleiche ist wie beim Englischbild. Wenn das der Fall ist, geht er weiter.)

"Wann willst du deine Sozialkundeaufgaben machen?"

S: "Am frühen Abend, wenn ich auch die anderen Hausaufgaben mache. Ich habe sie oft bis zur letzten Minute aufgeschoben und manchmal auch gar nicht gemacht."

L: "Stell dir bitte vor, es ist nächsten Dienstag abend, und du bist dabei, deine Sozialkundeaufgaben zu machen."

(Der Lehrer beobachtet Debras nonverbales Verhalten. Er beobachtet das Feedback des erwünschten Zustands.)

S: "Das ist ja unglaublich! Ich kann mir tatsächlich vorstellen, wie ich richtig 'rangehe. Es kommt mir fast so leicht vor, als wenn ich an die Englischaufgaben gehe."

Wie bei allen Strategien in diesem Kapitel hängt der Erfolg davon ab, daß der Wechsel schnell vonstatten geht. Die Submodalitätsveränderungen sollen daher schnell durchgeführt werden.

Die Swish-Technik

Richard Bandler hat einmal gesagt: "Die Swish-Technik wirkt stärker als jede andere Technik, die ich verwendet habe." Von Bandler selbst stammend, ist das eine schwerwiegende Aussage. Sie zeigt, welche Bedeutung er dieser Technik beimißt.

Die Swish-Technik nutzt die natürliche Fähigkeit des Gehirns, schnell zu lernen. Viele andere NLP-Techniken schreiben spezifische Lösungswege vor. Diese ziemlich aus dem Rahmen fallende Technik aber veranlaßt das Gehirn, eine neue Richtung einzuschlagen, ohne genau festzulegen, wie das geschehen soll. Die Technik regt eine schöpferische, revolutionäre Veränderung an, das heißt, wenn das Gehirn erst einmal auf eine bestimmte Richtung hin programmiert ist, ergeben sich positive Veränderungen, die sogar noch über das hinausgehen, was der Betreffende ursprünglich verändern wollte.

Obwohl die Swish-Technik mit jedem Submodalitätenpaar (in jedem sensorischen System) durchgeführt werden kann, verwendet die hier dargestellte Standard-Swish-Technik lediglich zwei visuelle Submodalitäten – Größe und Helligkeit –, die bei rund 70 Prozent der Schüler zum Erfolg führen.

Die Standard-Swish-Technik (mit Größe und Helligkeit)

1. Der Schüler bestimmt das Verhalten oder die Reaktion, die er ändern möchte, und wo und wann er sich eine andere Reaktion wünscht.

2. Der Schüler identifiziert das Ausgangsbild.

   Er soll identifizieren, was er sieht, unmittelbar *bevor* das unerwünschte Verhalten eintritt; er soll sich ein großes, helles Bild davon machen.

   (Es kann hilfreich sein, den Schüler mit einer Aktivität beginnen zu lassen, die jenem Verhalten vorausgeht, damit der Lehrer dieses beobachten kann. Das Bild soll *assoziiert* sein, der Schüler soll es mit seinen eigenen Augen sehen. Das Beispiel im folgenden Szenario wird das verdeutlichen.)

   Das sensorische Feedback wird ein gewisses Mißbehagen anzeigen.

3. Der Schüler erzeugt ein Zielbild, ebenfalls groß und hell.

   Das ist ein Bild, wie er sich selbst sehen würde, wenn er das Problem bewältigt und mehr Wahlmöglichkeiten gewonnen hätte. Dieses Bild soll *sehr attraktiv* sein; und es soll *dissoziiert* sein, das heißt, der Schüler beobachtet sich selbst in dem Bild.

   Das sensorische Feedback soll ein positives, wünschenswertes Bild anzeigen.

4. Der Swish

   Der Schüler beginnt damit, das Ausgangsbild als großes, helles, assoziiertes Bild zu sehen.

   Sobald er das Ausgangsbild sieht, setzt er ein kleines, dunkles Bild der Zielvorstellung in die Mitte des Ausgangsbildes. Das kleine Bild wird ganz schnell größer, dehnt sich aus und verdeckt das Ausgangsbild. Dieses Zielbild bleibt dissoziiert.

   Nach jedem Swish lassen Sie den Schüler die Augen öffnen oder "den Bildschirm löschen". Er soll den Swish fünfmal schnell (in 1 bis 2 Sekunden) durchführen.

5. Testen Sie die Veränderung.

   a) Lassen Sie den Schüler das erste, das Ausgangsbild schildern. Wenn der Swish erfolgreich war, wird er wahrscheinlich Schwierigkeiten haben, das Bild zu sehen.

b) Eine andere Möglichkeit, die Veränderung zu testen, ist – je nach der Art der Veränderung, die der Schüler anstrebt –, ihn mit dem Verhalten beginnen zu lassen und seine Reaktion zu testen; wenn es sich um eine Reaktion auf das Verhalten einer anderen Person handelt, kann der Lehrer tun oder sagen, was diese Person sagt oder tut, und die Reaktion des Schülers beobachten.

6. Wenn das alte Verhalten noch nicht verschwunden ist, wiederholen Sie den Swish.

Die häufigsten Gründe für ein Versagen des Swish sind:

a) Er wird zu langsam durchgeführt.

(Wenn der Schüler Schwierigkeiten hat, den Swish in 1 bis 2 Sekunden auszuführen, kann es notwendig werden, dies mehrmals zu üben; hilfreich kann auch ein "chunk down" sein. Der Schüler kann fünf- bis zehnmal das Ausgangsbild kleiner und dunkler machen. Dann kann er fünf- bis zehnmal das kleine Zielbild größer und heller werden lassen. Schließlich kann er die beiden zusammenbringen.)

b) Der Schüler vergißt, nach jedem Swish den Bildschirm zu löschen oder die Augen zu öffnen.

c) Das Bild ist ungeeignet oder zu eng spezifiziert.

d) Das Zielbild ist ungeeignet, weil es "unwirklich" ist – nicht begehrenswert genug.

e) Größe und Helligkeit sind nicht die entscheidenden Submodalitäten für diesen Schüler. In diesem Fall müssen Sie die für ihn wirksamsten Submodalitäten ermitteln und einen Swish etwa mit Farbe und Entfernung statt mit Größe und Helligkeit durchführen.

Varianten der Swish-Technik

Es gibt viele Variationsmöglichkeiten für diese Technik; manche Schüler werden vielleicht die eine oder andere der unten beschriebenen Möglichkeiten leichter finden. Wenn nötig, kann der Lehrer eine Swish-Technik entwickeln, die speziell auf einen Schüler zugeschnitten ist, der mit der Standard-Swish-Technik Schwierigkeiten hat.

1. Eine Variante besteht darin, das Ausgangsbild wie auf einem Stück elastischen Gummis mit stabilen Rändern zu sehen. Wenn das Bild fast verschwunden ist, wird die Bildmitte in eine Art Tunnel gedrückt und zerbirst, während das Zielbild zurückschnappt und an seine Stelle tritt.

2. Eine andere Variante besteht darin, das Ausgangsbild an einem Scharnier hängen zu sehen. Über dem Ausgangsbild hängt am gleichen Scharnier das Zielbild. Das Zielbild schwingt herab und verdeckt das Ausgangsbild; damit ist der Swish vollendet.

Szenario zur Illustration der Swish-Technik

Tim, ein empfindsamer Schüler, bemerkt, daß ihm das nötige Zutrauen fehlt, um ein besserer Schüler zu werden. Sein Lehrer hatte ihm früher zu einigen Änderungen verhelfen können. Jetzt bittet ihn der Schüler um weitere Hilfe.

L: "Schön, dich wiederzusehen, Tim. Womit kann ich dir helfen?"

S: "Ich habe viel darüber nachgedacht, wie ich besser werden könnte in der Schule. Ich glaube, es ginge, wenn ich das nötige Vertrauen dazu hätte."

L: "Du möchtest also mehr Vertrauen zu deiner Fähigkeit haben, gut in der Schule zu sein? Das ist fein."

(Sie diskutieren die Vor- und Nachteile der Veränderung.)

"Tim, mach dir bitte ein Bild von dem, was du siehst, kurz bevor dir klar wird, daß du kein Vertrauen hast."

S: "Ich sehe mein Zeugnis an, und da stehen ziemlich schlechte Noten."

(Dieses Bild soll assoziiert sein: Der Schüler sieht mit seinen eigenen Augen.)

L: "Wenn ich dich so ansehe, wird mir klar, daß das kein sehr angenehmes Erlebnis war. Beschreib mir, wie das Bild aussieht. Ist es zum Beispiel hell, groß, nah ...?"

(Der Lehrer geht die Submodalitäten der Reihe nach durch und läßt Tim jede einzelne prüfen, um zu sehen, welche zwei oder drei die stärkste Veränderung in dem Bild und in seinem Gefühl hervorrufen. Jede Submodalität wird in die Art, wie sie im ursprünglichen Bild auftrat, zurückverwandelt, ehe die nächste geprüft wird. Die für Tim signifikanten Submodalitäten sind Helligkeit und Entfernung. Er fühlt sich schlechter, wenn das Bild hell wird und naherückt.)

"Tim, wenn du dieses Bild veränderst, wie verändert sich dein Aussehen? Mach das Bild ganz attraktiv."

(Dieses Bild soll dissoziiert sein – der Schüler sieht sich selbst, wie er vollkommen zuversichtlich aussieht.)

S: "O.K., hab ich gemacht."

(Tims sensorisches Feedback bestätigt seine Aussage.)

L "Tim, blick jetzt bitte auf das erste helle und nahe Bild. Sobald du es im Blick hast, rück das zweite Bild neben das erste Bild. Das erste Bild rückt schnell von dir weg und wird dunkler. Das kleine Bild rückt schnell näher an dich heran und wird gleichzeitig heller. Sobald du zufrieden bist, öffne die Augen oder lösch deinen internen Bildschirm.

Verstehst du? Gut, jetzt schließ deine Augen und mach den Swish – so schnell, wie ich 'swish' sage. Swish! Öffne die Augen. Swish!"

(Der Lehrer läßt den Vorgang mindestens fünfmal oder so lange wiederholen, bis er überzeugt ist, daß die Technik Erfolg gehabt hat.)

"Tim, jetzt blick bitte auf das erste Bild von dir, wo du das schlechte Zeugnis ansahst."

S: "Das ist sehr schwierig. Es ist beinahe verschwunden."

Es gibt noch viele andere "Feinheiten", wenn man den Swish anwenden will, insbesondere wenn man einen auditiven oder kinästhetischen Swish oder einen Swish durchführt, der Submodalitäten aus zwei verschiedenen sensorischen Systemen benutzt. Ferner gibt es eine Menge regelmäßiger nonverbaler Zugangshinweise, die schriftlich nicht angemessen beschrieben werden können. Wie bei den meisten NLP-Fertigkeiten sind auch hier praktische Übungen unter fachmännischer Anleitung durch nichts zu ersetzen.

Phobie-Technik

Richard Bandler hat eine Dissoziationstechnik entwickelt, die sich vorzüglich zur Beseitigung von ungewöhnlich heftigen Ängsten oder phobischen Reaktionen eignet, beispielsweise Prüfungsangst, Schulängste, Wasserscheu, Insektenfurcht, Reaktionen auf eine weit zurückliegende Vergewaltigung usw. Die einzelnen Schritte sehen folgendermaßen aus:

1. Der Schüler stellt sich vor, er säße in einem Kino.

2. Er erzeugt ein Schwarzweißbild von sich selbst, wie er unmittelbar vor dem problematischen Erlebnis aussah, und sieht dieses Bild auf der Leinwand.

3. Er tritt aus seinem Körper heraus und schwebt zur Vorführkabine des Kinos empor, so daß er sich selbst unten im Kino sitzen sehen kann, wie er das Bild von sich selbst auf der Leinwand betrachtet.

4. Er verwandelt das stehende Bild auf der Leinwand in einen Schwarzweißfilm und sieht ihn sich vom Anfang bis unmittelbar nach dem Ende der unangenehmen Erfahrung an.

    (Damit diese Technik funktioniert, ist es äußerst wichtig, daß der Schüler den Film an einem sicheren, ungefährlichen Punkt anfangen und aufhören läßt.)

5. Wenn der Film sein Ende erreicht hat, hält der Schüler ihn beim letzten Bild an, springt in den Film hinein, geht in sein "Selbst" auf der Leinwand und läßt den Film in ein bis zwei Sekunden rückwärts ablaufen.

    (Mit dem Wort "rückwärts" ist gemeint, daß alles umgekehrt abläuft – die Menschen gehen rückwärts usw. Entscheidend für den Erfolg dieser Technik ist, daß Schritt 5 ganz schnell, in ein bis zwei Sekunden abläuft. Der Schüler wird möglicherweise den letzten Schritt mehrmals üben wollen, bis er fähig ist, ihn binnen ein bis zwei Sekunden durchzuführen.)

6. Wenn möglich, testen Sie das Ergebnis, indem Sie den Schüler mit der aktuellen Situation, die ihm früher Angst gemacht hatte, konfrontieren. Wenn das nicht möglich ist, lassen Sie ihn an die Situation denken, die ihm früher Schwierigkeiten gemacht hat. Beobachten Sie das nonverbale Feedback des Schülers, um festzustellen, welchen Erfolg diese Technik gehabt hat.

Szenario zur Illustration der Phobie-Technik

Jims Klassenlehrer entdeckt, daß dieser eine Todesangst vor Wasser hat und völlig verstört ist über die Aussicht, am Schwimmunterricht teilnehmen zu müssen. Der Lehrer bietet Jim an, ihm zu helfen, und Jim nimmt das Angebot an.

L: "Jim, ich werde dir eine einfache Möglichkeit zeigen, deine Angst vor dem Wasser loszuwerden."

S: "Ja, das möchte ich. Ich weiß, ich werde von meinen Freunden verspottet werden, wenn sie erfahren, daß ich Angst habe, ins Wasser zu gehen."

L: "Zuerst möchte ich, Jim, daß du die Augen schließt und so tust, als ob du in einem Kino säßest. Wenn du da sitzt, nick mit dem Kopf." –

    "Jetzt mach dir bitte ein Bild, wie du aussiehst, ehe du ins Schwimmbecken steigst. Stell dir das Bild schwarzweiß vor. Nick mit dem Kopf, wenn du es sehen kannst." –

    "Jetzt schwebst du aus deinem Körper empor zur Vorführkabine des Kinos. Du siehst dich unten im Kino sitzen, wie du dich selbst auf der Leinwand betrachtest. Nick wieder mit dem Kopf, wenn es soweit ist." –

"Verwandle das stehende Bild von dir auf der Leinwand in einen Schwarzweißfilm und sieh ihn dir vom Anfang bis unmittelbar nach dem Ende an, wo du dich wieder wohl fühlst. Nick mit dem Kopf, wenn das Ende erreicht ist, und laß die Augen noch zu." –

"Geh zu dem letzten Bild des Films, spring hinein und geh in dich selbst (auf der Leinwand). Jetzt laß den Film rückwärts laufen – als Farbfilm, in ein oder zwei Sekunden."–

"Jetzt stell dir vor, Jim, wie du im Sportunterricht bereit bist, schwimmen zu lernen. Wie ist das?"

S: "Ich kann's nicht glauben. Ich kann mich sehen, wie ich im Wasser bin und sogar mein Gesicht unter Wasser tauche. Das habe ich noch nie gekonnt."

L: "Jim, ich freue mich sehr, daß ich dir helfen konnte. Viel Vergnügen beim Schwimmunterricht."

Übung 57 : Interesse/Lerneifer wecken

Ziel: Interesse/Lerneifer wecken lernen.

A, B und C wählen jeder etwas, für das sie sich stärker interessieren möchten.

B führt A durch das Verfahren.

C hilft und kritisiert dann die Arbeit von B.

Die Rollen tauschen.

Ergänzungsübung 57

Ziel: Das Wecken von Interesse und Lerneifer üben.

Der Lehrer wählt einen Schüler aus und hilft ihm dabei, etwas interessant zu finden.

Übung 58 : Das Verstehen eines Stoffes verbessern

Ziel: Das Verstehen eines Stoffes verbessern lernen.

A, B und C wählen jeder eine Information, die sie verwirrt, und eine Information, die sie verstehen.

B führt A durch das Verfahren.

C beobachtet und kritisiert.

Die Rollen tauschen.

Ergänzungsübung 58

Ziel: Einem Schüler helfen, den Stoff besser zu verstehen.

Der Lehrer wählt einen Schüler aus und hilft ihm, einige Informationen zu verstehen.

Übung 59 : Die Motivation steigern

Ziel: Die Motivation eines Schülers steigern lernen.

A, B und C wählen jeder einen Kontext, in dem sie motiviert sind, und einen, in dem sie nicht motiviert sind.

B führt A durch die Motivierungstechnik.

C beobachtet und kritisiert.

Die Rollen tauschen.

Ergänzungsübung 59

Ziel: Einem Schüler helfen, stärker motiviert zu werden.

Der Lehrer wählt einen Schüler aus, der in irgendeinem Kontext motiviert sein möchte, und hilft ihm, diese Änderung vorzunehmen.

Übung 60 : Die Swish-Technik anwenden

Ziel: Die Swish-Technik anwenden lernen.

A, B und C wählen jeder einen Kontext, in dem sie die Swish-Technik anwenden wollen, um ihr Verhalten zu ändern.

B führt A durch den Swish.

C beobachtet und kritisiert.

Die Rollen tauschen.

Ergänzungsübung 60

Ziel: Einem Schüler helfen, die Swish-Technik anzuwenden, um ein Ziel zu erreichen.

Der Lehrer wählt einen Schüler aus und hilft ihm, sein Ziel mit Hilfe eines Swish zu erreichen.

Übung 61: Phobie-Technik

Ziel: Lernen, wie man diese Technik anwendet.

A, B und C wählen jeder eine heftige Angst oder Phobie, die sie ausräumen möchten.

B führt A durch die Technik.

C beobachtet und kritisiert.

Die Rollen tauschen.

Ergänzungsübung 61

Ziel: Einem Schüler helfen, eine heftige Angst oder Phobie zu eliminieren.

Der Lehrer wählt einen Schüler aus, bei dem er eine heftige Angst ausräumen will, und räumt die Angst mit Hilfe dieser Technik aus.

Zusammenfassung

Submodalitäten gehören zu den Unterkomponenten unserer Wahrnehmungssysteme. Visuelle Submodalitäten können sein: Helligkeit, Größe, farbig oder schwarzweiß, Lokalisierung, Entfernung, Deutlichkeit, Standbild oder Film, Assoziation oder Dissoziation. Auditive Submodalitäten können sein: Tonhöhe, Rhythmus, Sprechtempo, Lokalisierung, Lautstärke. Kinästhetische Submodalitäten können sein: Druck, Temperatur, Struktur, Bewegung, Dauer, Lokalisierung. Die Verwendung von Submodalitätsveränderungen, etwa zur Weckung von Lerneifer/Interesse oder zur Steigerung der Motivation, bedient sich der Submodalitäten, um die natürliche Fähigkeit des Gehirns, schnell zu lernen, auszunutzen, so daß eine schnelle, dauerhafte Verhaltensänderung eintritt. Die Swish-Technik und die Phobie-Technik führen ebenfalls zu einer schnellen, dauerhaften Verhaltensänderung.

Die in diesem Kapitel kurz beschriebenen Submodalitätsstrategien sind ein Beweis für die aufregende, unaufhaltsame Entwicklung des Neurolinguistischen Programmierens. Je mehr man darüber lernt, wie das Gehirn arbeitet, desto mehr Möglichkeiten eröffnen sich, neue Techniken zu entwickeln und andere immer weiter zu verfeinern. Weitere Informationen über diese und andere Submodalitätsmethoden (zum Beispiel Glaubenssätze verändern) finden sich in Bandlers Buch *Veränderung des subjektiven Erlebens*.

Kapitel 22

Typische Interventionen und ihre Ergebnisse

Im Anschluß an verschiedene Seminare, in denen ich Lehrern die Techniken dieses Buches vermittelt hatte, wurde die Aufgabe gestellt, eine Interventionstechnik (entweder eine emotionsverändernde Technik oder eine Technik grundlegender Verhaltensänderung) mit einem Schüler oder einem Erwachsenen durchzuführen. Die folgenden Beispiele sind diesen Aufgaben entnommen und mit den Worten des jeweiligen Verfassers wiedergegeben. Lediglich die Namen sind mit Rücksicht auf die Privatsphäre der Beteiligten geändert. Die Beispiele zeigen die schnellen Veränderungen, die sich bei Anwendung der Techniken einstellen, und sind typisch dafür, wie die Lehrer sich mit dieser Aufgabe auseinandergesetzt haben.

Beispiel 1: "Ein Mensch, dem ich geholfen habe, ein erwünschtes Ziel zu erreichen, war Eric, ein Junge, der meinem Mann bei der Arbeit auf unserer Farm half. Ich hatte Eric letztes Jahr als Schüler in meiner Biologieklasse und brauchte nicht lange, um zu erkennen, daß Eric ernsthafte Probleme in Rechtschreibung und Lesen hatte. Eric hätte in meiner Klasse nicht benotet werden können, weil er sowohl wegen seiner Rechtschreibfehler als auch wegen seiner schlechten Schrift nicht fähig war, seine eigene Schrift zu lesen. Seine schriftlichen Aufgaben waren oft unvollständig und wimmelten von Rechtschreibfehlern. Eric ist sehr aktiv in allen Sportarten und zeigt seit kurzem großes Interesse am Gewichtheben. Er gibt sich gern als 'Rowdy' und prahlt oft, wie viele Kämpfe mit Nachbarjungen er gewonnen habe.

Eines Abends kam Eric nach der Arbeit herein, und nachdem wir eine Weile geplaudert hatten, kamen wir auf den NLP-Kurs zu sprechen, den ich gerade mitgemacht hatte. Ich sagte ihm, ich könne ihm bei seiner Rechtschreibung helfen, ohne ihm dafür allzu viel Arbeit zuzumuten. Die Idee mit der wenigen Arbeit gefiel ihm, und so fingen wir an. Es war unnötig, zuerst Rapport aufzubauen, weil ich Eric täglich sehe. Ich stellte ihm ein paar Fragen, um seine Augenbewegungen zu kalibrieren, und stellte fest, daß er ein normal orientierter Rechtshänder ist – mit einer Ausnahme: Seine visuelle Erinnerung fand anscheinend in der Position statt, in der normalerweise die auditive Erinnerung stattfindet. Eric wünschte sich eine Verbesserung seiner Rechtschreibung; daher entschied ich mich für eine Technik grundlegender Verhaltensänderung, nämlich die Rechtschreibstrategie. Eric hatte sich in diesem Sommer seinen ersten Wagen gebaut, und ich bat ihn, mir zu beschreiben, wie er zu der Entscheidung gekommen sei, gerade diesen Wagen zu bauen. Erics Lernstrategie zeigte eine starke Vorliebe für den auditiven internen Dialog und für das extern Visuelle. Er mußte also vor allem das innere Visualisieren in seine Lernstrategie einbauen. Ich wandte die Strategie an, Wörter aus einem schriftlichen Text zu memorieren. Ich führte ihn durch die Strategie mit Hilfe des Wortes *stomach* (= Bauch). Eric schrieb das Wort *stomach* während des gesamten Ablaufs der Lernstrategie richtig. Er freute sich sehr über diesen Erfolg und beschloß, es mit einem anderen Wort zu versuchen; wir wählten das Wort *receive* (= erhalten). Eric war nicht fähig, das Wort *receive* richtig hinzuschreiben, nachdem er es zum ersten Mal in der visuellen Erinnerung gesehen hatte. Weitere Probleme aber hatte er beim Durchlaufen der Strategie nicht, und er wurde immer zufriedener mit sich selbst. Ich lobte ihn für seine Leistung, und mit dem neuen Vertrauen, das sich in ihm aufbaute, versuchten wir es mit verschiedenen weiteren Wörtern und hatten großen Erfolg. Eric ging an diesem Abend nach Hause und ließ seine beiden Brüder einige Wörter aufschreiben, von denen sie glaubten, daß sie ihm Schwierigkeiten machen würden. Dann steckten sie sie in einen versiegelten Umschlag, den er mir am nächsten Tag mitbrachte. Eric hatte alle Wörter richtig geschrieben bis auf das Wort *conscience* (= Gewissen). Dieses Erlebnis war für uns beide, Eric und mich, so positiv, daß ich ein 'gläubiger Anhänger' der NLP-Techniken geworden bin!"

Beispiel 2:   "Für den Interventionsplan wählte ich meinen Mann als 'Klienten'. Er wollte das Ziel erreichen, beim Golfspiel mit mir gelassen zu bleiben und das Spiel genießen zu können. (Mein Mann ist ein sehr guter Golfspieler und möchte auch mich zu einer besseren Spielerin machen. Das führt zu Reibungen und Frustrationen, da ich Kritik von ihm nicht gut vertrage, was wiederum ihn aufbringt. Die Lösung wäre für ihn, seine Kommentare zurückzuhalten und gleichzeitig gelassen zu bleiben.)

Mein Interventionsplan sah folgende Schritte vor:

1. Ich kalibrierte Harolds Augenbewegungen und stellte fest, daß er ein normal organisierter Rechtshänder war.

2. Ich ließ Harold sein Wunschziel auf eine positive Weise festlegen.

3. Ich stellte die Fragen nach den Anzeichen, dem Kontext und den Lebensumständen hinsichtlich des Ziels.

4. Ich entschied, daß hier eine emotionsverändernde Technik das richtige sei, da es sich um eine Reaktion handelte, die auf eine einzelne Situation beschränkt war und eine einzelne Veränderung erforderte.

5. Da ich fühlte, daß das Stapeln von Ankern nicht stark genug wirken würde, wandte ich die Technik des Integrierens von Ankern an.

   a) Ich bat Harold, sich vorzustellen, wie er mit mir Golf spielt, ließ ihn eine sensorische Karte anlegen und ankerte sie mit einem visuellen Anker (einer Geste).

   b) Der Zustand wurde unterbrochen. Als nächstes wählte er folgende Ressourcen, die ihm helfen sollten, seine Frustration zu überwinden und das gewünschte Ziel zu erreichen: Entschlossenheit, Liebe, Freude, Frieden, Konzentration und Gelassenheit

   c) Jede dieser positiven Ressourcen wurde einzeln mit einem kinästhetischen Anker geankert, sobald er seine jeweilige sensorische Karte für sie anlegte.

   d) Ich testete sowohl den negativen wie den positiven Zustand und stellte fest, daß beide funktionierten.

   e) Ich integrierte die beiden Zustände, indem ich beide Anker aktivierte.

   f) Dann bat ich Harold, ein Future Pacing durchzuführen und sich vorzustellen, wie er Golf mit mir spiele. Er sagte mir, er fühle sich ganz gelassen.

g) Am nächsten Abend testeten wir die Wirkung der Technik beim gemeinsamen Golfspiel. Außer einer einzigen Situation, in der er glaubte, ich ziele auf einen Baum und könne verletzt werden, wenn der Ball zu mir zurückflöge, gab er mir keine Ratschläge und war nicht frustriert. Ich meinerseits genoß das Spiel, obwohl ich noch schlechter abschnitt als beim letzten Spiel mit ihm.

h) Ein weiterer Test ergab sich drei Tage später. Wieder blieb Harold gelassen, und wieder fühlte ich mich richtig wohl. Diesmal hatte ich das schlechteste Ergebnis, das ich je beim Spielen mit ihm erzielt hatte."

Beispiel 3: "Ich habe die Intervention bei meinem neun Jahre alten Sohn durchgeführt. Er ist klein für sein Alter, hat aber einen ausgezeichneten Sinn für Humor und ist gesprächig und intelligent. Er ist sich seiner geringen Körpergröße bewußt, und je länger wir miteinander redeten, desto klarer wurde mir sein Wunsch nach mehr Selbstvertrauen. Eines Nachmittags setzten wir uns zusammen hin und begannen eine Unterhaltung. Ich beschloß, bei ihm eine emotionsverändernde Technik anzuwenden. Ich ließ ihn an eine Zeit denken, in der er sich selbstsicher fühlte, und ankerte dieses Gefühl. Danach sollte er an eine Zeit denken, in der er nicht so selbstsicher war, und ankerte auch diesen Zustand. Dann integrierte ich die beiden Anker. Als wir die gemeinsame Arbeit an diesem Nachmittag beendet hatten, sagte er, er fühle sich gar nicht mehr so klein. Ich kann bestätigen, daß ihm diese Technik geholfen hat; er geht nämlich zum Schwimmunterricht und hat sich seit unserer gemeinsamen Arbeit deutlich verbessert. Er springt jetzt vom Sprungbrett, was er sich vorher nicht getraut hatte. Es war eine fruchtbare Erfahrung sowohl für mich als auch für meinen Sohn. Ich habe das Gefühl, wir verstehen uns viel besser, und ich sehe meinen Sohn in einem ganz neuen Licht!"

Beispiel 4: "Marcia ist meine Nichte. Sie ist das jüngste Kind meiner ältesten Schwester. Sie wurde lange nach ihrem Bruder und ihren zwei Schwestern geboren. Sie ist ein sehr fröhliches Kind. Am Tag, nachdem das Schuljahr zu Ende war, kam sie für vier Tage zu mir zu Besuch, weil ihre Mutter verreist war. Die ersten drei Tage waren wunderbar. Am Montagabend aber rief ihre älteste Schwester an. Fast unmittelbar danach konnte ich sehen, daß Marcia ihre Familie zu vermissen begann. Das war eine ausgezeichnete Gelegenheit für mich, eine NLP-Technik anzuwenden. Ich entschied, daß hier das Anker-Integrieren in 30 Sekunden angebracht sei. Ich ging ins Badezimmer, um mir die Technik noch einmal zu vergegenwärtigen. Als ich zurückkam, fand ich Marcia den Tränen nahe. Ich setzte mich neben sie und sagte: 'Marcia, du siehst traurig aus.' Marcia erwiderte, sie vermisse ihre Mami. Ich fragte sie, wie sie sich gerne fühlen möchte, und sie antwortete: 'Nicht so einsam.' Dann fragte ich sie, ob sie damit meine, sich glücklich und lustig fühlen zu wollen, und sie bejahte. Ich führte die vollständige Technik durch, mit besonderem Nachdruck auf der Erinnerung, was sie gerochen und geschmeckt hatte; denn Marcia geht gern und oft zum Essen aus. Es trat eine deutliche Veränderung in der Haltung bei dem kleinen Mädchen ein, und ich kann aus diesem einen Beispiel ersehen, wie wichtig diese Technik in diesem Jahr für mich sein wird. Meine Fähigkeit, Marcias Zustand zu verändern, war mir eine ganz wichtige Bestätigung, daß ich das auch kann!"

Beispiel 5:   "Mein Klient ist mein Mann, 40 Jahre alt, Leiter einer Grundschule für Jungen. Er war 16 Jahre lang Sportlehrer an der Grundschule und Trainer für Fußball, Basketball, Ringen und Tennis an Mittel- und Oberschulen.

Natur des Problems: Typische Situation: Wenn der Klient daran dachte, daß am nächsten Tag eine Lehrerkonferenz wäre und das Memo bis 15 Uhr getippt sein müßte, zerbrach er sich den Kopf, ob den Lehrern besser damit gedient wäre, die Dinge in einer Konferenz oder schriftlich als Memo vorgesetzt zu bekommen. Das Problem tritt nur auf, wenn eine Handlung oder Entscheidung sich eventuell negativ auf andere auswirken kann; das heißt: Konferenzen sind eine Zumutung, ein Anschlag auf die Zeit der Lehrer, wenn alles mit einem Memo ebenso gut hätte erledigt werden können.

Ziel: Ich hätte die Zeit des Kopfzerbrechens gerne in produktive Zeit verwandelt.

Entscheidungspunkt: Ich wählte eine emotionsverändernde Technik, weil die Reaktion eine einzelne Veränderung in einem einzelnen Kontext erforderte. Die Reaktion war noch nicht alt. Ich entschied mich für die Technik des Integrierens von Ankern, weil ich diese Technik bereits im Unterricht praktiziert hatte und daher in der Lage war, sie richtig anzuwenden.

Das Ziel wurde in positiver Form festgelegt.

Fragen nach den Anzeichen:

1. Größere Leistungsfähigkeit

2. Selbstwertgefühl gestärkt

3. Selbstvertrauen gestärkt

4. Keine Verspannungen im Bauch und im Kopf

5. Andere bemerken die größere Produktivität, größere Geduld und Aufgeschlossenheit, weil nicht mehr in Probleme verstrickt.

Fragen zum Kontext:

1. Mit wem: mit Frau und Kollegen

2. Wo: zu Hause und in der Schule

3. Wann: jetzt

Fragen nach den Lebensumständen:

Vorteile:

1. Effektiveres Arbeiten

2. Besseres Selbstgefühl und körperlich viel entspannter

3. Wirkung auf andere verbessert

Nachteile:

1. Zeitweilige Leichtigkeit im Hinausschieben der Dinge ist verschwunden

2. Kann mehr Druck erzeugen

Ressourcen:

1. Zuversicht

2. Mitgefühl

3. Gefühl, gesund zu sein

4. Selbstwertgefühl

Resultat: Der Klient und ich betrachteten beide die Intervention als Erfolg. Der Klient teilte neun von elf Stellenbewerbern unmittelbar telefonisch mit, daß sie die Stelle nicht bekommen könnten. Keine leichte Aufgabe! Aber er war überzeugt, daß es besser für sie sei, so schnell wie möglich von ihm persönlich eine Antwort auf ihr Gesuch zu bekommen."

Beispiel 6:   "Klientin war meine 5 Jahre alte Tochter Sarah. Sie war abends immer in ihr eigenes Bett gegangen, bis sie im vorigen Frühling eine Krankheit durchmachen mußte . Seitdem fühlte sie sich manchmal zur Schlafenszeit nicht gut und wollte entweder in unserem Bett schlafen, oder ich sollte in ihr Bett kommen. (Anmerkung des Autors: Das Kind hatte ernsthafte Gesundheitsprobleme und begann sich erst langsam zu erholen.)

Unsere ganze Familie lag schon im Bett, als Sarah mich rief: Ich solle in ihr Zimmer kommen. Sie sagte, sie fühle sich nicht gut, sie habe Bauchweh, und wollte in mein Bett kommen. Ich beschloß, die Technik des Integrierens von Ankern in 30 Sekunden anzuwenden, weil ich glaubte, dies sei für Sarah die leichteste und schnellste Methode, da sie immer so schnell in den negativen Zustand geriet. Ich fragte sie, wie sie sich gern fühlen würde, und sie sagte, sie möchte sich gut fühlen und überhaupt keine Schmerzen mehr haben. Ich führte die oben genannte Technik durch und konnte einen enormen Erfolg verbuchen: Sie war zum Schluß in einem positiven Zustand und ging zum Schlafen in ihr eigenes Bett. Das beste war, daß sie seitdem Nacht für Nacht in ihrem eigenen Bett blieb und sich daran bis heute nichts geändert hat."

Beispiel 7:   "Klient war mein Mann Brian. Er ist ein 36 Jahre alter graduierter Pädagoge, der zur Zeit als Lehrer und Trainer an einer Schule angestellt ist. Er übt diese Tätigkeit seit zehn Jahren aus. Brian hat entdeckt, daß das Unterrichten nicht so reizvoll und befriedigend für ihn ist, wie es sein sollte, und hat sich nach anderen Berufsmöglichkeiten umgesehen. In den letzen vier Jahren sind ihm verschiedene Stellen angeboten worden, aber er hat jedesmal abgelehnt; ich vermute, weil er tief innen im Grunde zu ängstlich war. Kürzlich hat man ihn auf einen Job aufmerksam gemacht, der ihm glänzende Aufstiegsmöglichkeiten und dazu viele andere Vorteile bieten würde. Ihm ist auch angedeutet worden, daß er aller Wahrscheinlichkeit nach den Job bekommen würde, wenn er nur wolle. Brian hat eine Woche vor Schulschluß seine Bewerbung eingereicht und seitdem eine schlimme Zeit durchgemacht: Soll er den Job annehmen, wenn er ihm angeboten wird? Wäre es die richtige Entscheidung für unsere Familie? Wäre er dafür geeignet? usw. Je mehr er sich einen Wechsel wünscht, desto mehr sträubt er sich gegen die Entscheidung, zuzugreifen und anzunehmen.

Als ich mit ihm über seinen Unterricht sprach, meinte er im Spaß, vielleicht könne ich ihm mit dem, was ich gelernt hätte, helfen, in der Berufsfrage zu einer Entscheidung zu kommen. Ich war einverstanden. Brians Ziel war, genügend Vertrauen zu gewinnen, um diese Entscheidung zu treffen. Die Ressourcen, die er für erforderlich hielt, waren: Zuversicht, Entschlußkraft, Flexibilität, Vertrauen und Akzeptanz. Ich beschloß, eine emotionsverändernde Technik anzuwenden, weil sein Wunschziel eine spezifische Situation verändern sollte. Ich beschloß, es mit dem Integrieren von Ankern zu versuchen.

Als erstes ließ ich Brian noch einmal sein positives Ziel festlegen. Dann bat ich ihn, seine Gefühle hinsichtlich der Entscheidung zu beschreiben. Seine Antwort war: 'Nicht zuversichtlich, verwirrt, sorgenvoll'. Seinen gegenwärtigen Zustand bezeichnete er als 'sorgenvoll'. Dann ließ ich Brian in den gegenwärtigen Zustand eintreten, ging mit ihm die sensorische Karte durch und ankerte den negativen Zustand. Dazu legte ich eine Hand auf seinen

Oberschenkel. Nach Unterbrechung des Zustands ließ ich Brian noch einmal eine Liste seiner Ressourcen aufstellen. Dann bat ich ihn, sich eine Zeit zu vergegenwärtigen, zu der er sich wirklich sicher und zuversichtlich gefühlt habe. Ich ging die sensorische Karte mit ihm durch und ankerte die Erfahrung durch einen leichten Druck auf seine Schulter. Das gleiche machte ich bei den anderen fünf Ressourcen, die Brian angegeben hatte: Ich ankerte jede einzelne, sobald ich die sensorische Karte mit ihm durchgegangen war. Nach einer erneuten kurzen Unterbrechung des Zustandes testete ich nacheinander sowohl den gegenwärtigen als auch den gewünschten Zustand. Beide funktionierten. Wieder unterbrach ich den Zustand und aktivierte beide Anker gleichzeitig. Durch die Beobachtung von Brians sensorischen Hinweisen konnte ich erkennen, daß der Integrationsprozeß eingetreten war, unterbrach den gegenwärtigen Zustand und ankerte weiterhin den gewünschten Zustand. Ich sagte Brian, während ich dies tat, ich wisse, daß er sich zuversichtlich fühle, und fragte, ob das nicht ein gutes Gefühl sei? Und er werde jetzt zuversichtlich sein, ganz gleich, welche Entscheidung er in der Berufsfrage treffen werde: Es werde die richtige sein. Nach einer weiteren kurzen Unterbrechung des Zustands ließ ich Brian ein Future Pacing durchführen. Als ich ihn fragte, wie er sich fühle, erwiderte er, er fühle sich sehr positiv, zuversichtlich und sicher, daß der Job für ihn und unsere Familie der richtige sei und daß er ihn annehmen werde, wenn man ihn ihm anbiete.

Ich entschloß mich augenblicklich, ihn als besondere Vorsichtsmaßnahme einen K-Anker bei sich selbst setzen zu lassen. Er setzte einen für Gelassenheit und Entspannung. Er erzählte später, daß er diesen Anker vor dem kürzlichen Einstellungsgespräch angewandt und daß er funktioniert habe.

Als ich dies niederschrieb, erhielt mein Mann Bescheid, daß er den Job tatsächlich bekommen hatte. Wir haben keinen Grund zu der Befürchtung, er könne scheitern. Brian ist sehr zuversichtlich geblieben, daß alles gut gehen wird mit seinem Job; er hat ihn voll akzeptiert. Auch ist er seit dem Integrationsprozeß zu Hause viel entspannter und umgänglicher, besonders mit den Kindern."

Beispiel 8:   "Ich entschloß mich, die Intervention bei meinem Sohn Chad durchzuführen; er ist 6 Jahre alt und hat gerade die 1. Klasse hinter sich. Chad hatte in diesem Schuljahr Schwierigkeiten, Addieren und Subtrahieren zu lernen. Er benutzte seine Finger beim Rechnen und mußte diese Angewohnheit unbedingt überwinden; denn ich wußte, daß es in der 2. Klasse zeitlich begrenzte Mathematiktests geben würde. Er mußte es lernen! Das positive Ziel war, auch ohne Zuhilfenahme der Finger rechnen zu lernen. Er stimmte mir zu, es mache mehr Spaß, das im Kopf zu können.

Während ich seine Augenbewegungen kalibrierte, entdeckte ich, daß er ein normal organisierter Rechtshänder ist. Ich entschloß mich, eine Technik grundlegender Verhaltensänderung anzuwenden, und versuchte, eine spezielle Lernstrategie zu installieren. Ich benutzte die Mathematikstrategie, die im Text dargestellt ist. Chad gab Blau als seine Lieblingsfarbe an. Es kostete mich allerhand Zeit, ihn so weit zu bringen, daß er die Mathematikaufgaben in seiner Lieblingsfarbe sah. In der Hoffnung, daß es ihm helfen würde, sie in seiner Welt zu installieren, ließ ich sie ihn auf ein Spielzeugauto malen, aber es funktionierte nicht. Schließlich erfaßte er die Sache aber doch! Darauf führten wir die restlichen Schritte durch. (Ich benutzte auch einen Anker, indem ich jedesmal, wenn er einen Schritt richtig ausgeführt hatte, seinen Arm drückte und 'Großartig!' sagte.)

Ich glaubte tatsächlich nicht, daß es Chad besondere Freude machen werde, über seinen Mathematikaufgaben zu sitzen. Aber nachdem wir das Verfahren einmal durchgeführt hatten, stimmte er bereitwillig zu, es mit weiteren Mathematikaufgaben ebenso zu versuchen. Da hatte ich also eine wunderbare Methode entdeckt, ihm zu helfen, ohne Tränen seine Mathematik zu lernen.

Wir versuchten dann, die Probleme anzugehen. Er schaffte es! Ich habe endgültig das Gefühl, daß wir Chads positives Ziel erreicht haben. Wir führten einige weitere Sitzungen durch. Ich stellte fest, daß es mir, je weiter wir kamen, immer leichter fiel, das Installieren vorzunehmen. Chad hielt das Ganze für einen Riesenspaß, und er ist einer, der das ganze Schuljahr über sagte, wie sehr er Mathematik hasse.

Wenn ich das alles noch einmal machen müßte, würde ich wohl einen besseren Plan entwerfen, um einem Sechsjährigen zu erklären, wie er sich ein Bild in seiner Lieblingsfarbe machen kann. Abgesehen davon bin ich hochzufrieden, wie diese Technik funktionierte. Erstaunlich, nicht wahr?"

Zusammenfassung

Nach nur einwöchigem Training mit den in diesem Buch enthaltenen Veränderungstechniken waren diese Lehrer in der Lage, ihren Klienten zu helfen, ein wohlgeformtes Ziel zu definieren und danach die Technik auszuwählen und durchzuführen, die das Verhalten ihrer Klienten veränderte. Aus den Beispielen ist klar zu ersehen, daß Lehrer und Klienten gleichermaßen zufrieden waren: die Lehrer über ihre neu entdeckten Fertigkeiten und die Klienten über ihre neu entdeckten Erfolge! Mein Kompliment an die Lehrer für ihr Vertrauen in sich selbst und ihre neu entdeckten Fertigkeiten!

Kapitel 23

Auswahl einer Interventionstechnik

Dieses Kapitel enthält verschiedene Beispiele von Situationen, die im Laufe eines Schuljahres auftreten können. Bestimmen Sie aufgrund der Informationen, die für jedes Beispiel gegeben werden, welche Technik(en) Sie anwenden würden.

Beispiel 1: Johnny war seit drei Monaten in meiner Schulklasse. Seine Stimmungen hatten hin- und hergeschwankt zwischen In-sich-gekehrt-Sein und Aggressivität gegenüber anderen Kindern. Ungefähr einen Monat vorher war entdeckt worden, daß Johnny und andere Familienmitglieder von seinem Vater mißhandelt worden waren. Johnny war seither aus dieser Umgebung fortgebracht worden. Sein aggressives Verhalten hatte sich inzwischen gelegt, aber er war noch sehr in sich gekehrt. Angenommen, er würde sich gern anders fühlen: Welche Technik würde Ihnen am geeignetsten erscheinen, um Johnny zu helfen?

Beispiel 2: Jane, ein normalerweise sehr lebhaftes Mädchen, sieht deprimiert und traurig aus. Sie beschließen, ihr eine Möglichkeit zu geben, sich anders zu fühlen. Welche Technik würden Sie anwenden?

Beispiel 3: Sue ist eine gewissenhafte, hochmotivierte Schülerin, aber trotz aller Bemühungen erzielt sie bei den Rechtschreibtests keine guten Ergebnisse. Wie könnten Sie ihr helfen?

Beispiel 4: Jody ist eine Gymnasiastin aus Ihrer Heimatstadt. Sie hat sich an Sie "angeschlossen" und glaubt, Sie seien ihr Freund. Neulich hat sie Ihnen gestanden, daß sie gerne in mehr Aktivitäten einbezogen werden und mehr Freunde haben möchte usw., aber sie befürchtet, daß es ihr nicht gelingt und sie von den Klassenkameradinnen zurückgewiesen werde. Sie bieten ihr Hilfe an. Was werden Sie tun?

Beispiel 5: Melissa versucht, sich darüber klarzuwerden, welche weiterführende Schule sie wählen soll. Sie schwankt zwischen der Realschule und einem Gymnasium. Melissa sucht Ihre Hilfe. Wie können Sie ihr helfen?

Beispiel 6: Ben ist ein Schüler der 8. Klasse, zu dem Sie guten Rapport haben. Eines Tages, als Sie sich mit ihm unterhalten, sagen Sie ihm, daß Sie nicht verstehen, warum er keine besseren Noten erzielt. Ben sagt, er wäre gerne besser, aber irgend etwas hindere ihn daran. Das sei schon seit dem 2. Schuljahr so. Er nimmt Ihr Angebot zur Hilfe an. Was werden Sie tun?

Antwort zu Beispiel 1:   Ermitteln Sie Johnnys Gefühle mit großer Sorgfalt und helfen Sie ihm, ein wohlgeformtes Ziel zu definieren. Wenn er möchte und Sie glauben, daß es das beste für ihn wäre, könnte die Dissoziationstechnik ihm helfen, sich von seinen Gefühlen zu distanzieren, die mit den Mißhandlungen durch seinen Vater assoziiert sind.

Antwort zu Beispiel 2:   Falls die Situation keine schwere Krise war, wäre wahrscheinlich die Technik des Integrierens von Ankern in 30 Sekunden die geeignetste Methode.

Antwort zu Beispiel 3:   Es muß geklärt werden, ob Sue emotionale Blockaden hat, die mit ihrem Problem zusammenhängen, oder ob ihre visuelle Erinnerungsstrategie entwickelt werden muß. Helfen Sie ihr, ein positives Ziel zu definieren. Emotionale Blockaden können durch Integrieren von Ankern abgebaut werden. Falls ihre visuelle Erinnerung entwickelt werden muß, sollte man sie die Rechtschreibstrategie lehren.

Antwort zu Beispiel 4:   Sie diagnostizieren ihr Problem als schwache Selbsteinschätzung und helfen ihr, ein wohlgeformtes Ziel zu definieren. Das Integrieren von Ankern wäre eine sehr geeignete Methode. Eine andere Möglichkeit wäre – je nach Vorgeschichte der Situation – eine Revision ihres Lebensmusters.

Antwort zu Beispiel 5:   Sie sprechen mit Melissa über ihre Gedanken und Gefühle und wie ihrem Gefühl nach ihre zukünftigen Interessen aussehen werden. Wenn Melissa die nötige Begabung für einen Besuch des Gymnasiums hat und wenn Sie fühlen, daß sie das wirklich will, wenden Sie die Technik des zweihändigen Ankers an.

Antwort zu Beispiel 6:   Wenn Ben einen offensichtlichen sekundären Gewinn aus seiner Minderleistung zieht, wird die Reframing-Technik das Gegebene sein. Wenn es keine Zeichen eines sekundären Gewinns gibt, wird eine Revision seines Lebensmusters geeignet sein, sein Ziel anzugehen. Auch Metaphern können zur Behandlung der Situation eingesetzt werden.

Zusammenfassung

Wenn Sie jetzt ihre Lösungen mit den hier gegebenen Antworten verglichen haben – wie ist es Ihnen ergangen? Es ist vollkommen in Ordnung, wenn Ihre Antworten von den hier gegebenen abweichen, *vorausgesetzt*, daß Sie gute Gründe für Ihre Wahl haben.

Wenn Sie eine Technik wählen und diese aus irgendeinem Grund nicht funktioniert, denken Sie daran, sie zu wiederholen (insbesondere, wenn sie beim ersten Mal noch nicht so gut durchgeführt wurde), oder versuchen Sie eine andere Technik. Flexibilität wird Ihnen helfen, den Erfolg zu sichern!

Kapitel 24

Schlußbemerkungen

Welche weiteren Anwendungen gibt es für das Buch *Das Lernen lehren*?

Berater

Berater sind in einer einzigartigen Situation. Sie sind oft zeitlich flexibler und haben eher die Möglichkeit, eine Einzelbeziehung zu Schülern aufzubauen, als die meisten Lehrer. *Das Lernen lehren* gibt jedem Berater die Möglichkeit, seine Ziele besser zu erreichen und den Schülern zu helfen, kreativer und effektiver mit den Komplikationen ihres Lebens fertigzuwerden. Der Berater kann auch Lehrern helfen, diese Techniken einzuüben.

Eltern-Lehrer-Konferenzen

Eltern-Lehrer-Konferenzen können ein wunderbares oder ein gräßliches Erlebnis sein, je nach dem Anlaß der Konferenz, den kommunikativen Fähigkeiten des Lehrers und der Einstellung der Eltern. Jeder Lehrer sollte durch Pacing und Leading Rapport aufzubauen suchen. Die Anwendung von Techniken zur Zustandsveränderung kann sehr hilfreich sein, um die Stimmung der Eltern zu beeinflussen. Die Verwendung visueller und auditiver Anker kann geeignet sein, bestimmte Reaktionen auszulösen. Die Technik der visuellen Vermischung kann sich in bestimmten Situationen als hilfreich erweisen. Nehmen wir beispielsweise an, der Lehrer glaubt, die Eltern müßten bestimmte Maßnahmen ergreifen, die ihrem Kind helfen könnten. Um die Eltern dafür zu gewinnen, kann der Lehrer in der Zusammenfassung entweder die rechte oder die linke Hand ausstrecken. Mit dem Blick auf die deutlich sichtbare Hand beschreibt er die gegenwärtige Situation und berichtet, daß die früheren Bemühungen zur Lösung dieses Problems keinen Erfolg gehabt haben. Dann streckt er, ohne die Hand zu senken, die andere Hand nach der entgegengesetzten Seite aus, lenkt die Aufmerksamkeit auf diese Hand und beschreibt die neuen Techniken, die helfen sollen das Problem zu lösen. Die Stimme soll bei jedem Anker einen anderen Klang annehmen. Dann sagt er mit der Stimme, die mit den Lösungen verknüpft ist: "Wäre es nicht schön, sich um diese Situation keine Sorgen mehr machen zu müssen?" Er führt eine visuelle Vermischung durch, indem er beide Hände zusammenbringt und die Finger verschränkt. Auf dem Gesicht der Eltern mag sich ein Augenblick der Verwirrung spiegeln, wenn die Integration der neuen Lösungen mit den alten Reaktionen angedeutet wird. Nutzen Sie diese momentane Verwirrung, um einige Aussagen zu machen, die als Kommandos wirken; etwa: "Sie sind jetzt in der Lage, ... und ... zu tun, und das wird ... (Name des Schülers) helfen." Danach betonen Sie, daß die Situation nun geklärt ist. Die visuelle Vermischung ist eine außerordentlich wirkungsvolle Technik des Integrierens von Ankern, die in den verschiedensten Situationen angewendet werden kann, auch in Fällen, in denen ein Schüler Berührungen ablehnt.

Streß und Spannungen abbauen

Streß und Spannungen des Lehrers können durch Anwendung der in diesem Buch beschriebenen Techniken abgebaut werden. Denken Sie insbesondere daran, daß Ihr interner Zustand und Ihre Physiologie sich übertragen und Ihr interner Zustand durch Veränderung Ihrer Physiologie verändert werden kann. "Stuck states" lassen sich mit Hilfe einer Veränderungstechnik abbauen. Es kann Ihnen helfen, einen eigenen Anker zu etablieren, um Ruhe und Gelassenheit zu erzeugen. Auch das Erreichen eines oder mehrerer "optimaler Zustände" durch die in Kapitel 16 beschriebene Übung ist eine ausgezeichnete Möglichkeit zum Abbau von Spannungen und Streß.

Persönliche und berufliche Entwicklung

Das Lernen lehren bietet Ihnen wirkungsvolle Hilfen sowohl zur persönlichen wie zur beruflichen Entwicklung! Einige Techniken, wie zum Beispiel Übungen zur Zustandsveränderung oder zur Identifikation eines Ziels, und manche einfachen Ankertechniken können Sie allein durchführen. Ehe Sie aber die komplizierteren Interventionstechniken voll nutzen können, brauchen Sie die Hilfe eines anderen Menschen zu einem intensiven Training.

Es kann nützlich sein, eine Studiengruppe zu bilden und gemeinsame Übungen durchzuführen. Die Mitglieder der Gruppe können einander tatsächlich eine Hilfe sein, um die persönliche und/oder berufliche Entwicklung zu fördern.

Die neuen Fähigkeiten mit einem guten Gefühl anwenden

Wenn Lehrer zum ersten Mal die Wirksamkeit dieser Techniken kennengelernt haben, scheuen sie sich manchmal und zögern, sie bei Schülern anzuwenden, weil die Veränderung sich vielleicht ungünstig auswirkt, die Eltern "dahinterkommen", der Schulleiter etwas dagegen haben könnte oder weil sie ihnen zu manipulativ sind. Diese Gefühle sind verständlich, die zugrundeliegende Botschaft kann etwa lauten: "Ich fühle mich noch nicht wohl mit diesen Techniken." Es gibt viele Möglichkeiten, diesen Gefühlen zu begegnen. Eine ist, weiterzumachen wie bisher. Eine andere ist, zu bedenken, daß Sie dafür bezahlt werden, auf die Schüler Einfluß zu nehmen, und daß viele Lehrer die Techniken bereits intuitiv anwenden. Und dann: Wäre es nicht klug und nutzbringend, Ihre Fähigkeiten in der Anwendung der Techniken zu verfeinern und bewußt zu integrieren, um Ihre Wirkungsmöglichkeiten als Lehrer zu verbessern? Erfahrene Lehrer werden entdecken, daß man nach einiger Übung bei bestimmten Techniken nicht unbedingt die formalisierten Schritte einhalten muß und das Ziel bei Benutzung der grundlegenden Techniken auf kreative Weise erreicht werden kann. Ein Beispiel dafür ist die Technik des Integrierens von Ankern in 30 Sekunden anstelle der formalen Technik des Integrierens von Ankern.

Alles kann in der Erziehung erreicht werden, wenn das Bedürfnis stark genug und wenn man kreativ ist. Es gibt nur eine Mahnung zur Vorsicht: *Erproben Sie die Techniken zuerst in einer nichtkritischen Situation!* Diese Übung wird dazu beitragen, daß Sie die Techniken auch in einer kritischen Situation erfolgreich anwenden können. Außerdem: *Da die Techniken so starke Wirkung haben, wenden Sie sie respektvoll und liebevoll an!*

Die Lerntechniken den Schülern beibringen

Vielleicht meine wichtigste Empfehlung zum Schluß ist diese: *Bringen Sie Ihren Schülern die Fertigkeiten bei, so daß diese ihren Stoff besser lernen können!*

Mein Wunsch für Sie verbirgt sich in folgender Metapher:

Es war einmal eine einsame, kleine Raupe, die schaute sehnsüchtig zum Himmel empor. Oh, wie wünschte sie sich fliegen zu können, genau wie der schöne Schmetterling, den sie in dem weiten, blauen Himmel dahinfliegen sah! Eines Tages flog ein Schmetterling ganz nah auf die Raupe zu. Da rief sie sehnsüchtig: "Schmetterling, ach Schmetterling, wann werde ich fliegen können?" Der Schmetterling lächelte liebevoll und antwortete: "Bald, kleine Raupe, sehr bald." Die Raupe war enttäuscht. Ihre Sehnsucht wuchs. Am nächsten Tag kam ein anderer Schmetterling auf sie zugeflogen, und die Raupe rief wieder: "Schmetterling, ach Schmetterling, wann werde ich fliegen können?" Der Schmetterling antwortete liebevoll: "Bald, kleine Raupe, sehr bald." Ganz verstört versuchte die Raupe, ihren Traum vom Fliegen zu vergessen, aber sie konnte es nicht. Bald darauf erlebte sie innere Veränderungen, die ihren Traum vorübergehend unterbrachen. Als aber das schützende Gespinst der Puppe sie rings umhüllte und ihr ein Gefühl der Sicherheit gab, lebte ihr Traum vom

Fliegen wieder auf. Zu ihrem großen Erstaunen arbeitete sie sich, als die Zeit gekommen war, als ein wunderbarer Schmetterling aus der Puppe heraus. Ihr Traum, fliegen zu können, war schließlich doch in Erfüllung gegangen! Der Schmetterling breitete seine Flügel aus und schwang sich in den Himmel empor. Wie gut fühlte er sich beim Fliegen! Als er über eine Wiese flog, hörte er die klägliche Stimme einer Raupe, die ihm zurief: "Schmetterling, ach Schmetterling, wann werde ich fliegen können?" Und der Schmetterling blickte zur Raupe hinab und antwortete mit einem liebevollen Lächeln: "Bald, kleine Raupe, sehr bald."

Anhang

1. Lösungen zu den Aufgaben

Aufgabe A (S. 32)

In den meisten Fällen werden diese Lösungen bei jedem Lehrertyp vorkommen können. Es dürfte schwerfallen, einen Lehrer zu finden, der ausschließlich ein V-, A- oder K-Typ ist.

A   Lektüre benutzt

K   Rollenspiel betont

A   Schüler zum Sprechen ermutigt

V   das Schwarze Brett geschmückt

V   Filme gezeigt

A   Tonbänder abgespielt

K   Aktivitäten angeregt, die Manipulation erfordern

V   Materialien sauber geordnet

V & K   schriftliche Arbeiten betont

A   lautes Lesen verlangt

K   Schülerprojekte und -modelle angeregt

V   Poster und Schilder ausgestellt

V & K   häufig die Tafel benutzt

A & V   mathematische Illustrationen – Beispiele und Antworten – laut vorgelesen

V   den täglichen Arbeitsplan an die Tafel geschrieben

V   dreidimensionale Lernhilfen eingesetzt

Aufgabe B (S. 41)

V   Blick in die Zukunft

U   fester Glaube

O   das duftet nach ...

K   pack es an

A   lauthals

K   sich anders fühlen

V   bunte Ideen

A   stille Person

U   scharf nachdenken

U   schnell lernen

A   darin übereinstimmen

K   wurde unter Druck gesetzt

A   richtig gestimmt

O   eine saure Lösung

V   im Brennpunkt

O   fade Neuigkeiten

A   modulierte Stimme

K   schmieriges Zeug

K   kitzlige Situation

V   richtige Perspektive

Aufgabe D (S. 42)

Die für die Nachahmung und die Übersetzungen vorgeschlagenen Sätze sind Beispiele, wie sie in etwa lauten könnten. Sie sollen nicht als die einzig richtigen Antworten betrachtet werden.

1. *"Man sieht mich im allgemeinen so, wie ich mich selbst sehe."*
Sensor. System: V
Nachahmung: *"Ich sehe mich so, wie ich bin."*
Übersetzung: *"Ich höre Bemerkungen über mich, mit denen ich einverstanden bin." (A)*
                          "Die Gefühle, die man mir entgegenbringt, sind die gleichen, die ich mir gegenüber habe." (K)

2. *"Ich muß mit meiner Freude in Berührung kommen."*
Sensor. System: K
Nachahmung: *"Ich möchte meine Freude fühlen."*
Übersetzung: *"Ich möchte mich sehen, wie ich meine Freude zum Ausdruck bringe." (V)*
                          "Ich möchte meine Freudenschreie hören." (A)

3. *"Dazu kommen mir allerhand frische Ideen."*
Sensor. System: O
Nachahmung: *"Dazu kommen mir allerhand schmackhafte Vorstellungen."*
Übersetzung: *"Dazu kommen mir allerhand treffende Einfälle." (K)*
                          "Dazu kommen mir allerhand klare Vorstellungen." (V)

4. *"Der Groschen ist gefallen."*
Sensor. System: A
Nachahmung: *"Die Dinge beginnen sich harmonisch zu gestalten."*
Übersetzung: *"Die Dinge beginnen sich zurechtzurücken." (K)*
                          "Die Dinge beginnen sich zu klären." (V)

5. *"Das ist ein wahrer Glanzpunkt in meinem Leben."*
Sensor. System: V
Nachahmung: *"Diese Situation bringt Licht in mein Leben."*
Übersetzung: *"Diese Situation verstärkt die guten Klänge in meinem Leben." (A)*
                          "Das ist eine der angenehmsten Situationen in meinem Leben." (K)

6. *"Ich fühle mich meiner Familie eng verbunden."*
Sensor. System: K
Nachahmung: *"Ich fühle ein festes Band zu meiner Familie."*
Übersetzung: *"Die Beziehung zu meiner Familie ist harmonisch." (A)*
                          "Jedem Beobachter ist klar, daß ich eine gute Beziehung zu meiner Familie habe." (V)

Aufgabe F (S. 51)

1. Antworten der Reihe nach von links nach rechts:

K, $A^i_{d'}$, A^k, V^k, A^{er}

2. Antworten wieder von links nach rechts:

K, V^k, A^{er}, $A^i_{d'}$, A^k

(Wenn Sie es leichter finden, beim Vergleich mit Aussagemustern die Augenbewegungsmuster zu bestimmen, haben Sie soeben "chunk up" geübt.)

3. Antworten von links nach rechts. Die Augenbewegungsmuster sollen den folgenden Symbolen entsprechen (normale Rechtshänder vorausgesetzt):

A^{er}, $A^i_{d'}$, V^k, V^{er}, K

4. Antworten von links nach rechts. Denken Sie daran, die Augenbewegungsmuster mitzumachen, wenn Sie Ihre Antwort geben.

K, V^k, $A^i_{d'}$, V^{er}, A^i_d

2. Kurzfassung einiger wichtiger Interventionstechniken

Fragen zur wohlgeformten Zieldefinition

1. Was wünschst du dir? (positiv ausgedrückt)

2. Woran würdest du erkennen, daß du es erreicht hast?
   (Beachten Sie das sensorische Feedback.)

3. In welchem Kontext wünschst du es dir?

4. Welche Vorteile ergeben sich durch die Veränderung?

5. Welche Nachteile ergeben sich durch die Veränderung?

Einzelschritte der Integration von Ankern (Kap. 16)

1. Identifizieren Sie den gegenwärtigen Zustand.

2. Ankern Sie den gegenwärtigen Zustand visuell und auditiv mit Hilfe einer sensorischen Karte:

   V^e – Erinnere dich, was du damals sahst.

   V^i – Vergegenwärtige dir alle internen Bilder, die du damals erlebtest.

   A^e – Vergegenwärtige dir alle Klänge, Stimmen oder Geräusche, die du hörtest.

   A^i – Erinnere dich aller internen Dialoge, die stattfanden.

   K^e – Wenn es irgendwelche externen Gefühle gab, vergegenwärtige sie dir.

   K^i – Vergegenwärtige dir deine internen Gefühle.

   O^e – Vergegenwärtige dir jeden Geruch und jeden Geschmack, der mit der Erfahrung verbunden war.

   O^i – Wenn durch diese Erfahrung irgendein Geruch oder Geschmack ausgelöst wurde, vergegenwärtige ihn dir.

3. Unterbrechen Sie den Zustand.

4. Lassen Sie den Schüler die notwendigen Ressourcen identifizieren:

Beharrlichkeit	Zärtlichkeit
Zorn	Fürsorglichkeit
Vertrauen	Liebe
Stärke	Unbeugsamkeit
Flexibilität	Ornungsliebe
Glück	Abenteuerlust
Freude	Entschlossenheit
Standhaftigkeit	Hilfsbereitschaft
Mitleid	Humor
Dissoziation	Gewandtheit

5. Ankern Sie den gewünschten Zustand kinästhetisch und auditiv mit Hilfe einer sensorischen Karte.

6. Unterbrechen Sie den Zustand.

7. Testen Sie jeden Anker einzeln, jeweils mit einer Zustandsunterbrechung dazwischen.

8. Integrieren Sie beide Anker mit Hilfe positiver Bemerkungen (in der "Tonart" des gewünschten Zustandes).

9. Unterbrechen Sie den Zustand.

10. Future Pacing.

Gebrauch der Integration von Ankern zur Selbsthilfe

1. Identifizieren Sie Ihren gegenwärtigen Zustand.

2. Ankern Sie Ihren gegenwärtigen Zustand kinästhetisch mit Hilfe einer sensorischen Karte.

3. Unterbrechen Sie den Zustand.

4. Wählen Sie die persönlichen Ressourcen, die Sie benötigen:

Beharrlichkeit	Zärtlichkeit
Zorn	Fürsorglichkeit
Vertrauen	Liebe
Stärke	Unbeugsamkeit
Flexibilität	Ordnungsliebe
Glück	Abenteuerlust
Freude	Entschlossenheit
Standhaftigkeit	Hilfsbereitschaft
Mitleid	Humor
Dissoziation	Gewandtheit

5. Benutzen Sie einen anderen K-Anker, um den gewünschten Zustand zu ankern.

6. Unterbrechen Sie den Zustand.

7. Testen Sie jeden Anker.

8. Integrieren Sie die beiden Anker.

9. Unterbrechen Sie den Zustand.

10. Future Pacing.

Einzelschritte des Revidierens von Lebensmustern

1. Helfen Sie dem Schüler, ein positives Ziel festzulegen.

2. Ankern Sie die Reaktion des negativen Zustands kinästhetisch.

3. Sagen Sie dem Schüler, er solle in der Zeit zurückwandern und sich andere Augenblikke ins Gedächtnis rufen, in denen er die gleiche Reaktion hatte, und sagen Sie ihm, er solle sich an das erste Mal, als diese Reaktion auftrat, erinnern.

   (Der Schüler kann jedesmal, wenn er sich an einen solchen Augenblick erinnert, mit dem Kopf nicken.)

4. Verwenden Sie den gleichen K-Anker und tippen Sie leicht auf die gleiche Stelle, sobald der Schüler sich an einen solchen Augenblick erinnert.

5. Setzen Sie einen positiven K-Anker (eine Möglichkeit ist, die Hand des Schülers zu halten) und fragen Sie ihn: "Wenn du damals gewußt hättest, was du heute weißt, welche zusätzlichen Wahlmöglichkeiten oder Ressourcen hättest du dann nutzen können?"

   Drücken Sie die Hand jedesmal, wenn er eine Wahlmöglichkeit oder Ressource nennt.

6. Ohne den Handanker loszulassen, bitten Sie den Schüler, sich ein Bild von dem jüngeren Menschen, der in ihm steckt, zu machen.

   Bitten Sie ihn, dem Jüngeren zu sagen, was für ihn gut zu wissen wäre, damit er sich anders fühlen und/oder anders handeln könnte.

7. Lassen Sie den Schüler zu der frühesten negativen Erfahrung zurückwandern, an die er sich erinnern kann.

8. Sagen Sie ihm, er solle bei jeder Erfahrung, von der frühesten bis zur jüngstvergangenen, mit dem Kopf nicken, sobald er sich an sie erinnere.

9. Jedesmal wenn er mit dem Kopf nickt, integrieren Sie die Anker, indem Sie zugleich den Handanker drücken und den negativen Anker leicht antippen.

10. Future Pacing.

Einzelschritte der Dissoziation

1. Helfen Sie dem Schüler, ein positives Ziel festzulegen.

2. Bitten Sie den Schüler, eine dissoziierte Situation auszuwählen, und ankern Sie sie kinästhetisch.

3. Bitten Sie ihn, sich seinen "Stuck state" zu vergegenwärtigen.

4. Aktivieren Sie den K-Anker und holen Sie ihn damit aus dem "Stuck State" heraus.

5. Lassen Sie den Schüler Ressourcen auswählen, die ihm helfen können, sein Ziel zu erreichen.

6. Ankern Sie jede Ressource mit dem gleichen K-Anker, den Sie in Schritt 2 verwendet haben.

7. Bitten Sie den Schüler, sich den "Stuck State" zu vergegenwärtigen.

8. Aktivieren Sie den Anker und halten Sie ihn fest, bis die Dissoziation vollständig ist.

9. Beobachten Sie das sensorische Feedback, um festzustellen, ob die Technik erfolgreich war.

Einzelschritte des Reframing

1. Bitten Sie den Schüler, das Verhalten, das er zu ändern wünscht, in positiver Form zu identifizieren.

2. Verpassen Sie dem dafür verantwortlichen Teil ein Etikett.

3. Nehmen Sie Verbindung mit dem Teil auf.

4. Bitten Sie den Schüler, die positive Absicht dieses Teils herauszufinden.

5. Sagen Sie dem Schüler, er solle dem Teil für sein Verhalten danken.

6. Veranlassen Sie den Schüler, mit seinem kreativen Teil Kontakt aufzunehmen und ihn um *mindestens* drei neue Wahlmöglichkeiten zu bitten, die der Absicht des ursprünglichen Teils dienlich sein können.

   (Für den Erfolg dieser Technik sind hochqualifizierte und realistische Antworten erforderlich.)

   Und/oder ...

   ... sprechen Sie direkt zu dem kreativen Teil und bitten Sie ihn, sich Alternativen auszudenken, die den Bedürfnissen des anderen Teils entgegenkommen.

   "Ich möchte direkt mit deinem kreativen Teil sprechen und ihn bitten, sich Alternativen auszudenken, die den Bedürfnissen des ... entgegenkommen. Diese neuen Alternativen werden dir wahrscheinlich nicht bewußt werden; sie werden unbewußt zu dir kommen. Sie können unmittelbar zu dir kommen, sie können nachts im Traum zu dir kommen, sie werden mit Sicherheit in den nächsten Tagen zu dir kommen (oder sie werden zu dir kommen, sobald du für sie bereit bist). Daß sie gekommen sind, wirst du daran erkennen, daß dein Verhalten sich ändert."

7. Sagen Sie dem Schüler, er solle den ursprünglichen Teil fragen, ob er irgendwelche Einwände gegen die neuen Wahlmöglichkeiten habe.

8. Lassen Sie den Schüler fragen, ob irgendwelche anderen Teile Einwände gegen die neuen Wahlmöglichkeiten haben.

9. Future Pacing.

10. Bedanken Sie sich bei den Teilen.

Gebrauch des Reframing zur Selbsthilfe

1. Identifizieren Sie das Verhalten, das Sie zu ändern wünschen, in positiver Form.

2. Verpassen Sie dem dafür verantwortlichen Teil ein Etikett.

3. Nehmen Sie Verbindung mit dem Teil auf.

4. Danken Sie dem Teil für sein Verhalten.

5. Stellen Sie die Absicht des Teils fest.

6. Nehmen Sie Kontakt mit Ihrem kreativen Teil auf und bitten ihn um mindestens drei neue Wahlmöglichkeiten, die der Absicht des ursprünglichen Teils dienlich sein können.

   (Wesentlich ist, daß es realistische und hochqualifizierte Wahlmöglichkeiten sind!)

7. Nehmen Sie erneut Kontakt mit dem ursprünglichen Teil auf, um seine Zustimmung zu den neuen Wahlmöglichkeiten und ihrer Durchführung zu erlangen.

8. Stellen Sie fest, ob irgendwelche anderen Teile Einwände gegen die neuen Wahlmöglichkeiten haben.

9. Future Pacing.

10. Bedanken Sie sich bei den Teilen.

3. Verzeichnis der Abbildungen

4. Verzeichnis der Aufgaben

5. Verzeichnis der Übersichten

6. Verzeichnis der Übungen

7. Literaturverzeichnis

Bandler, Richard: *Using Your Brain – for a Change*, Moab/Utah: Real People Press, 1985; dt.: *Veränderung des subjektiven Erlebens. Fortgeschrittene Methoden des NLP*, 3. Aufl. Paderborn 1990 (Junfermann)

Bandler, Richard/Grinder, John: *Frogs into Princes: Neuro-Linguistic Programming*, Moab/Utah: Real People Press, 1979; dt.: *Neue Wege der Kurzzeit-Therapie. Neurolinguistische Programme*, 9. Aufl. Paderborn 1991 (Junfermann)

Bandler, Richard/Grinder, John: *Reframing: Neuro-Linguistic Programming and the Transformation of Meaning*, Moab/Utah: Real People Press, 1982; dt.: *Reframing. Ein ökologischer Ansatz in der Psychotherapie (NLP)*, 4. Aufl. Paderborn 1990 (Junfermann)

Barbe, Walter B./Swassing, Raymond H.: *Teaching Through Modality Strength*, Columbus/Ohio: Zaner-Bloser, Inc., 1979

Canfield, Jack/Wells, Harold: *100 Ways To Enhance Self-Concepts In The Classroom*, New Jersey: Prentice-Hall, 1976

Dilts, Robert: *Neuro-Linguistic Programming in Education. A Pamphlet*, Santa Cruz/California: Not Limited, LTD., 1980

Dilts, Robert/Bandler, Richard/Cameron-Bandler, Leslie/DeLozier, Judith/Grinder, John: *Neuro-Linguistic Programming, Volume I: The Study of the Structure of Subjective Experience*, Cupertino/California: Meta Publications, 1980; dt.: *Strukturen subjektiver Erfahrung. Ihre Erforschung und Veränderung durch NLP*, 4. Aufl. Paderborn 1991 (Junfermann)

Gazzaniga, Michael S.: *The Social Brain*, New York: Basic Books, Inc., 1985; dt.: *Das erkennende Gehirn*, Paderborn 1989 (Junfermann)

Grinder, Michael: *Righting the Educational Conveyor Belt*, Battle Ground/Washington, 1986; dt.: *NLP für Lehrer. Ein praxisorientiertes Arbeitsbuch*, 2. Aufl. Freiburg 1992 (Verlag für Angewandte Kinesiologie)

Gordon, David: *Therapeutic Metaphors. Helping Others through the Looking Glass*, Cupertino/California: Meta Publications, 1978; dt.: *Therapeutische Metaphern*, 3. Aufl. Paderborn 1990 (Junfermann)

Jacobson, Sid: *Meta-Cation: Prescriptions for Some Ailing Educational Processes*, Cupertino/California: Meta Publications, 1983

Lankton, Stephen R.: *Practical Magic. A Translation of Basic Neuro-Linguistic Programming into Clinical Psychotherapy*, Cupertino/California: Meta Publications, 1980

Lloyd, Linda: *Classroom Magic. Effective Teaching Made Easy*, Troy/Michigan: Twiggs Communications, 1982; dt.: *Des Lehrers Wundertüte. NLP macht Schule*, Freiburg 1991 (Verlag für Angewandte Kinesiologie)

McCarthy, Bernice: *The 4Mat System*, Arlington Heights/Illinois: Excel, Inc., 1980

Miller, George A.: *The Magical Number Seven, Plus or Minus Two ...*, in: *The Psychological Review*, 63, No. 2 (March 1956), S. 81-96

Robbins, Anthony: *Unlimited Power*, New York: Simon and Schuster, 1986; dt.: *Grenzenlose Energie. Das Power-Prinzip*, 2. Aufl. Bonn 1992 (Norman Rentrop Verlag)

Van Nagel, Clint/Siudzinski, Robert/Reese, Edward J./Reese, MaryAnn: *Megateaching and Learning. Neuro-Linguistic Programming Applied to Education*, Indian Rock Beach/Florida: Southern Institute Press, 1985; dt.: *Megateaching. Neurolinguistisches Programmieren in Unterricht und Erziehung*, Freiburg 1989 (Verlag für Angewandte Kinesiologie)

8. Anmerkungen

[Für die vollständigen Literaturangaben vgl. Literaturverzeichnis]

(1) Canfield/Wells: *100 Ways To Enhance Self-Concepts In The Classroom*, New Jersey 1976

(2) Dilts/Bandler/Cameron-Bandler/DeLozier/Grinder: *Neuro-Linguistic Programming, Volume I*; dt.: *Strukturen subjektiver Erfahrung*, Paderborn 1985, S. 169

(3) Barbe/Swassing: *Teaching Through Modality Strength*, Columbus/Ohio 1979

(4) Gazzaniga: *The Social Brain*; dt.: *Das erkennende Gehirn*, Paderborn 1989

(5) McCarthy: *The 4Mat System*, Arlington Heights 1980

(6) In zwei Fällen kann nicht immer eine Garantie übernommen werden: 1. Schüler mit einem schwerwiegenden visuellen Problem (siehe Abschnitt "Sehtherapie" in diesem Kapitel); 2. "passive" Schüler, die ihre Schularbeiten als eine Art Powerplay mit der Familie betreiben. Hier wird eine kurzfristige Familienberatung empfohlen, um über die Lernprobleme, die bei der Arbeit mit "passiven" Schülern auftreten, aufzuklären.

(7) Technisch gesehen sind Metaphern Teil der Techniken grundlegender Verhaltensänderung. Sie werden hier aus Organisationsgründen (und um ihre Bedeutung zu unterstreichen) in einem gesonderten Kapitel behandelt.

(8) Die Informationen in diesem Kapitel fußen auf der Arbeit von Richard Bandler sowie Connirae und Steve Andreas. Letztere bieten verschiedene nationale Workshops von hoher Qualität an. Ihr Verlag, Real People Press, hat eine Reihe ausgezeichneter Bücher herausgebracht. (Siehe dazu das Literaturverzeichnis.)

(9) Eine vollständigere Liste von Submodalitäten findet sich in dem Buch von R. Bandler: *Using Your Brain – for a Change*; dt.: *Veränderung des subjektiven Erlebens*, Paderborn 1990.

(10) Kinästhetische Submodalitäten können auch folgendermaßen eingeteilt werden: 1. Hautempfindungen, 2. Muskelempfindungen oder interne Wahrnehmungen, 3. Emotionen, die aus der Bewertung anderer Wahrnehmungen und/oder Empfindungen resultieren.

9. Fachwörterverzeichnis

Ankern:

> das Verfahren, das einen Reiz (= Anker) fest mit einer bestimmten (erwünschten) Reaktion verbindet, die er von da an regelmäßig auslöst. Die Reize können visuell, auditiv, kinästhetisch, olfaktorisch/gustatorisch oder eine Kombination davon sein.

Anker integrieren:

> Zwei Zustände, ein negativer und ein positiver, werden jeder für sich geankert und beide Anker dann gleichzeitig aktiviert. Beide Reaktionen werden unbewußt integriert, und der Schüler hat in einer gegebenen Situation automatisch mehr Wahlmöglichkeiten für seine Reaktion als zuvor.

Anker integrieren in 30 Sekunden:

> eine vereinfachte Methode, Anker zu integrieren.

Anker stapeln:

> Man spricht vom Stapeln von Ankern, wenn verschiedene starke Erfahrungen, die mit Ressourcen des Schülers assoziiert sind, kombiniert werden, um einen starken Reiz zu erzeugen.

Aussagemuster:

> A., auch "Aussagen" oder "Prädikate", sind Adjektive, Verben, Adverbien und andere deskriptive Wörter. Manche Schüler zeigen eine Vorliebe für visuelle, auditive oder kinästhetische Prädikate. Durch Identifizieren solcher Muster kann der Lehrer oftmals feststellen, wie ein Schüler Informationen verarbeitet. Die Nachahmung von Aussagemustern ist eine Möglichkeit, Rapport aufzubauen.

Chunking:

> bezeichnet den Vorgang der Aufteilung von Lerninhalten in solche Teilmengen (chunks), die dem Gehirn die Verarbeitung der Informationen ermöglichen. Es gibt ein "chunk down", eine Verringerung der Teilmengen, und ein "chunk up", eine Vergrößerung der Teilmengen oder ihrer Anzahl.

Dissoziation:

> eine Technik, die den Schüler vor starken Gefühlen, die er zu vermeiden wünscht, bewahren soll. Durch die Dissoziation erlebt der Schüler dieselbe Erfahrung aus der Perspektive einer außenstehenden, unbeteiligten Person.

dominantes Repräsentationssystem:

> das sensorische (oder Wahrnehmungs-) System, mit dessen Hilfe ein Mensch am bewußtesten Informationen verarbeitet. Aussagemuster und Augenbewegungsmuster dienen als Indikatoren für das dominante Repräsentationssystem.

emotionsverändernde Techniken:

> werden angewandt, wenn ein *spezielles* Ziel in einem *bestimmten* Kontext angestrebt wird. Beispielsweise würde ein *neu* auftretender Mangel an Motivation in diese Kategorie gehören. Zu den e. T. gehören: Ankern, Anker stapeln, Anker integrieren, Lebensmuster revidieren und Dissoziation.

Entscheidungspunkt:

der Augenblick, in dem entschieden wird, welche spezielle Interventionstechnik anzuwenden ist.

Forderung nach Relevanz:

eine Technik, die das Gespräch oder die Diskussion beim Thema halten soll.

Future Pacing:

Statt in der gegenwärtigen Situation prüft der Schüler den Erfolg einer Intervention, indem er sich im Geiste in eine zukünftige Situation versetzt, in der er normalerweise die alte Reaktion erleben würde. Durch Beobachtung des sensorischen Feedbacks kann der Lehrer den mutmaßlichen Erfolg der Intervention feststellen. Der Schüler soll sensorische Zeichen für den gewünschten Zustand geben. (Wörtlich: Schritt in die Zukunft)

gewünschter Zustand:

ein psychophysischer Zustand, in dem ein Mensch optimal "funktioniert"; ein positiver Zustand.

Informations-Gewinnungs-Modell (IG-Modell):

eine linguistische Technik, mit deren Hilfe die Kluft zwischen den sensorischen Erfahrungen eines Menschen und ihrer sprachlichen Darstellung überbrückt wird.

Kalibrieren:

die Technik bzw. Fähigkeit, nonverbales Feedback wahrzunehmen und mit dem internen Zustand eines Menschen zu assoziieren.

Leading:

ein Test, um zu erkennen, ob Rapport hergestellt ist. Die Person, die Rapport aufzubauen versucht, nimmt eine leichte Veränderung in ihrem Verhalten vor. Falls Rapport hergestellt ist, folgt der Schüler diesem Leading und ändert sein Verhalten entsprechend.

Lebensmuster revidieren:

eine Technik zum Integrieren von Ankern, die eine langdauernde unerwünschte Reaktion neutralisiert, indem sie dem Schüler hilft, in der Zeit zurückzugehen, um sich mit dem Ursprung der Reaktion und den Folgen, die diese Reaktion für sein weiteres Leben hat, auseinanderzusetzen.

Lernstrategien:

bestehen aus einfachen oder komplexen Arrangements der Wahrnehmungssysteme. Solche Strategien erlauben es dem Schüler, ein Verhalten zu entwickeln und zu praktizieren. Lernstrategien können ermittelt werden, indem man Fragen stellt und/oder Augenbewegungsmuster beobachtet, während der Schüler eine Fertigkeit oder ein Verfahren wiederholt. Lernstrategien werden installiert durch Wiederholen und durch Ankern.

Metaphern:

Anekdoten, Parabeln oder Geschichten, die bei richtiger Konstruktion und Anwendung eine langdauernde Verhaltensänderung bewirken können.

Pacing:

ein Verfahren, um bewußten (und unbewußten) Rapport aufzubauen. Dieses Verfahren umfaßt Nachahmung (von Prädikaten und/oder Stimmklang, Lautstärke und Sprechtempo,

Spiegeltechniken), Switching und schließlich Leading. Ziel des Verfahrens ist es, bewußten und unbewußten Rapport aufzubauen. (Wörtlich: einen Schritt auf dem Weg mitgehen)

Phobie-Technik:

eine Technik, die starke Ängste oder Phobien buchstäblich in Minuten ausräumt.

Rapport:

ein Zustand, in dem ein Mensch voll aufgeschlossen und ansprechbar für uns ist. (Gegenseitiges Verstehen und Vertrauen)

Reframing:

eine Technik, die die Reaktionen eines Schülers verändert, wenn diese mit einem sekundären Gewinn verbunden sind. (Wörtlich: den Bezugsrahmen verändern, umdeuten.)

Reframing durch einen einzigen Satz:

eine Äußerung, die dazu bestimmt ist, entweder die mit einem gewünschten Reiz verbundene Bedeutung oder den damit verbundenen Kontext zu verändern. Solche Äußerungen können eine Veränderung der Sichtweise des Schülers bewirken und damit zu Verhaltensänderungen führen.

Repräsentationssysteme:

die sensorischen (oder Wahrnehmungs-) Systeme (Sehen, Hören, Fühlen, Riechen und Schmecken), mit in denen der Mensch seine Erfahrungen aufnimmt und ausdrückt.

Ressourcen:

Eigenschaften, Erfahrungen oder Zustände, die dem Schüler helfen, ein Ziel zu erreichen.

sekundärer Gewinn:

ein Gewinn, der – oft auf unbewußter Ebene – den Schüler zu einem unerwünschten oder schädlichen Verhalten veranlaßt, beispielsweise zu schlechten Schulleistungen, Freßsucht, Rauchen oder Drogenmißbrauch.

sensorisches Ensemble:

die fünf sensorischen Systeme (visuell, auditiv, kinästhetisch und olfaktorisch/gustatorisch) in ihrem Zusammenspiel.

sensorische Systeme:

die Systeme, die uns zum Sehen, Hören, Fühlen, Riechen und Schmecken befähigen. (Wahrnehmungskanäle)

Sinnesschärfe:

die Fähigkeit, sensorisches Feedback wahrzunehmen.

Spiegeln:

eine Technik der subtilen Nachahmung von Augenbewegungsmustern, Gesichtsausdruck, Gesten und Haltung, um Rapport aufzubauen.

Stuck State:

ein unerwünschter oder negativer psychophysiologischer Zustand, in dem einem Menschen die Ressourcen oder das Wissen fehlen, die diesen Zustand in einen positiveren Zustand verwandeln können; ein "verfahrener" Zustand.

Submodalitäten:

die Komponenten der verschiedenen sensorischen Systeme (= Wahrnehmungskanäle oder Modalitäten). Sie befähigen unser Gehirn, Erlebnisse und Erfahrungen zu ordnen und zu kodieren.

Submodalitätsstrategien:

eine Reihe von Strategien, die Submodalitäten zusammenfügen und dazu verwenden, schnelle Verhaltensänderungen zu bewirken.

Switching (Über-Kreuz-Spiegeln):

Nachahmung eines sensorischen Systems in einem anderen System, zum Beispiel Pacing des Sprechtempos eines Schülers (auditive Repräsentation) durch Bewegen eines Bleistifts im gleichen Tempo (visuelle Repräsentation).

Swish-Technik:

eine Submodalitätsstrategie, die das Gehirn in einer bestimmten Richtung programmiert.

Techniken grundlegender Verhaltensänderung:

werden angewandt, wenn ein bestimmtes Ziel in mehr als einem Kontext angestrebt wird oder wenn ein sekundärer Gewinn vorliegt. In diese Kategorie gehört beispielsweise ein schon lange bestehender Mangel an Motivation. Zu den T. g. V. gehören: Reframing, Ermitteln und Installieren von Lernstrategien, Verwenden von Metaphern und die Submodalitätsstrategien.

visuelle Vermischung:

ein zweihändiger Anker, der verwendet werden kann, um neue Ideen und Verhaltensweisen zu integrieren.

wohlgeformte Zieldefinition:

Mit Hilfe bestimmter Fragen hilft der Lehrer den Schülern, realistische Ziele zu definieren.

Zugangshinweise:

unwillkürliche Augenbewegungsmuster oder Veränderungen des Atems, des Muskeltonus und der Körperhaltung, Veränderungen von Stimmhöhe und Sprechtempo, Gesichtsfarbe und Gesten. Diese Hinweise zeigen an, welche(s) sensorische(n) System(e) ein Mensch benutzt, um Informationen intern zu verarbeiten.

zweihändiger Anker:

eine Methode, Schüler so zu beeinflussen, daß sie Entscheidungen treffen, die der Lehrer für angemessen hält.

10. Stichwortverzeichnis

Der Autor

Dr. Bernard F. Cleveland hat auf allen Schulstufen unterrichtet: Grundschule, Junior-High- und High-School. Außerdem war er als Ausbilder in Lehrerseminaren tätig und hat in verschiedenen Bundesstaaten der USA Fortbildungskurse für Lehrer abgehalten. Promoviert hat er an der Ohio State University.

Dr. Cleveland ist Erziehungs-, Sport- und Unternehmensberater. In seinem Institut *The Connecting Link* lehrt und benutzt er wirkungsvolle Methoden und Techniken, die die Menschen mit ihren Ressourcen in Verbindung bringen, so daß sie ihre potentiellen Fähigkeiten besser nutzen und optimale Zustände dauerhaft aufrechterhalten können. *Das Lernen lehren* ist sein zweites Buch.

Der Übersetzer

Klaus H. Schick, Jahrgang 1951, studierte an der PH-Ruhr in Dortmund Sonderpädagogik mit dem Abschluß als Diplompädagoge.

Er arbeitet seit 1980 als Lehrer an verschiedenen Sonderschulen für lernbehinderte und erziehungsschwierige Kinder, unter anderem in der Kinder- und Jugendpsychiatrie und, im Rahmen eines Schulversuchs zur Integration lernbehinderter Kinder in die Regelschule, an einer Grundschule. Seit 1991 ist er Mitarbeiter auf Honorarbasis im LRS-Zentrum Essen.

Ausbildungen in klientenzentrierter Gesprächsführung bei der GWG und zum NLP Master-Practitioner bei der DGNLP. Zusatzausbildung Summer Institute of NLP bei Michael Grinder in den USA. Veröffentlichungen zum Thema "NLP in der Schule" im NLP-Journal.

Er bietet über das Institut für Neue Lehr- & Lern-Perspektiven (INLLP) NLP-Seminare für Lehrer an.

Informationen zur Aus- und Weiterbildung in NLP

DGNLP Communication & Coaching GmbH
Deutsche Gesellschaft für Neurolinguistisches Programmieren
Haus Elbroich, Am Falder 4, W-4000 Düsseldorf 13
Tel.: 02 11 – 7 57 07 57, Fax: 02 11 – 75 32 15

Thies Stahl Seminare / Dipl.-Psych. Thies Stahl
Training – Beratung – Supervision für professionelle Kommunikatoren
Eulenstraße 70, W-2000 Hamburg 50
Tel.: 0 40 – 3 90 55 88, Fax: 0 40 – 3 90 95 73

NLP-Literatur (auch ausländische):
NLP-Buchversand, Jörg Erdmann
Hans-Humpert-Str. 3 a, W-4790 Paderborn
Tel.: 0 52 51 – 3 56 54, Fax: 0 52 51 – 3 56 54

Michael Grinder:

NLP für Lehrer. Ein praxisorientiertes Arbeitsbuch

Dieser „Lehrgang" für Neurolinguistisches Programmieren wendet sich an alle, die in Lehre und Erziehung tätig sind. Der Autor verbindet Erläuterungen zum theoretischen Hintergrund des NLP mit zahlreichen praktischen Übungen zur Weiterentwicklung der persönlichen Fähigkeiten. Aus seinen langjährigen Erfahrungen als Lehrer und NLP-Trainer hat Michael Grinder hier die wirkungsvollsten Unterrichtstechniken und (nonverbalen) Kommunikationsmuster zusammengestellt.

Aus dem Vorwort von John Grinder (Mitbegründer des NLP und Bruder des Autors):
„Michael Grinder hat meiner Ansicht nach mit diesem Buch etwas Außerordentliches geschaffen. Der Leser bekommt klare, ausführliche Anleitungen, damit er die bevorzugte Lernmethode seiner Schüler besser erkennen und definieren und in seinem (Lehrer-) Verhalten dem Schüler auf halbem Wege entgegenkommen kann. Das Ergebnis ist vielfältig: Der Schüler bringt bessere Leistungen, und der Lehrer baut seine Beziehung zum Schüler aus…"

2. Auflage, 226 Seiten (21 × 29,2 cm), 30 Illustrationen und 85 Arbeitsblätter,
Paperback, 49,80 DM/sFr.,
ISBN 3-924077-21-5

Linda Lloyd:

Des Lehrers Wundertüte. NLP macht Schule

Mit NLP läßt sich wirkungsvoller unterrichten. Dieses Buch bietet dazu eine Wundertüte voller Ideen. Wie Sie ein positives Bild von jedem Schüler gewinnen und es verwirklichen; woran Sie erkennen, wie Ihre Schüler denken, und wie Sie sie wirklich erreichen; wie Sie die gewünschten Antworten bekommen und unerwünschte Gewohnheiten verändern, – Lehrer lernen hier die Grundelemente des Neurolinguistischen Programmierens und deren spielerische Vermittlung an ihre Schüler.

Ein Leitfaden zur Erarbeitung der NLP-Techniken, angelegt auf ein Schuljahr, mit 38 Wochenplänen für die tägliche Unterrichtsvorbereitung.

„Kinder werden so, wie sie sich verhalten. Bringen Sie ihnen bei, sich wie Superschüler zu verhalten. Betrachten Sie Ihre Schüler als Superschüler. Schaffen Sie sich eine sich selbst erfüllende Prophezeihung. "
Linda Lloyd

134 Seiten (21 × 29,2 cm), 59 Illustrationen und 38 Arbeitsblätter,
Paperback, 39,80 DM/sFr.,
ISBN 3-924077-26-6

Andrew Matthews:

So geht's dir gut

Dieses Buch handelt davon, …
- warum Sie immer nur ihre *besten* Kleider mit *Spaghetti bolognaise* bekleckern;
- warum Ampeln gerade dann eine Ewigkeit auf Rot stehen, wenn Sie – bereits verspätet – zu einer Verabredung unterwegs sind;
- warum immer alle Rechnungen auf einmal kommen;
- warum Sie zufällig Ihren Nachbarn treffen, wenn Sie gerade in Madrid Urlaub machen;
- warum Sie Ihre alte Schrottkiste jahrelang ohne Schramme fahren können und dann Ihren neuen Wagen nach zwei Tagen demolieren;
- warum manche Leute immer zur rechten Zeit am richtigen Ort zu sein scheinen – und wie Sie dazugehören können.

Es handelt auch davon, wie Sie (mit Hilfe der Techniken und Strategien des NLP) sich selbst verstehen, über sich selbst lachen, sich selbst vergeben und erfolgreicher, wohlhabender und glücklicher werden können.

137 Seiten (18 × 24,5 cm), 70 Illustrationen des Autors,
Paperback, 26,– DM/sFr.,
ISBN 3-924077-32-0

Gordon Stokes/Daniel Whiteside:

ONE BRAIN-Workshop-Buch. Korrektur legasthenischer Lernstörungen und Gehirnintegration

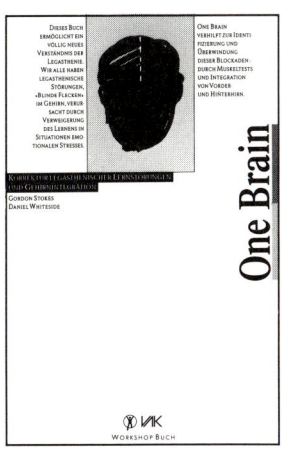

ONE BRAIN ermöglicht ein völlig neues Verständnis der Legasthenie. Wir alle haben legasthenische Störungen, „blinde Flecken" im Gehirn, verursacht durch Verweigerung des Lernens in Situationen emotionalen Stresses. *ONE BRAIN* verhilft zur Identifizierung und Überwindung dieser Blockaden: durch Muskeltests und Integration von Vorder- und Hinterhirn.

Die beschriebenen Methoden stammen überwiegend aus der Angewandten Kinesiologie und gründen auf Erfahrungen, die in den letzten Jahren weltweit bei Tausenden von Menschen mit den unterschiedlichsten Lernblockierungen gesammelt wurden. Da dieses Buch als Grundlage des von den Autoren entwickelten *ONE BRAIN*-Seminars dient, enthält es zusätzlich eine übersichtliche Beschreibung grundlegender Gehirnfunktionen, die für das Verständnis von Lernfähigkeit und Lernstörung von großem Wert ist.

2. Auflage, 237 Seiten, 73 Fotos und Illustrationen,
Paperback, 32,80 DM/sFr.,
ISBN 3-924077-14-2

Dr. Paul E. Dennison:

Befreite Bahnen

Lernbehinderungen sind keine Krankheit. Sie sind vielmehr Störungen im Kommunikationsnetz, das den Menschen mit seiner Welt verbindet. Beim lernbehinderten Kind liegt eine „Blockierung des Systems" vor: Es wird durch den heutigen Leistungsdruck und das Konkurrenzdenken in der Schule abgeblockt. Paul Dennison erläutert, wie dieses Dilemma zustande kommt und wie wir es überwinden können. Die dabei eingesetzten Techniken basieren auf den neuesten Entdeckungen der experimentellen Psychologie und der Gehirnforschung in den USA. Sie entsprechen aber auch unseren ältesten Vorstellungen darüber, wie wir lernen und uns entwickeln.

Befreite Bahnen ist ein Handbuch der Hoffnung für die besorgten Eltern und die frustrierten Lehrer der „unbelehrbaren" Kinder und darüber hinaus für jeden, der in irgendeiner Form mit Lernproblemen belastet ist. In erstaunlich kurzer Zeit sind Fortschritte zu erzielen, wenn man die einfach anzuwendenden Techniken mit Liebe und Zuversicht einsetzt.

7. Auflage, 177 Seiten, 70 Fotos und Illustrationen,
Paperback, 26,– DM/sFr.,
ISBN 3-924077-01-0

Dr. Paul E. Dennison/Gail Dennison:

EK für Kinder. Das Handbuch der EDU-KINESTETIK für Eltern, Lehrer und Kinder jeden Alters

Was kann man „lernbehinderten" Kindern an die Hand geben, damit sie selbst an der Überwindung ihrer Probleme arbeiten können? –
Mit *EK für Kinder* haben Paul und Gail Dennison eine wichtige Ergänzung zu *Befreite Bahnen* vorgelegt: einen praktischen Leitfaden zum Erschließen neuer Lernerfahrungen.

EK für Kinder ist ein Bilder- und Arbeitsbuch für Kinder mit einem erläuternden Anhang für Eltern, Lehrer und Erzieher. Reich illustriert und in Schreibschrift werden den Kindern die Gehirnfunktionen erklärt, die mit verschiedenen Lernaufgaben zusammenhängen. Bereitschaft für Veränderungen durch vertieftes Verständnis zu wecken, dies ist der Sinn der stark vereinfachenden, neurologisch gesehen aber immer korrekten Darstellung. Die Erklärungen münden in Übungen: einfache, natürliche, sichere Bewegungen, die Kinder selbständig ausführen und die Erwachsene für sich selbst genauso nutzbringend anwenden können.

6. Auflage, 93 Seiten, (16,5 × 24 cm), 53 Illustrationen,
Spiralheftung, 19,80 DM/sFr.,
ISBN 3-924077-06-1

Dr. Paul E. Dennison/Gail Dennison:

Brain-Gym

In Fortsetzung zu *EK für Kinder* bringt dieses Buch weitere Übungen für ein ganzheitliches, das ganze Gehirn einbeziehendes Lernen. Während *EK für Kinder* die Vorgehensweise für eine grundlegende Neuanbahnung des Lernens vermittelt, zeigt *Brain-Gym* zahlreiche Bewegungsübungen für spezielle Lernprobleme und Anwendungsgebiete wie: Rechnen und Schreiben, kreatives Denken, Selbstbestimmung.

Die anschaulich illustrierten Körperübungen sind so angelegt, daß man die Auswirkungen im täglichen Leben erfahren kann. Schüler, die *Brain-Gym* kennenlernen, entwickeln Freude und Interesse daran, zeigen es ihren Freunden und beziehen es in ihr Leben ein, ohne Anweisung oder Überwachung. Die Übungen erleichtern jede Art von Lernen, insbesondere das schulische und akademische.

3. Auflage, 65 Seiten, (16,5 × 24 cm), 52 Illustrationen, Spiralheftung, 18,80 DM/sFr., ISBN 3-924077-27-4

Übungskassetten für Jugendliche und Erwachsene:

Brain-Gym I (Themen: Positive Einstellung, Sehen, Hören, Schreiben, Lesen, Körperbewegung),
ISBN 3-924077-39-8
Brain-Gym II (Themen: Kommunikation, Organisation, Verständnis, Rechnen, kreatives Denken,
Selbstbewußtsein), ISBN 3-924077-40-1
Preis: je 28,– DM/sFr.

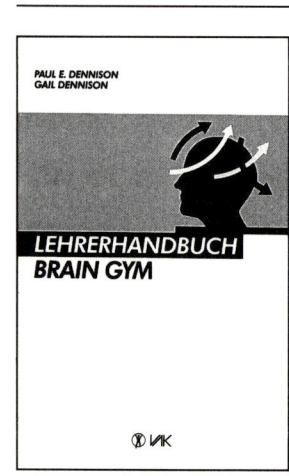

Dr. Paul E. Dennison/Gail Dennison:

Lehrerhandbuch Brain-Gym

Diese leicht verständliche Arbeitshilfe für Lehrer, Erzieher und Eltern bringt auf jeder Seite zu jeweils einer Brain-Gym-Übung einige Unterweisungstips. Diese befähigen dazu, die Übung für ein bestimmtes Kind oder eine bestimmte Situation zu erklären, abzuwandeln oder weiterzuentwickeln. Außerdem finden sich zu jeder Übung übersichtlich angeordnete Informationen unter folgenden Stichwörtern:

● Erläuterung der Übung
● Aktiviert das Gehirn für was?
● Geförderte schulische Fertigkeiten
● Entsprechungen in Haltung und Verhalten
● Verwandte Übungen
● Zur Entstehung der Übung

2. Auflage, 54 Seiten (21 × 29,2 cm), 115 Illustrationen,
Spiralheftung, 29,80 DM/sFr.,
ISBN 3-924077-24-X